世界一やさしい

海釣り入門

最高においしい魚たちを最高に楽しく釣るための超入門書

西野弘章 著

山と溪谷社

まえがき

「世界一やさしい釣りって、なんだろう?」

私はこれまで、たくさんの初心者の方々と一緒に釣りを楽しんだり、ボランティアの釣り教室を開催してきた。そして、彼ら彼女たちが一番満足してくれるのは、一日楽しんだ後、自分的に成長したことを実感できる釣りだ。

「自分で仕掛けを作れた」「ハリにエサを付けられた」「リール竿で投げられた」「魚のアタリがわかった」「魚の口からハリを外せた」……。

どれも基本的なことなのだが、釣りの入門者にとってはそれなりのハードルの高さはある。そして、私が考えるやさしい釣りというのは、単純にハードルの低い釣りではない。初心者でも自然のなかで充実の時間を過ごしながら確実に進歩できる釣りが「楽しくて、やさしい」のだと思う。その意味では、私がこれまで家族や入門者と一緒に体験してきた釣りが、そのまま最高に「やさしい釣り」になっている。

たとえば私の釣り教室では、最小限のタックル(釣り道具)と仕掛けだけで楽しむのが前提なので、それなりの工夫が必要だ。状況が許せ

ばエサを自分で採取してもらうし、21ページのように竿を自作してもらうこともある。しかし、その工夫をしているときのみんなの顔は本当に輝いている。そして、釣りは午前中に満喫して、昼からは必ず釣った魚を自分たちで料理して味わってもらう。これが最高に人気の企画で、参加者全員が満足して帰っていくのだ……。

今回、これらの楽しくもやさしい釣りのノウハウを一冊にまとめる機会をいただいた。本書はSTEP1から段階的に読んでいくことで、徐々に釣りの知識が身につくような構成にしている。とくに、STEP1のチョイ釣りとSTEP2の渚釣りでは、釣りを楽しみながら上達するための一番重要な考え方を解説しているので、まず最初に目を通してみていただきたい。そのあとは、自分がやってみたい釣り方や対象魚があれば、そこのページから読み始めてもらってもOKだ。

本書を読み終えたとき、早くフィールドに出掛けて「やさしい釣りを体験してみたい！」と思っていただければ最高である。

2017年・春の房総にて　西野弘章

【アジ】★釣り期=一年中
堤防や海釣り施設などで釣れる人気魚。刺身やたたき、フライなどで美味。【分布】北海道南部以南〜九州。【体長】15 〜 30㎝。【釣り方】ウキ釣り、サビキ釣り、ルアー釣り

【クロダイ】★釣り期=秋〜冬
西日本ではチヌとも呼ばれる人気者。釣りやすい小型のものは「カイズ」「チンチン」などと呼ばれる。塩焼きや刺身などで美味。【分布】北海道南部以南〜九州。【体長】20 〜 35㎝。【釣り方】渚釣り

本書で紹介している魚たち

海には数多くの魚が棲息していて、本書で紹介している釣り方でもたくさんの種類の魚を狙うことができる。ここでは、その代表的な魚たちを紹介してみよう!

【シロギス】★釣り期=初夏〜秋
パールピンクの魚体が美しい人気ターゲット。クセのない白身は天ぷら、刺身、フライなどで美味。【分布】北海道南部以南〜九州。【体長】15 〜 30㎝。【釣り方】渚釣り、チョイ投げ釣り

【サバ】★釣り期=初夏〜秋
全国の堤防や海釣り施設で手軽に狙え、強烈な引きが楽しめる美味魚。【分布】北海道南部以南〜九州。【体長】20 〜 30㎝。【釣り方】ウキ釣り、サビキ釣り、ルアー釣り

【メジナ】★釣り期=秋〜冬
磯釣りで人気のターゲットだが、堤防や小磯なら小型の数釣りが手軽に楽しめる。プリプリとした白身で、塩焼きや刺身などでおいしい。【分布】北海道南部以南〜九州。【体長】20 〜 30㎝。【釣り方】ウキ釣り、サビキ釣り

*魚の「体長」は、主に本書で紹介している釣り方で狙えるサイズを記しています

【イシモチ】★釣り期=春〜初冬
イシモチと呼ばれるのは、正式名ニベとシログチのこと。岸から釣りやすいのはニベ。【分布】東北以南。【体長】20 〜 30㎝。【釣り方】チョイ投げ釣り、渚釣り、ルアー釣り

【ムラソイ】★釣り期=春〜秋
岩礁域で狙えるカサゴの仲間。唐揚げ、刺身などで美味。【分布】北海道南部以南〜九州。【体長】20 〜 25㎝。【釣り方】チョイ釣り、ルアー釣り、ブラクリ釣り

【ウミタナゴ】★釣り期=秋〜春
釣りものが少ない冬でも、釣果が望める貴重なターゲット。塩焼き、型の良いものは刺身もおいしい。【分布】北海道中部以南〜九州。【体長】15 〜 25㎝。【釣り方】ウキ釣り、サビキ釣り

【カサゴ】★釣り期=春〜秋
堤防や磯の岩礁域に棲息する根魚。エサはもちろん、ルアーへの反応もよい。食味も抜群で、唐揚げ、刺身、蒸し物などで美味。【分布】北海道南部以南〜九州。【体長】20 〜 25㎝。【釣り方】チョイ釣り、ブラクリ釣り、ルアー釣り

【ハゼ】★釣り期=夏〜初冬
内湾や河口などの汽水域に棲息。手軽に数釣りが楽しめる対象魚として人気。【分布】北海道〜種子島。【体長】15㎝。【釣り方】渚釣り、チョイ投げ釣り、ブラクリ釣り、ウキ釣り

【メバル】★釣り期=一年中
引きのよさとおいしさが魅力。夜行性が強いので、夜釣りがやや有利。【分布】北海道南部〜九州。【体長】20 〜 30㎝。【釣り方】ブラクリ釣り、ウキ釣り、ルアー釣り

【カマス】★釣り期=初夏〜秋
大きな口と鋭い歯で小魚を狙う魚食魚。ルアーにも好反応。【分布】房総半島以南。【体長】25 〜 35㎝。【釣り方】ルアー釣り、サビキ釣り

【サヨリ】★釣り期=初夏、秋〜冬
スマートな魚体が特徴。身質は、さっぱりとした味わいで刺身、揚げ物などに向く。【分布】沖縄以外の日本各地。【体長】25 〜 35㎝。【釣り方】ウキ釣り

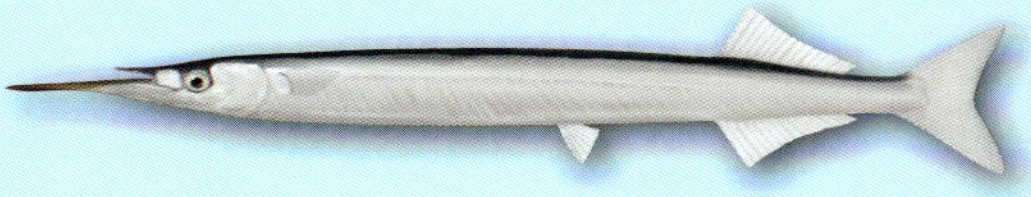

【マイワシ】★釣り期=春～秋
全国の堤防や海釣り施設で釣れる人気ターゲット。釣れたてのイワシの刺身は絶品。【分布】日本各地。【体長】15 ～ 25㎝。【釣り方】サビキ釣り

【カタクチイワシ】★釣り期=春～初冬
回遊に当たれば数釣りが堪能できるサビキ釣りでおなじみの魚。刺身、つみれ、唐揚げなどで美味。【分布】日本各地。【体長】15㎝前後。【釣り方】サビキ釣り

【アイナメ】★釣り期=秋～冬
ゴロタ場や堤防の海底に単独で棲息する。定番の照り焼きのほか、揚げ物や煮物でも美味。【分布】北海道～九州。【体長】25 ～ 30㎝。【釣り方】チョイ投げ釣り、ブラクリ釣り

【マゴチ】★釣り期=春～秋
小魚などを貪欲に捕食する魚食魚。夏場のマゴチ釣りは、「照りゴチ」と呼ばれる風物詩。【分布】東北南部以南。【体長】40 ～ 50㎝。【釣り方】渚釣り

【カレイ】★釣り期=冬～春
イラストはマコガレイ。ほかにイシガレイなど多くの種類がいる。【分布】北海道南部～九州。【体長】25 ～ 40㎝。【釣り方】チョイ投げ釣り、ブラクリ釣り

【カワハギ】★釣り期=初夏～秋
小さな口でエサをついばむためアタリが取りづらく、エサ取り名人として知られる。食味は抜群。【分布】本州、四国、九州。【体長】20 ～ 25㎝。【釣り方】チョイ投げ釣り

【ベラ】★釣り期=春～秋
一般にベラと呼ばれる釣魚はササノハベラなど何種類もいる。イラストはキュウセンのオス。【分布】北海道南部以南。【体長】20 ～ 25㎝。【釣り方】チョイ釣り、チョイ投げ釣り

【シタビラメ】★釣り期=夏
ムニエルで人気の平べったい形状の魚。イラストは「クロウシノシタ」。【分布】北海道南部以南。【体長】25 ～ 30㎝。【釣り方】渚釣り

＊魚の「体長」は、主に本書で紹介している釣り方で狙えるサイズを記しています

【ドンコ】★釣り期＝秋～春
正式名・エゾイソアイナメ。軟らかな白身で、冬に肥大した肝も一緒に汁物や鍋物にすると美味。【分布】北海道南部～九州。【体長】20 ～ 30㎝。【釣り方】ブラクリ釣り

【メッキ】★釣り期＝初秋～冬
南方系のヒラアジ類の幼魚の総称で、イラストはギンガメアジ。小魚を捕食する魚食魚。【分布】関東以南の太平洋側。【体長】20 ～ 30㎝。【釣り方】ルアー釣り

【ギンポ】★釣り期＝春～秋
見た目は珍魚だが、江戸前天ぷらの高級ネタとされるほど美味。【分布】北海道南部～九州。【体長】25㎝。【釣り方】チョイ釣り、ブラクリ釣り

【ヒイカ】★釣り期＝夏、晩秋～冬
小型のイカで、正式名・ジンドウイカ。軟らかくて甘みがあり、刺身、天ぷらなどで美味。【分布】北海道南部以南。【体長】外套長 12㎝。【釣り方】エギング

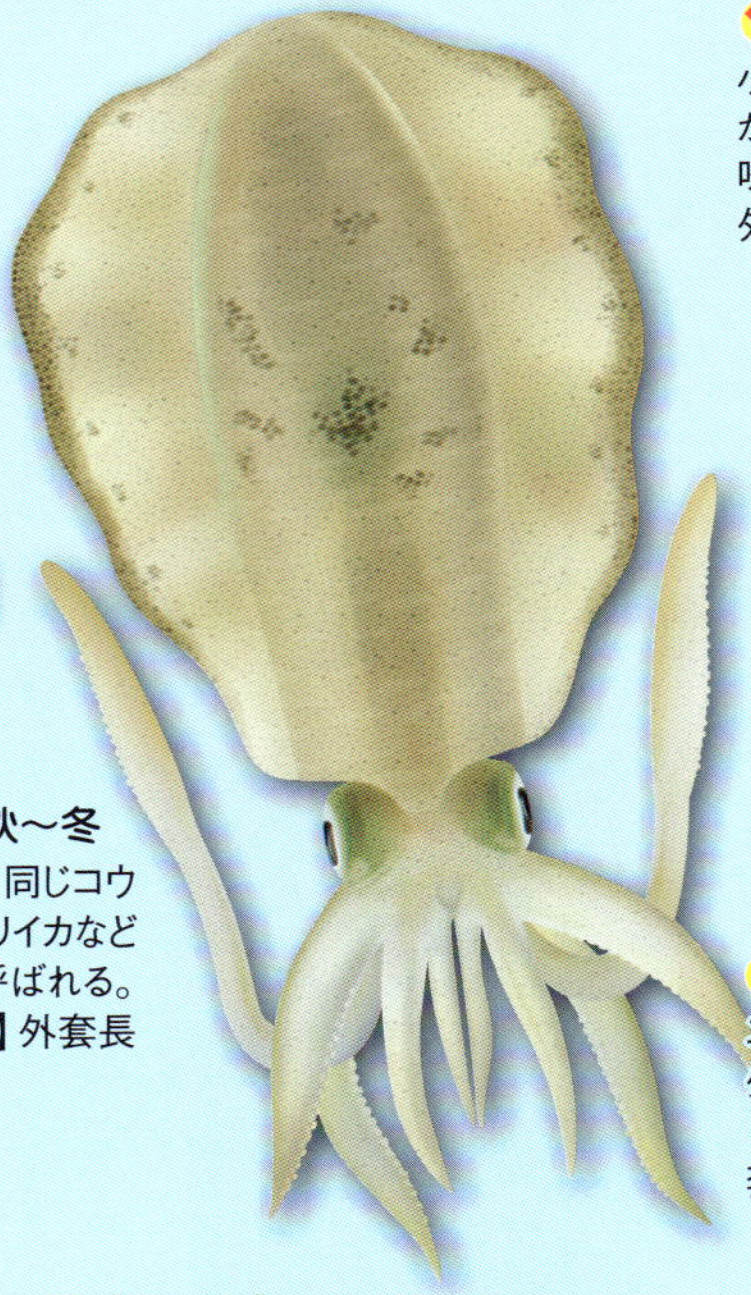

【コウイカ】★釣り期＝春、秋～冬
胴内に石灰質の甲羅を持つイカ。同じコウイカ科として、シリヤケイカやカミナリイカなどがいる。イカ墨が多くスミイカとも呼ばれる。【分布】本州中部～九州。【体長】外套長20㎝前後。【釣り方】エギング

【アオリイカ】★釣り期＝春、秋
エギングの人気ターゲット。エンペラが外套膜のほぼ全長にあるのが特徴。【分布】北海道南部以南。【体長】外套長 15 ～ 30㎝。【釣り方】エギング

【マダコ】★釣り期＝初夏～秋
タコ類の代表。重量感のある釣り味が魅力。ゆでダコ、タコ焼き、唐揚げなどでおいしい。【分布】東北以南。【体長】30㎝前後。【釣り方】チョイ釣り

【イイダコ】★釣り期＝秋～冬
小型のタコで、内湾の浅場に棲息する。足の付け根に目のような紋がふたつあるのが特徴。【分布】北海道南部以南。【体長】15㎝前後。【釣り方】エギング

本書で使用するイトの結び

釣りに使用する仕掛けを自分で作る場合、「イトの結び」は必須の技術になる。といっても、本書で使用する結び方は、ここで紹介している5種類だけ。しかも、どれもが簡単に結べて強度も安心なので、ぜひ覚えておきたい。イトを結ぶときのコツは、摩擦熱でイトが劣化しないように唾液などで濡らすこと、そして、最後に本線と端イト（ヒゲ）をしっかりと引き締めることだ。

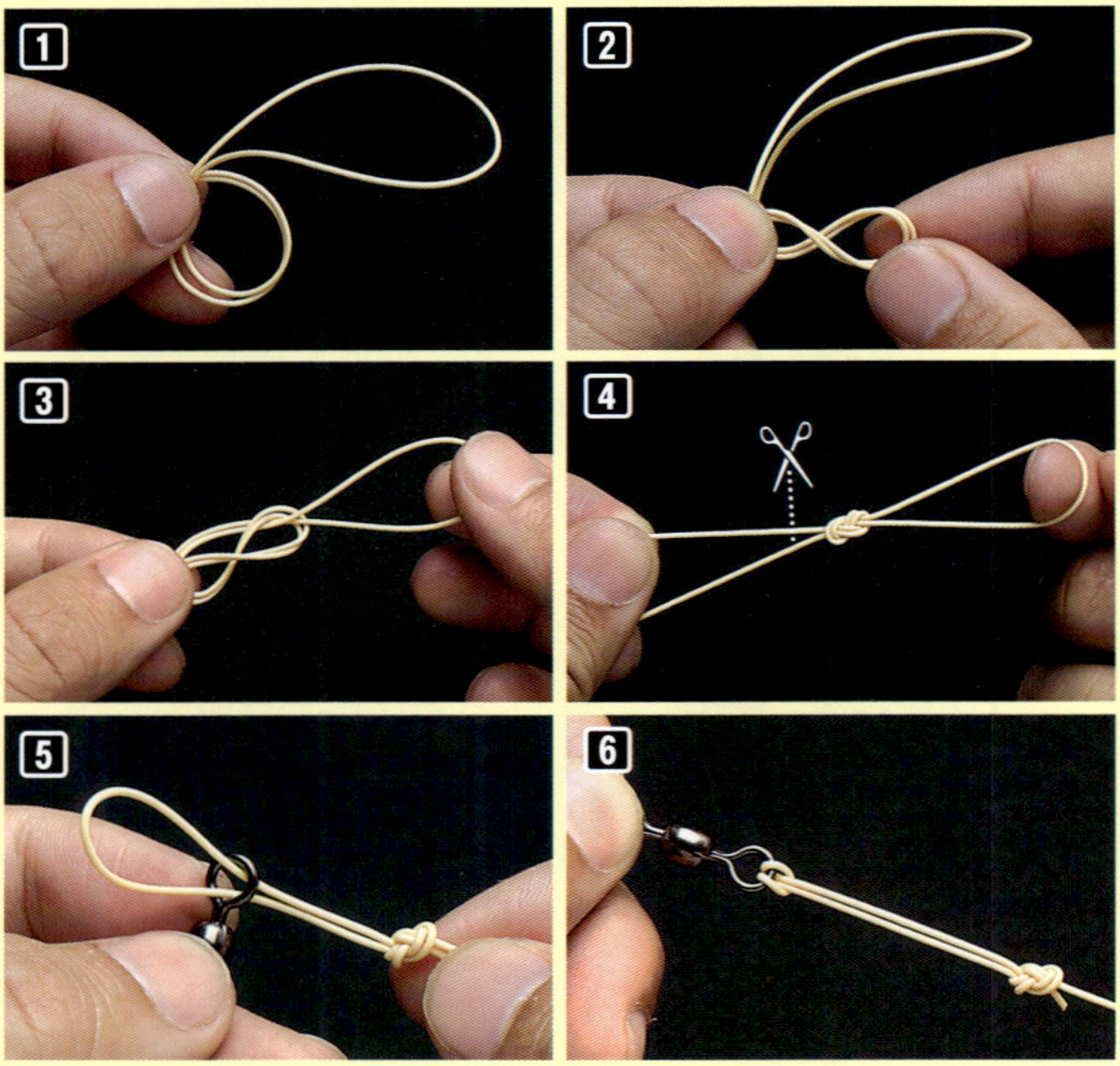

【8の字結び】

ラインとスイベルなどの接続具の結びで、もっとも簡単なのがコレ。強度も信頼できる結びだ。❶ラインの先端を10㎝ほど折り返し、中ほどの位置に3㎝ぐらいのループを作る。❷ループを1回ねじる。❸ねじったループの先端側に、[1]で折り返した部分をくぐらせる。この形状が8の字に見えることから、名前がつけられたわけだ。❹結び目を唾液で濡らしてから、ゆっくりと締め付ける。結び終えたら、余分の端イトをカット。これでできた輪は「チチワ」とも呼ぶ。長さは3㎝以内にするのが目安だ。❺接続具の輪にチチワを通し、❻さらに接続具の反対側かラインの先端側をチチワに通してから引き締めてセット完了！

【チチワ結び】

ノベ竿にミチイトをセットするときの定番結び。❶8の字結びの要領で長さ4～5㎝のチチワを作り、さらに先端に1㎝ほどの小さな輪を作る。実際は小さな輪を先に結ぶほうがやりやすい。❷大きいほうの輪を二つ折りにして、チチワの中に本線が通るようにする。❸竿先のリリアンをチチワの中に通す。❹リリアンの先端をつまみながら、ミチイトを引っ張ってセット完了。外すときは小さい輪を引っ張る

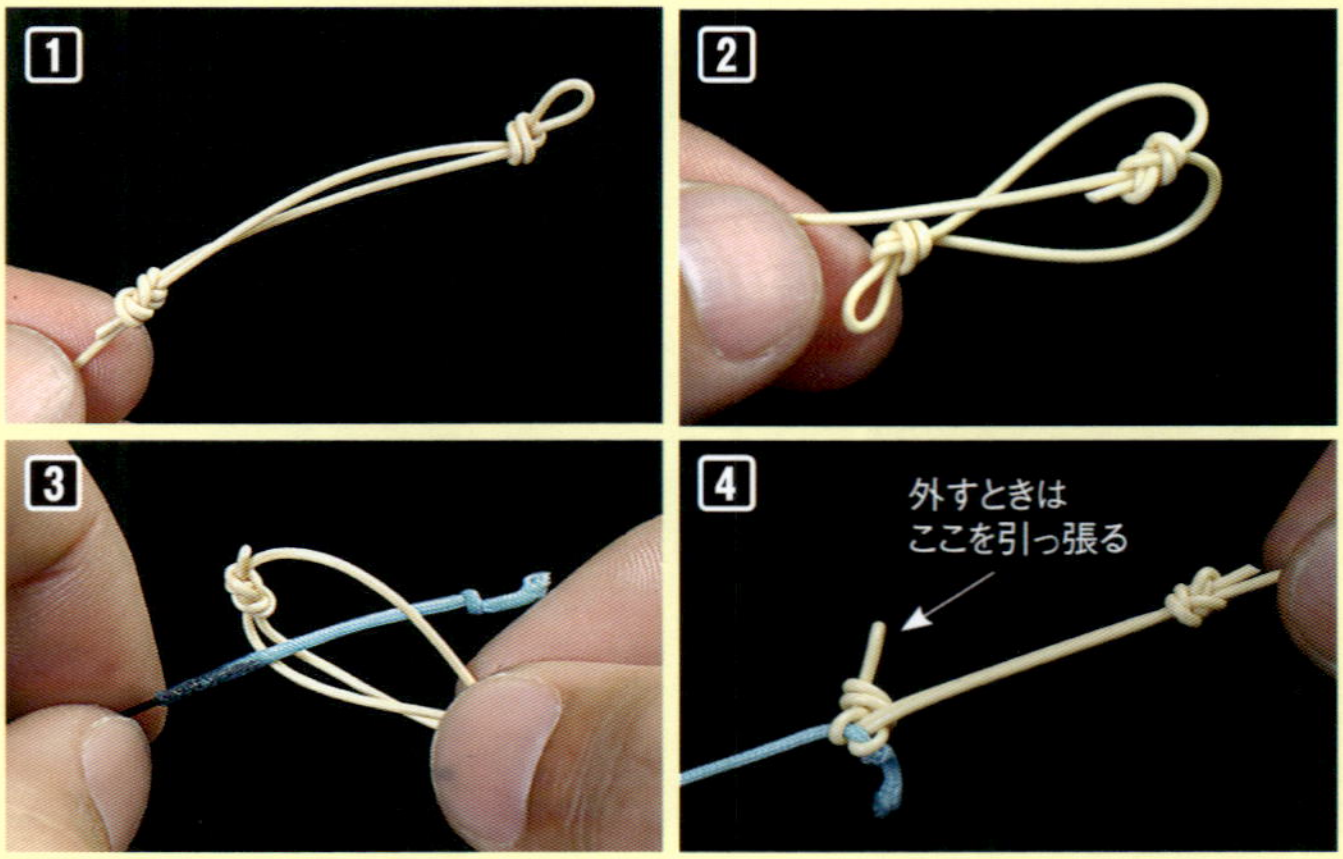

【簡単結び】

8の字結びより素早く結べて、強度も優れる結び方。❶ライン先端を接続具の輪に通し、端イトを10㎝ほど引き出す。❷できたループに端イトを互い違いに3回絡めていく。❸人によって絡めやすい方法があるので、何度か自分なりに練習してみたい。❹最後にラインの末端（矢印）と金属具の輪を一緒につまみ、本線側をゆっくり引き締めれば完成。端イトの余分が出ない仕上がりが理想だ

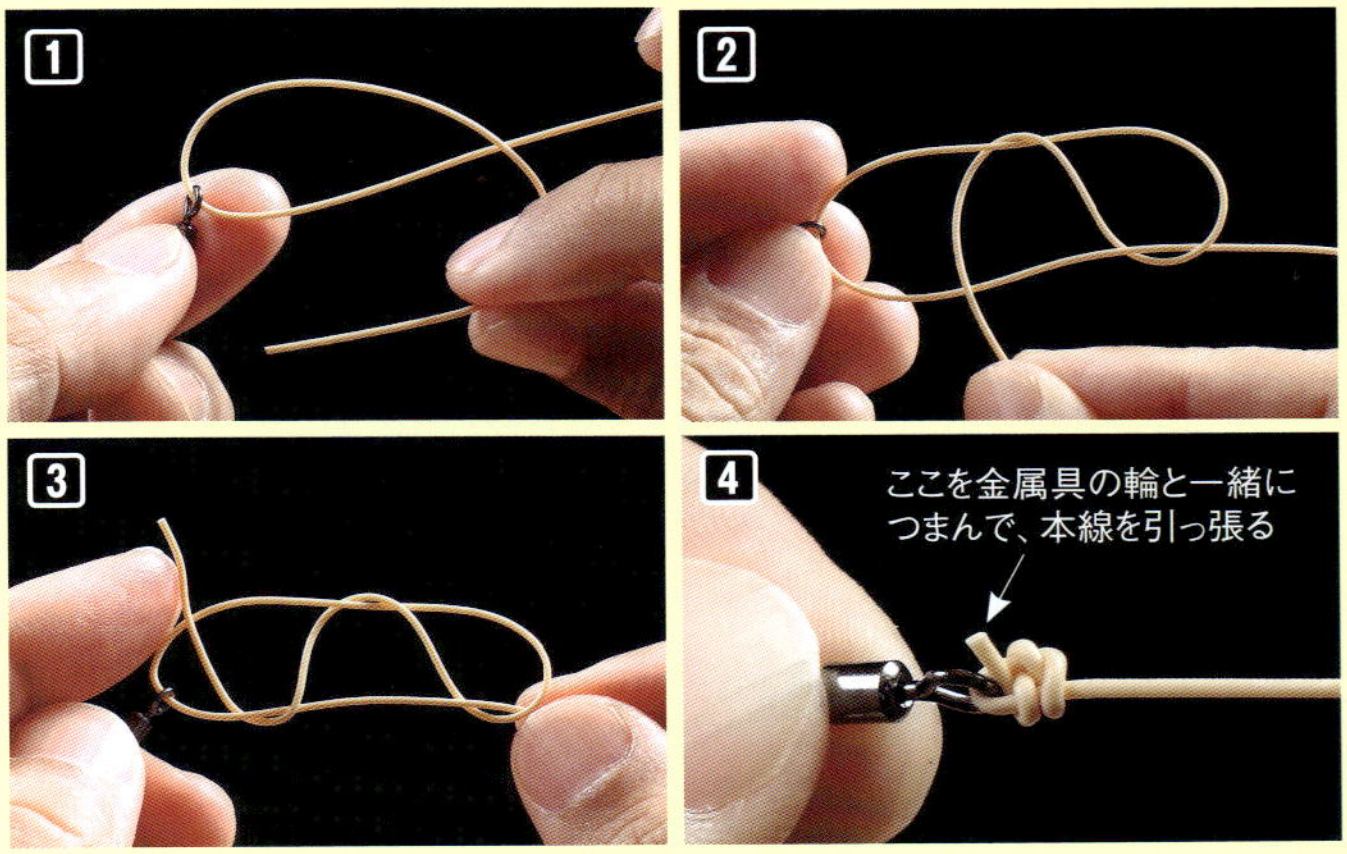
1
2
3
4
ここを金属具の輪と一緒に
つまんで、本線を引っ張る

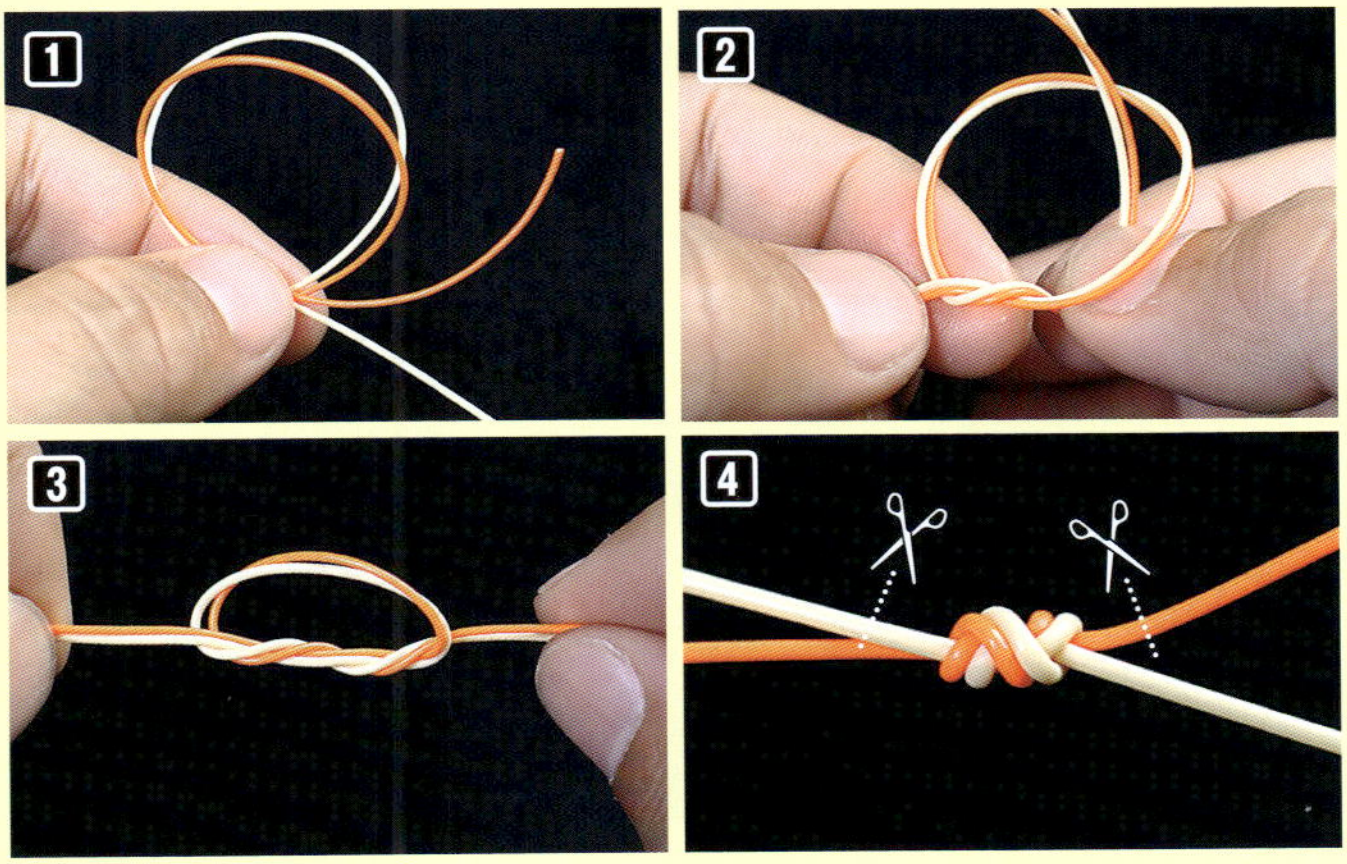
1
2
3
4

【サージャンノット】

ミチイトとハリス、PEラインとリーダーの結節などで多用する結び方。❶結び合わせるラインを10㎝ほど重ね、直径5㎝ほどのループを作る。❷2本束ねたまま、各ラインの先端をループの中にくぐらせる。❸2〜3回くぐらせたら、ライン同士を一緒に持ってゆっくり引き締めていく。❹途中で結び目を唾液で濡らし、さらに強く引き締める。最後に余分の端イトをカットして完成

【内掛け結び】

ハリスとハリの結びに使用する強い結び方。❶ハリの軸の下側にハリスを添え、先端で直径3㎝ほどの輪を作る。❷ハリス先端を輪に通し、ハリ軸を一緒に巻き込んでいく。❸巻き込む回数は5回が目安。写真では巻いた部分が見えているが、実際には指で押さえながら作業するとハリスが緩みにくい。❹ハリスの本線をゆっくりと引き締め、最後に端イトをしっかり引いて、余分をカットする

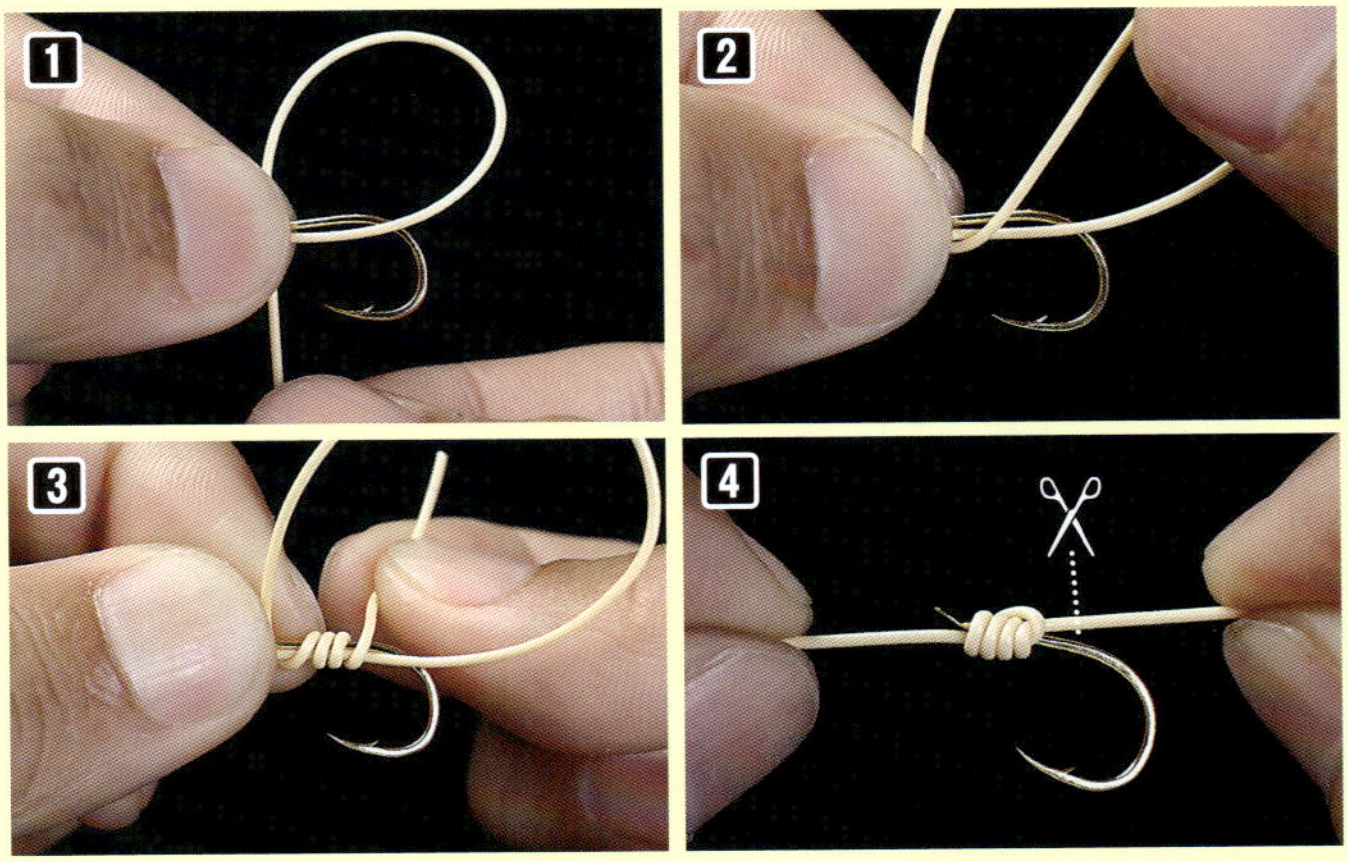
1
2
3
4

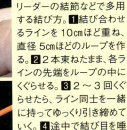

2種類の竿だけで
何でも釣れる!

釣り竿

釣りに使用する竿は、リールを使わない「ノベ竿」とリールをセットする「リール竿」に大別される。そして、本書で紹介している対象魚のほとんどは、この2種類の竿（ロッド）だけで釣ることができる。具体的には、ノベ竿の一種である「渓流竿」とリール竿の一種である「ルアーロッド」の2本だ。

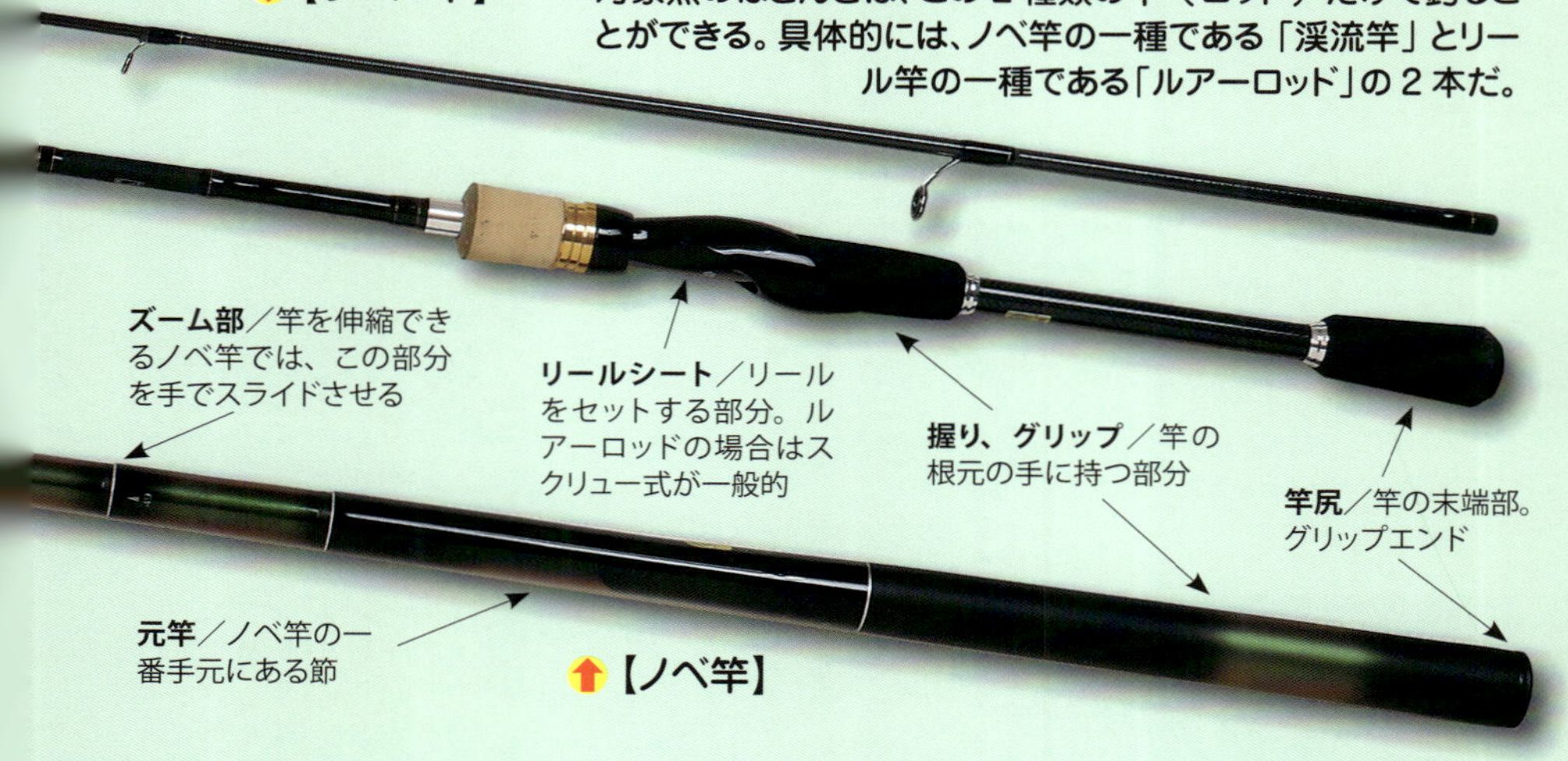
【リール竿】
ズーム部／竿を伸縮できるノベ竿では、この部分を手でスライドさせる
リールシート／リールをセットする部分。ルアーロッドの場合はスクリュー式が一般的
握り、グリップ／竿の根元の手に持つ部分
竿尻／竿の末端部。グリップエンド
元竿／ノベ竿の一番手元にある節
【ノベ竿】

本書を読むときの基礎知識

本書では、初心者にやさしい釣りだけを紹介しているが、道具や仕掛けなどに関しては釣りの専門用語も多いので、ここで簡単に紹介しておこう。

リール

ラインを自由自在に出し入れできるリールは、狙える範囲を広げてくれる最強のアイテム。とくに、「スピニングリール」は入門者にも扱いやすくお勧めだ。

ベイル／ラインをローラーへ導くためのパーツ
リールフット／竿のリールシートにセットする部分。この形状や太さが使い心地を左右することがある
ラインローラー／ここでラインの方向を直角に変えてスプールに巻き取る仕組みになっている
ローター／ボディ内部のギアによってこのローターが回転することで、ラインローラーから入ってくるラインがスプールに巻き込まれる
ドラグシステム／一定以上の負荷がラインにかかったときに、スプールを逆転させてラインを繰り出すための機構
スプール／ラインを巻き込むパーツ。アルミ合金のものが耐久性に優れる
クラッチ／リールを逆回転できるようにするための機構
ハンドル／ここを回すとローターが回転して、スプールが前後しながらラインが巻き取られる

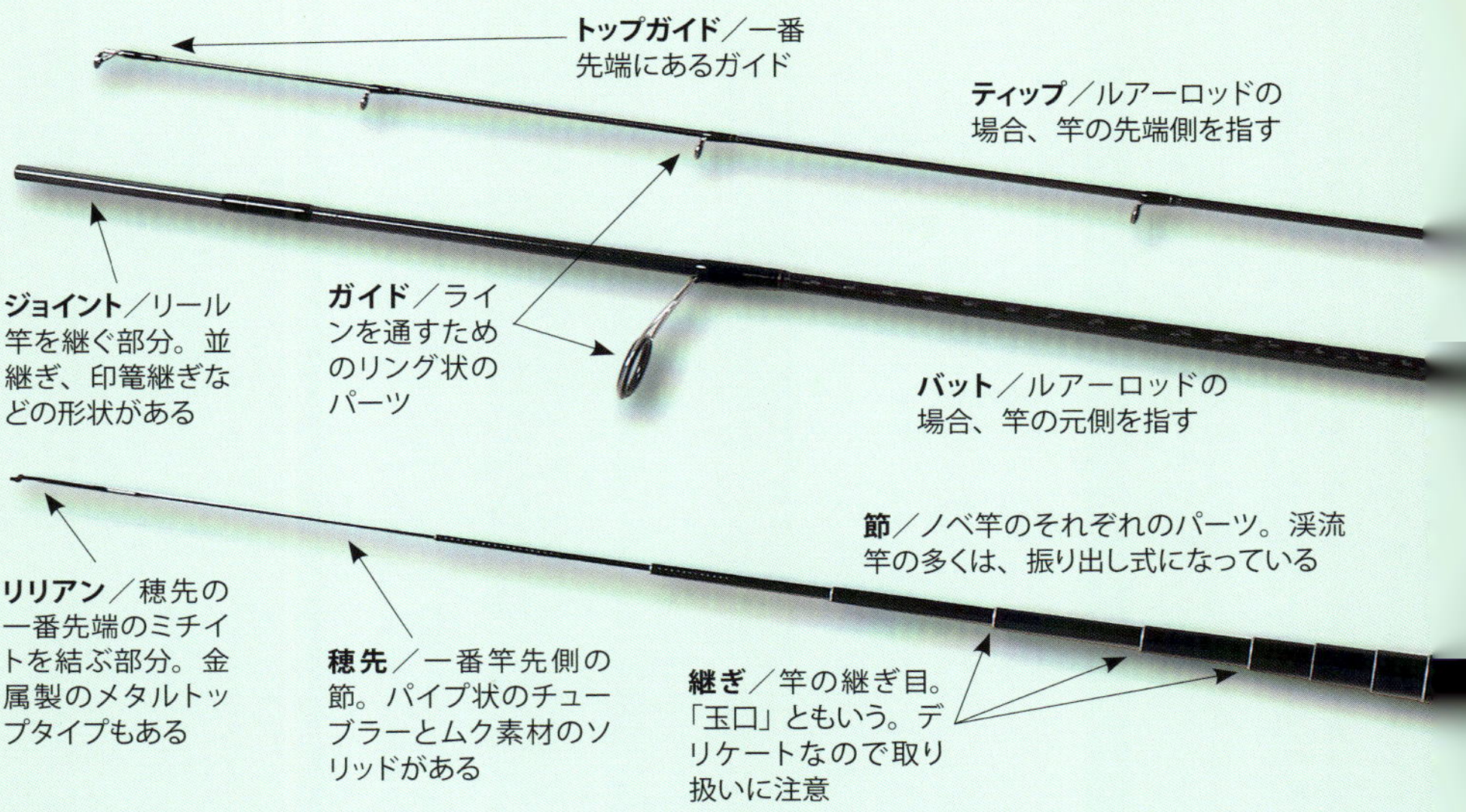

仕掛け

釣りを楽しむには竿やリールのほかに、イト、ハリ、オモリ、ウキなどが必要。これらを組み合わせたものが「仕掛け」だ。仕掛けは、釣り方や対象魚、釣り場の状況に応じたものが必要だが、本書では初心者が簡単に扱えるシンプルなものを紹介している。

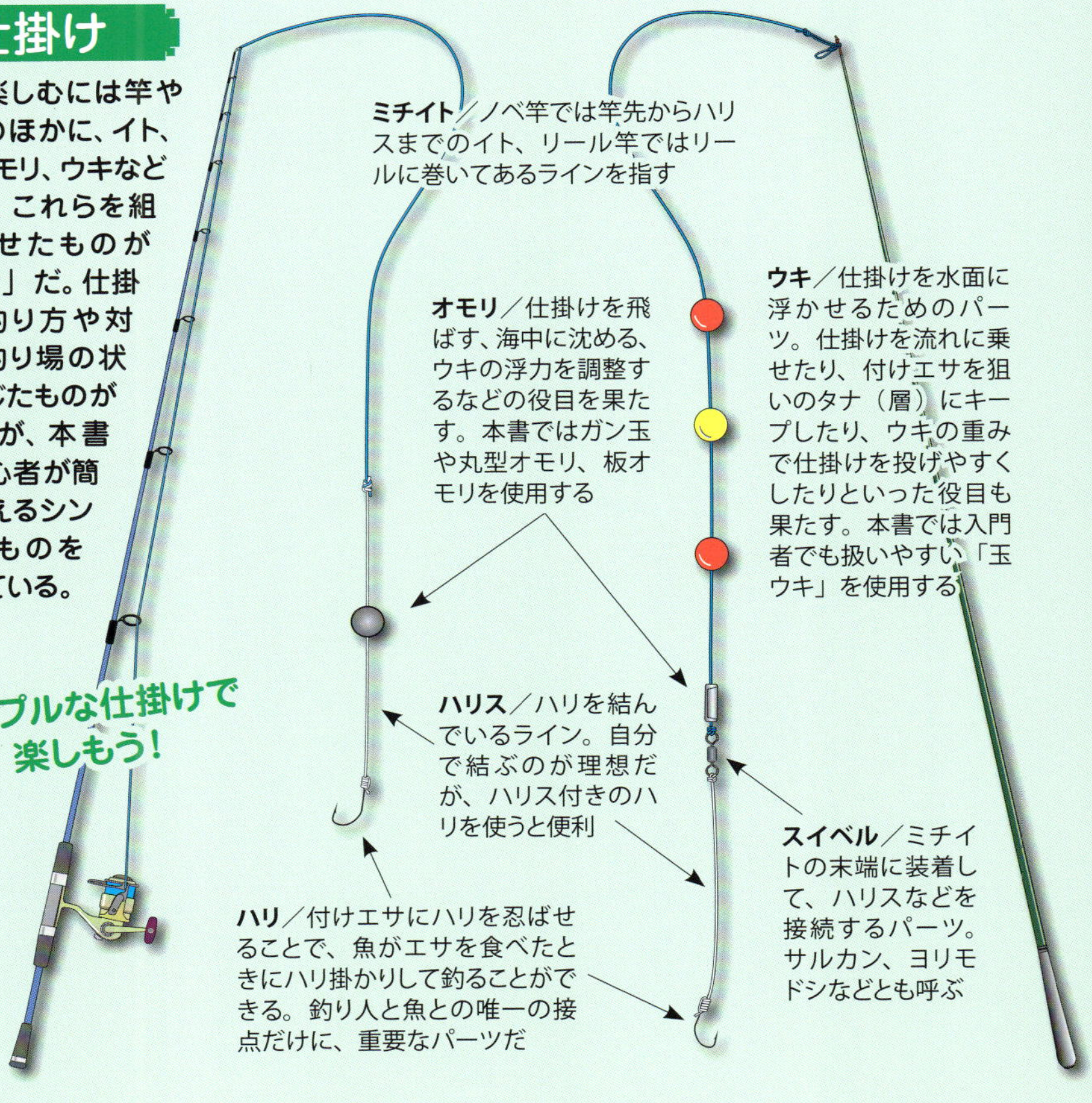

contents

STEP 1

ワクワク度 120%! 遊びながら釣りの「極意」がわかる痛快フィッシング

3分で釣れる チョイ釣り大作戦！

初めての釣りで一番大切なことは、「魚が簡単、かつ確実に釣れる」こと。しかも、それが食べておいしい魚なら申し分なしだ。ここでご紹介するチョイ釣りは、そのすべての要素を満たしている。さっそく、その超絶的に痛快な釣りを見ていこう！

choi-zuri

だれでも100％釣れる究極の簡単フィッシング！

磯遊びを楽しみながら、釣りの「極意」を学ぼう！

釣りの初心者にとって、釣りというのは何だか準備が面倒そうなイメージがあるかもしれない。実際、手軽に釣りを始めようと思っても、竿や仕掛け、エサなどをはじめとして、最低限のタックルは用意しなければならない。当然、家族や仲間で楽しむ場合は全員分のタックルが必要だし、費用もそれなりにかかる。それぞれの仕掛けを作るのも、結構面倒な作業だ。ましてや、そこまで努力したのに全然魚が釣れなかったら、もう二度と釣りをする気にもなれないだろう。

「初心者が手ぶらで出掛けても、おいしい魚が簡単に釣れる手軽な方法ってないかな～？」

そこで提案したいのが、道具をほとんど使わない超簡単な釣り、名付けて「チョイ釣り大作戦」だ！　そもそも、私がこの釣りを考案したのは、まだウチの子供たちが幼かった頃に、できるだけ楽しくおもしろく魚を釣らせてあげたいと思ったのがきっかけ。竿は海岸に漂着した竹の棒、エサは海岸で採取できる小さな貝やヤドカリ、釣り場は子供が安心して遊べる「ゴロタ場」を選んだ。そして、その釣り方を子供たちと試行錯誤しているうちに、魚が楽しく釣れるどころか、ムラソイやカサゴ、ギンポといった食べておいしい高級魚たちが、毎回、ほぼ100％釣れることを確信したのだ。

とあるテレビ番組の収録で、ウチにやってきた芸能人にもこの釣りを教えてあげたら、良型のムラソイやカサゴを連発！　これには釣りの初心者だった本人も大喜びで、「オレって釣りの天才？」と自慢大会になってしまったほどだ。それほどに、このチョイ釣りは簡単で、子供もオトナも夢中になってしまう痛快な釣りなのである。

ビギナーにチョイ釣りをお勧めする理由

チョイ釣りでは、水深20㎝程度の超浅場がフィールドになるので、間違って海に落ちても足が濡れるだけで済む。これなら子連れの親でも安心して楽しめるし、釣りに飽きたらそのまま磯遊びに突入してしまえばいい。春～夏のゴロタ場では、カニやエビ、小魚、ウニ、ウミウシといったさまざまな生き物たちとの出会いも楽しめる。箱メガネを持っていたら、それで海中をのぞいて、岩陰に潜んでる魚を見ながらチョイ釣りをするなんてことにもチャレンジできるのだ。

さらに、チョイ釣りを覚えることによって、魚が普段どん

用語解説　タックル▶魚を釣るために使用する竿やリール、ライン、道具類などの総称。

概要と魅力　だれでも簡単に魚が釣れて、魚や海の生態も楽しく学べる！

子供でも安心して遊べる
こんな超浅場が
爆釣のステージだ!!

この釣りを初心者に教えると「まさかこんな浅い場所で魚が釣れるの？」と、全員が驚く。しかし、ゴロタ場というのは想像以上に生命感にあふれ、魚たちの楽園になっている。このチョイ釣りを体験すると、それがよくわかるのだ

竿は海岸で拾える「竹の棒」で十分に楽しめる。仕掛けは、ハリとオモリだけ。エサも現地調達なので、本来の釣りの原点を知ることができる

おいしい魚が
めちゃくちゃ
入れ食いだよ！

ゴロタ場でのチョイ釣りは、対象魚を特定しない「五目釣り」が楽しい。ムラソイやカサゴといった高級魚のほか、ハゼやベラの仲間、マダコなども釣れるのだ！

なエサをどんなエリアで捕食しているのかもわかってくる。

すなわち、釣りで一番重要な「観察力」が自然と身についてくるのだ。ジャバジャバと足を浸して微妙な水流や温度変化を肌で感じるだけでも、間違いなく釣りの上達に役立つ。ゴロタ石の上をバランスよく歩けば、子供にとっては身体の発育にプラスになるだろうし、大人にとっては日頃の運動不足解消にもなる。そう、だれもが気軽に試せるチョイ釣りには、釣りのすべてのノウハウが凝縮されていたのだ！

用語解説　**ゴロタ場**▶大小の石がゴロゴロしている海岸のこと。

対象魚と季節　チョイ釣りで釣れるのは、食べておいしい魚ばかり

ムラソイ

カサゴ

ギンポ

ベラの仲間

チョイ釣りのメインターゲットになるのが「ムラソイ」や「カサゴ」。一般に根魚と呼ばれていて、とても美味な魚たちだ。「ギンポ」もチョイ釣りではよく掛かってくる。あまり知られていないが、江戸前の天ぷらだねとしては超高級魚だ。ほか、ベラの仲間（写真はキュウセン）なども釣れる。季節的には一年中釣れる魚もいるが、日中に潮が大きく引く「春〜夏」が釣りやすい

魚種	ハイシーズン	概要
ムラソイ	春〜夏	チョイ釣りで一番釣りやすい魚。よく釣れるサイズは体長 15 〜 20㎝前後。カサゴに似ているが、体色は黒褐色で尾ビレの端が丸みを帯びている。上品な白身は、刺身や塩焼き、唐揚げなどで、とても美味
カサゴ	春〜夏	根魚の代表格で、鮮魚店でもおなじみの魚。ムラソイよりもやや深場に棲息しているが、活性が高くなるとゴロタの浅場で狙うことができる。サイズは体長 15 〜 20㎝。ムラソイよりも、体色がやや赤っぽい
ギンポ	春〜夏	見た目がニョロニョロしているので食べる人は少ないが、プリプリの白身は天ぷらや煮付けなどにすると最高においしい。体長 20㎝前後
ベラ	晩春〜夏	キュウセン、ササノハ、ニシキなどの種類がいるが、ゴロタ場でよく釣れるのは後者の 2 種。関西では高級魚扱いされている美味な魚
マダコ	晩春〜夏	超美味なターゲット。ただし、禁漁期間が設けられていたり、全面的に禁漁の地域もあるので、事前に管轄漁協で必ず確認しておこう！

釣り場　水深 30㎝以下の超浅場が、最高の釣り場になる！

ベストシーズンは春〜夏。
磯遊びしながら楽しもう！

上で紹介している対象魚たちは、いずれも水深 30㎝足らずの場所で釣ることができる。というより、食い気たっぷりの魚ほど浅場にいることが多いのだ。したがって、チョイ釣りのフィールドも写真のような超浅場がメインになる。なかでも、大小の石がゴロゴロしているゴロタ場は魚の絶対数も多く、理想的な釣り場といえる。足首ほどの水深でも釣れるので、子供でも安全に楽しめるがうれしい

用語解説　根魚▶主に岩礁帯や海藻帯などの「根」と呼ばれる場所に棲息する底棲魚の総称。

竿は海岸で拾える竹の棒、エサも現地調達でＯＫ！

仕掛けは「ハリ」と「オモリ」だけ用意すればバッチリだ！

チョイ釣りのコンセプトのひとつは、ズバリ「できるだけお金を使わない」こと。なので、使う竿は現地調達が基本だ。海岸に到着したら、さっそく手頃な竿を探してみよう！

海岸によく流れ着いているのは竹の棒だが、長さが１ｍほど、太さが直径１㎝ぐらいのものなら十分にチョイ釣り用の竿になる。さらに、先端側が細くなっていて、両端を持ってじわじわと曲げたときに、きれいな弧を描く竹が見つかれば最高だ。とはいえ、多少いびつな曲がりだったり、硬くて曲がりにくい竹でもまったく支障はない。

なお、海岸で竹の棒が見つからない場合に備えて、釣具の量販店で５００円ほどの格安で売っている１ｍほどの短竿、通称「金魚竿」を準備しておくのも賢い作戦だ。

超簡単な仕掛け作りとエサの採取

チョイ釣りの仕掛け作りに使うパーツは、「ハリ」と「オモリ」だけ。究極のシンプルさだが、これなら小学生でも現地で簡単に仕掛けを作ることができるのだ。

通常の釣りの仕掛けでは竿先に「ミチイト」と呼ぶラインを結ぶのに対し、チョイ釣りの場合はこのミチイトを省略して、ハリを結んである「ハリス」というラインを竿先に直接セットしてしまう。ここはチチワ結び（８ページ）でもいいし、普通の固結びを２回やるだけでもよい。とにかくハリスが竿先から外れなければいい。そして、このハリスの途中に「ガン玉」と呼ばれるオモリを指かプライヤーで装着すれば、あっという間に仕掛けの完成だ。

ハリに付けるエサについては、一般に「魚が普段から食べ慣れているエサを使う」ことが理想といえる。当然、現地で採集できるエサは魚にとって最高のごちそうになるので、チョイ釣りでもゴロタ石に隠れている小さなヤドカリなどを使ってみよう。前述したように、エサを自分で探すことで、魚がどこでどんなエサを食べているのかも分かってくる。これを知ることも、釣りの極意のひとつなのだ。

貝の種類は、ヤドカリのほかに小粒の巻き貝などの漁業権に抵触しない小さな雑貝がよい。貝をハリ掛けするときは、小石で貝殻を軽くたたきつぶして、割れた殻ごと身をハリに刺せばＯＫ。なお、貝を採取するのが面倒なら、釣具店で「オキアミ」というエサを購入しておくといいだろう。

用語解説　漁業権▶一定の水域で漁業を営む権利。漁業権が設定された場所のサザエやアワビ、タコなどの捕獲はNG。

仕掛けの構成　あらゆる釣りのなかでも、もっともシンプルな仕掛け

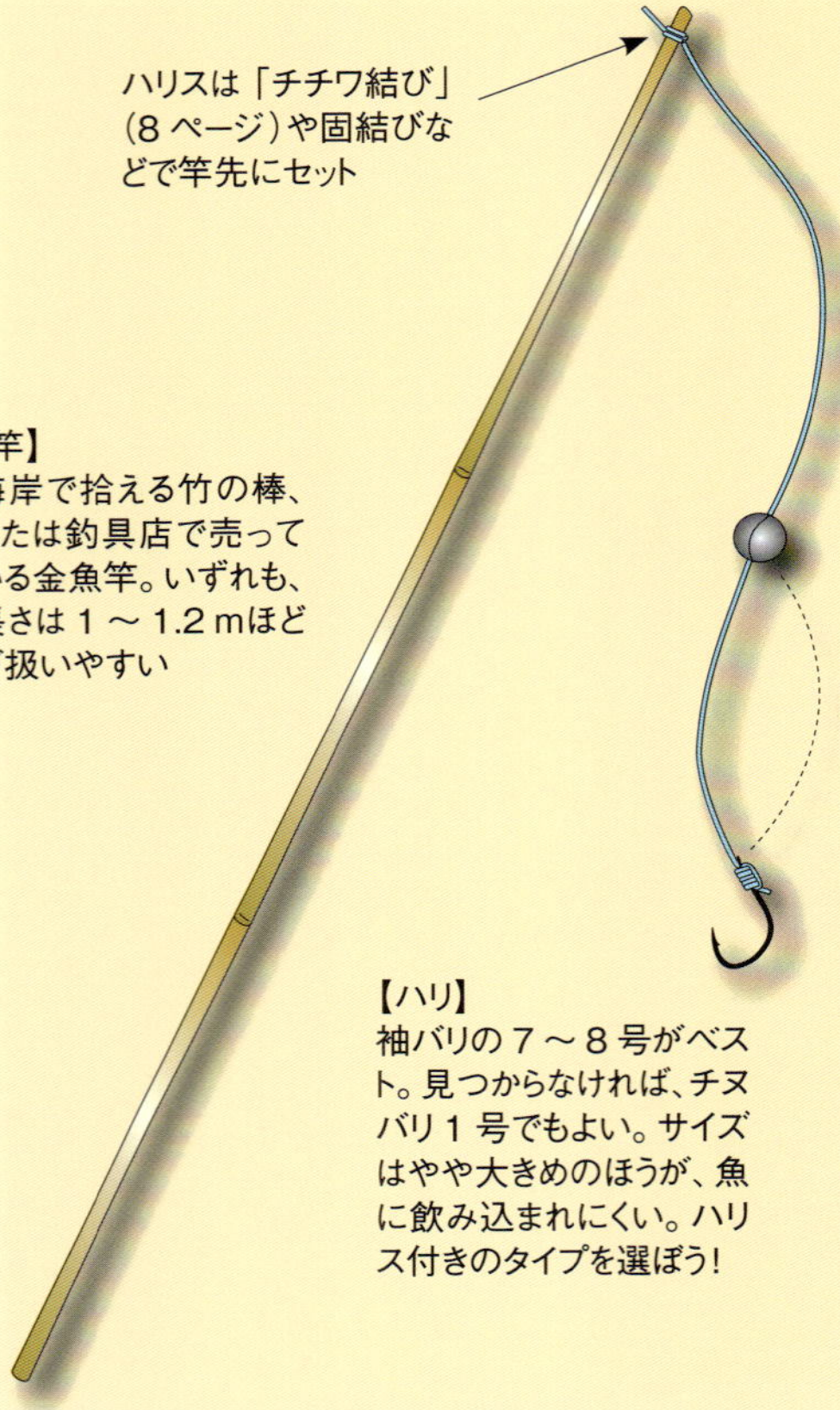

【ハリス】
ナイロン製で太さが 1 号前後のものを選ぶ。通常はミチイトを介するが、チョイ釣りの場合は直接竿先にセットする

【竿】
海岸で拾える竹の棒、または釣具店で売っている金魚竿。いずれも、長さは 1 ～ 1.2 mほどが扱いやすい

【ガン玉】
サイズは 3Bか 4Bを用意。多少の波っ気があって流れが強いときには、オモリの数を増やすと扱いやすい

【ハリ】
袖バリの 7 ～ 8 号がベスト。見つからなければ、チヌバリ 1 号でもよい。サイズはやや大きめのほうが、魚に飲み込まれにくい。ハリス付きのタイプを選ぼう!

ワンポイントADVICE
仕掛けの長さ

ハリスの長さは、水深と同じぐらいから 2 倍ほどまでにすると釣りやすい。

また。ハリとガン玉の距離は 3 ～ 5 ㎝ぐらいと短めにしておけば、魚の口元へダイレクトにエサを送り込みやすくなる。

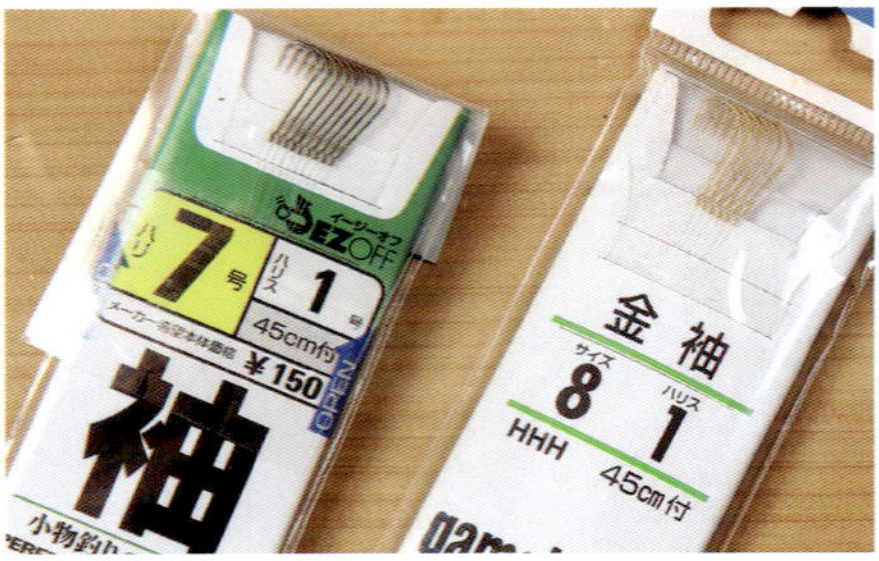

【ハリは「袖バリ」がお勧め】
ハリの種類はいろいろ試してみたが、どこの釣具店でも入手しやすい「袖バリ」がベスト。軸が細いのでエサが付けやすく、魚のハリ掛かりもいい。サイズ（ハリの大きさ）は 7 号か 8 号でOK。長さ 45㎝程度、太さ 1 号のイト（ハリスと呼ぶ）が結んであるタイプを購入しよう!

【オモリは「ガン玉」をチョイス】
オモリは、「ガン玉」と呼ばれる小粒状のタイプがお勧め。いろいろなサイズ（重さ）があるが、チョイ釣りでは「3B」か「4B」と呼ばれるサイズを入手すればよい。写真のような、数種類のサイズがケースに小分けされているものを購入するのもいいだろう

用語解説　**ナイロンライン**▶釣りに使用するラインの一種。柔らかくてクセがつきにくい、もっとも基本的な素材だ。

竿の入手　漂着した竹の棒をプライヤーで加工。金魚竿でもOK！

なぜかゴロタ場の海岸には、竹の棒が漂着していることが多い。そのなかでもチョイ釣りに適しているのは、直径1㎝ほどの細めの竹。先端側が細くなっていれば、よりベターだ。これぐらいの細さならプライヤーで切れるので、長さ1～1.5ｍほどにカットし、さらに枝をプライヤーでカットすれば、あっという間にチョイ釣り竿の完成だ

竿作りに使うプライヤーは、写真のような釣り用のものがラインのカットやガン玉のセットなどにも使えて便利。本書で紹介しているほかの釣りでも活躍してくれるので、ぜひ、ひとつ入手しておこう！

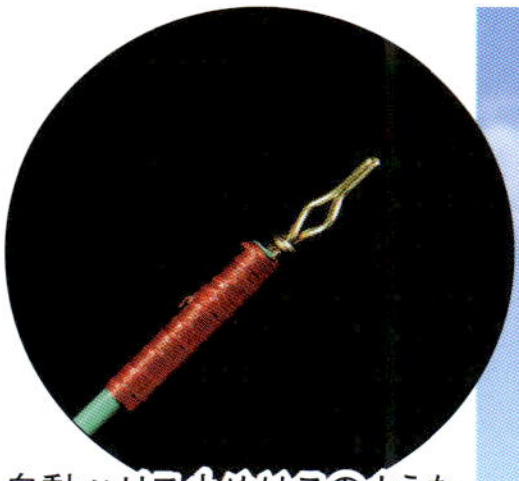

自動ハリス止めはこのようなパーツで釣具店で買える。竿先にハリス止めをミシン糸などで巻いて仮止めし、瞬間接着剤で固定すればOK

【金魚竿について】

釣り場で竹を探すのが面倒なら、長さ1mほどの「金魚竿」を入手していこう。腰が弱いのが少々難点だが、釣具量販店で500円ほどで買えるのは魅力的。本気で楽しむなら、先端部分に「自動ハリス止め」を付けておくと、仕掛けの交換も楽勝になる

ワンポイントADVICE

チョイ釣りを楽しむ必需品

チョイ釣りのメインフィールドは水深30㎝にも満たない超浅場ではあるが、万一を考慮してライフジャケットを着用することを強くお勧めする。

また、足は濡れることを前提に、写真のようなマリンシューズを履くと、涼しくて快適な釣りを楽しめる。ただし、ゴロタ石に海藻が付着しているとヌルヌルするので、靴底はできるだけ滑りにくいタイプのものを選ぼう。

ライフジャケットは、ほかの釣りでも必需品なので入手しておきたい。自動膨張式もあるが、子供には発泡材入りのタイプがお勧め

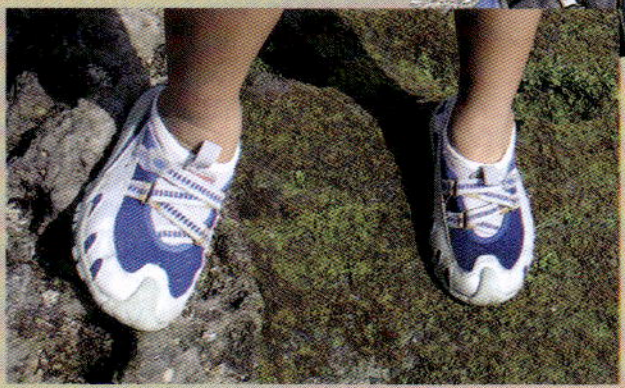

マリンシューズは1,000円ほどで買える。私は靴底が滑りにくい漁師用サンダル、通称「漁サン」を愛用している

用語解説　ライフジャケット▶救命胴衣のこと。ポケットに笛（ホイッスル）を入れておくと緊急を知らせるのに役立つ。

仕掛け作り　ハリス付きのハリを使えば、あっという間に完成!

❶竿先とハリスの結節はチチワ結び(8ページ)にするか、普通の固結びを2回やって、しっかり緩まないようにすればよい。ハリスの長さは、水深と同じぐらいから2倍ほどに調整するのが基本。❷金魚竿にハリス止めを付けた場合は、このようにハリスを斜めに挟むだけで簡単にセットできる。❸ガン玉の装着方法は、オモリの切れ目にラインを挟んで、指先かプライヤーでギュッ! と締め付ければOK。❹ハリとガン玉との距離は、3～5㎝ぐらいが目安。流れがあるときは、ガン玉を追加すると釣りやすくなる

使用するエサ　現地で採取できるエサが最高だが、オキアミでもOK

【エサの採取方法】

チョイ釣りの対象魚たちは、ゴロタ場にいる小さな貝やヤドカリ、カニ、フナムシなどを常食している。釣りエサとして一番探しやすいのはヤドカリで、潮が引いて多少干上がっている場所のゴロタ石をひっくり返してみると簡単に見つけられる。また、波打ちぎわのゴロタ石の周囲では、小さな巻き貝を見つけやすい。砂地混じりの場所ではイソメの仲間も発見できるので、それを使うのも、もちろんOKだ

【エサの種類と装餌方法】
❶こうした小粒の貝やヤドカリが、チョイ釣りの絶好のエサになる。ただし、食用にもされるバテイラ(シッタカ)は、漁業権が設定されていることがあるので注意。❷貝の殻を小石で軽く叩き割り、殻ごとハリに刺す。このとき、身から少しだけハリ先を出しておくと、魚が食ってきたときのハリ掛かりがよくなる。❸マツバガイなどは殻を外して、身にハリを通すと食いがいい。❹貝が採取できない場合は、ウキ釣りなどでも使われるオキアミを使ってみよう。1パック買えば、半日は十分に楽しめる。ハリに付けるときは、このようにU字状に刺し通す

用語解説　**オキアミ▶**エビによく似た体長3～5㎝ほどの甲殻類の一種。釣り具店で購入できる。

チョイ釣りに理想的な「ゴロタ場」を見つけよう！

食い気たっぷりの魚ほど、波打ちぎわまでやってくる……

昔から、釣りの世界には「1場所、2エサ、3仕掛け」という格言がある。これは、釣りの技術や道具以前に「どこで釣るのか」が一番大切であることを説いている。実際、私の長年の経験でもこの言葉は真理で、どんなに釣りのうまい人でも、魚がいない釣り場では一尾も釣ることはできないのだ。その点、チョイ釣りにおいては、場所の選択さえ成功すれば、ほぼ100％魚を釣ることができる。

水深の浅いゴロタ場は、魚たちの楽園だ！

海岸沿いの道路や鉄道から景色を眺めていると、砂浜や磯へと連なる風景のなかで、海岸に大小の石がゴロゴロしている海岸を見たことはないだろうか？　まさに、この石が敷き詰められた海岸が、チョイ釣りの主な舞台となる「ゴロタ場」である。なかには、自動車ぐらいの巨大な岩が点在しているゴロタ場もあるが、チョイ釣りでアプローチしやすいのはサッカーボールからミカン箱ぐらいの石のゴロタ場だ。

ゴロタ場では、その複雑な地形によって波や潮の流れに変化が発生しやすく、とくに浅場の波打ちぎわの水は溶存酸素が豊富。太陽の光も届きやすいことから、海藻の光合成も盛んに行われる。このため、プランクトンも発生しやすい環境になり、それをエサとする小生物たちの楽園になっている。実際にゴロタ場を観察してみればすぐにわかることだが、そこにはカニやエビ、小さな貝やヤドカリ、フナムシといった小生物たちがビックリするぐらいにたくさん棲息している。まさに生命感あふれるエリアなのだ。そして、そうしたエサ生物を捕食するために、前述のムラソイやカサゴたちが危険を承知で浅場までやってくるのである。

そして、チョイ釣りをするうえで一番重要なのが「水深」。通常の感覚だと深ければ深いほど魚がいると思いがちだが、実際にはその真逆で、食い気のある高活性の魚ほど「浅い場所」にいる。だからこそ、極端に短い竿と仕掛けを使う、ちょっと頼りなさそうな「チョイ釣り」が成立するのだ。安全に楽しむという意味でも、この釣りでは水深30㎝以上のゴロタ場は無視していい。また、釣れるゴロタ場の条件として、海藻が繁茂していてカニやフナムシなどの小生物が多いほど有望になる。同じゴロタ場でも生命感のない場所では期待薄なので、どんどんほかの場所を探していこう！

用語解説　**エサ生物**▶海中や海岸に棲息している、魚のエサとなる小生物の総称。

ゴロタ場のチョイ釣り

釣れるポイント　魚が潜む「釣れるゴロタ場」を見分けるための法則

●丸石のゴロタ
釣れる確率＝60〜80%

●海藻の多いゴロタ
釣れる確率＝80〜100%

●ゴツゴツした黒いゴロタ
釣れる確率＝80〜100%

●玉砂利系の海岸
釣れる確率＝0〜20%

初心者でも手軽に楽しめるのがゴロタ場でのチョイ釣りの大きな魅力だが、実際にはどこのゴロタ場でも釣れるというわけでもない。根魚が潜みやすいゴロタは、石が黒色か茶色っぽくて形がゴツゴツしていることが多く、多少なりとも潮の流れが効いているエリアがベターだ。浅瀬のすぐ沖にちょっとした深場があったり、海藻が繁茂していてカニやエビなどがウロウロしているゴロタ場も最高。逆に、小さな玉砂利が溜まっているだけの場所は、むしろ渚釣り（31ページ）に向く釣り場なので、チョイ釣りでは素通りしていい。石が白っぽくてフラットな場所は魚が少ない。こうして、いろいろなゴロタ場をチェックしているうちに、釣りで一番重要な"観察力"が身に付いてくるのだ！

ワンポイントADVICE
「タイドグラフ」を活用しよう！

チョイ釣りの対象魚たちは、潮の満ち引きによって居所を変えるが、基本的には水深が浅くなる「干潮前後」の時間帯が釣りやすい。潮の干満は釣具屋で買える潮見表やウエブ上のタイドグラフでもわかるので、釣りに出掛ける前にチェックしてみたい。

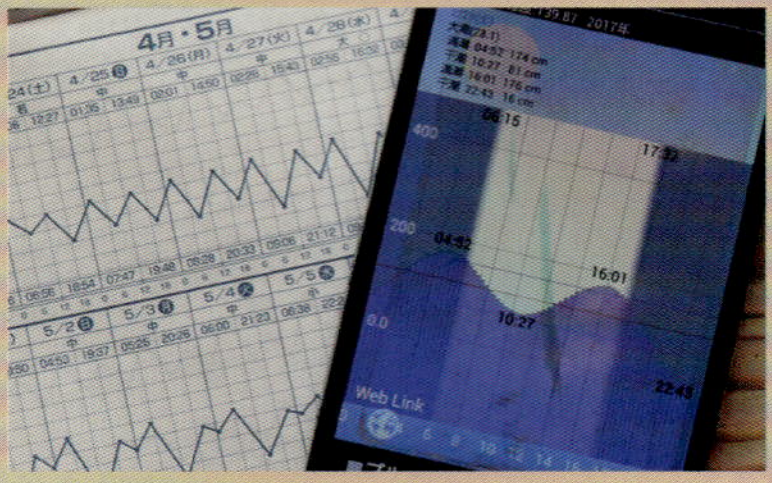

大潮から中潮の日中は潮が大きく引く。あらかじめ、潮見表などで潮位の変化を確認しておこう

【安全第一で楽しみたい】
いくら水深が浅いといっても、強風で海が荒れている状況では危険を伴う。釣りは安全第一の遊びなので、無風で波もほとんどない状況のときに楽しみたい

【プラスαの遊びを！】
せっかくゴロタ場にきているのだから、釣りだけで一日を過ごすのはもったいない。磯遊びもできる準備をしておけば、釣りに飽きても充実の時間を過ごせるのだ

用語解説　ポイント▶魚がよく釣れる場所のこと。「今日はあそこのポイントで入れ食いだった」などと表現する。

ゴロタ場の魚を釣るための簡単&痛快テクニック

魚が隠れている石の陰に、そっとエサを落とすだけでOK！

繰り返しになってしまうが、ゴロタ場では食い気のある魚ほど浅い場所にいる。ところが、実際に釣り場を目の前にしてしまうと、どうしても深い場所を狙いたがる初心者が多い。このため、ここで紹介しているチョイ釣りでは、わざと竿やハリスを短くして深場を探れないようにしているのだ。

だまされたと思って、まずは足元の石のすき間に静かに仕掛けを落としてみよう。たったこれだけで、そこに魚がいれば「ググッ！」と竿先を引き込む手応えが伝わってくるはず。ハリスが短いぶん、想像以上に強い魚の引きがダイレクトに伝わってきて、だれもがビックリする。その瞬間、超浅場でも魚が潜んでいた事実に感激することだろう。

魚を驚かせない静かなアプローチが大切

本当に、これ以上簡単で痛快な釣りはないのだが、より確実に釣るためのコツがいくつかある。

まず、エサを落とす位置は、密集しているゴロタ石の小さなすき間を狙うこと。そして、その場所に近づくときは、できるだけ静かにアプローチすることが大切だ。浅場までやってきている魚は活性が高いとはいえ、そこは野生の魚だけに警戒心は強い。普段はゴロタ石の陰にピッタリと隠れて、目の前に落ちてきたり通り過ぎるエサを狙っているわけだ。バシャバシャと水音を立てたり、ドスン！とゴロタ石の上に飛び乗ったりすると、魚が警戒してしまってなかなかエサを食おうとしない。こうした静かなアプローチは、ほかの釣りにも共通しているので、ぜひとも心がけよう。

また、とくにムラソイやカサゴといった根魚は、目の前にエサが落ちてくると速攻で食いついて、すぐに自分が隠れていた巣穴に戻ろうとする。このとき、モタモタしていると巣穴に張り付かれてしまうので、グングン！と竿先が引き込まれたら、すぐに竿を立てて魚を引き抜きたい。

チョイ釣りの対象魚はどれもおいしいので、ぜひ、持ち帰って味わってみよう。その場合、魚を保冷できる容器（クーラーボックスや発泡スチロールの箱など）に氷とともに入れて、できるだけ冷やした状態で持ち帰ると鮮度を保てる。

なお、ムラソイやカサゴ、ギンポなどは成長が遅い魚なので、小さな個体や食べない魚は逃がしてあげたい。将来、もっと大きく成長してからの再会を楽しみにしよう！

用語解説　タイドグラフ▶潮の干満をグラフで表したもの。その日の満潮と干潮の潮位や時間帯が、ひと目でわかる。

基本テクニック　足元の石の下にエサを送り込んでやるだけでOK

食い気のある魚は
“足元”に
潜んでいるぞ!

チョイ釣りで間違えやすいのが、何となく深場を狙ってしまうこと。確かに水深のあるほうが魚が多そうに見えるのだが、じつはこれが釣れない人が陥りやすい盲点。実際には、食い気満々の魚ほど水深の浅い場所、すなわち「自分の足元」にいるのだ。極端に言えば、水さえあれば魚がいると考えてもいい。したがって、写真のような釣り場では、足元の円内にあるゴロタ石の陰にエサを落としていけばOKだ。「チョイ釣りの極意＝足元狙い」と心得よう!

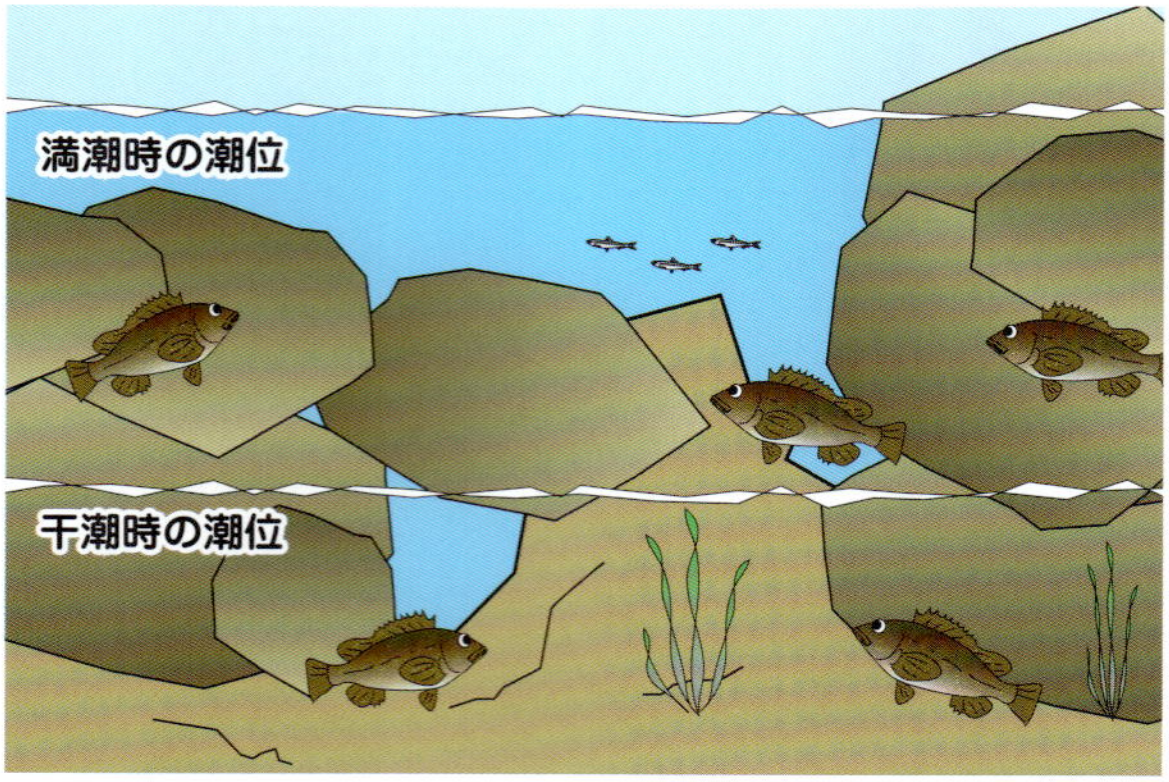
満潮時の潮位
干潮時の潮位

【ゴロタ場にいる魚たちの習性】

前述したように、チョイ釣りでは潮が引いている干潮の時間帯が釣りやすい。その理由は、水位が低くなることでゴロタ場のポイントが広がって歩きやすくなることがひとつ。そして、魚たちの居場所がわかりやすくなることが大きい。ただし、ムラソイやギンポたちの場合は、干潮時には水が干上がっていた浅場でも、潮が満ちているときにはエサを求めて接岸している。このため、干潮の２時間ほど前に釣りを開始して、潮が下げていくのにしたがって波打ちぎわを釣りながら前進するスタイルが一番効率がいい

【干潮時の注意点】

とくに大潮の日では、干潮時から潮が満ちてくると意外と速いスピードで水位が上がってくる。干潮時には全然問題なく渡れた溝などが、潮が満ちることで深くなって戻れなくなる危険もあるので、干潮の時間を過ぎたら早めに陸に上がるようにしたい

用語解説　アタリ▶魚がエサを食ったときに、竿先やウキなどに表れる変化。手元に直接伝わってくるアタリも多い。

ピンポイント狙い　ゴロタ石のすき間に、竿先ごと突っ込む！

どんな狭い穴も
見逃すな！

ゴロタ石の狭いすき間を狙うときは、仕掛け（エサ）を竿先ごと穴に突っ込んでしまうのが手っ取り早い。実際、この写真の撮影時も30cm級の大型ギンポが隠れていた。こうした浅場では、あらかじめハリスの長さを10cm前後と短めにしておくとよい

【水流を利用して誘う】
チョイ釣りの基本は、魚が潜んでいそうなゴロタの穴に静かにエサを落としてやること。ゴロタ場では干満の動きで多少なりとも流れが発生しているので、これだけでもエサが勝手に動いて魚を誘ってくれるのだ。慣れてきたら、流れを利用して石の下までエサを送り込めれば最高。逆に、エサを送り込んでもアタリがない場合は、そこには魚がいないと考えて、どんどん別のポイントを探っていく。この釣りでは、歩いた距離だけ釣果も上がるのだ

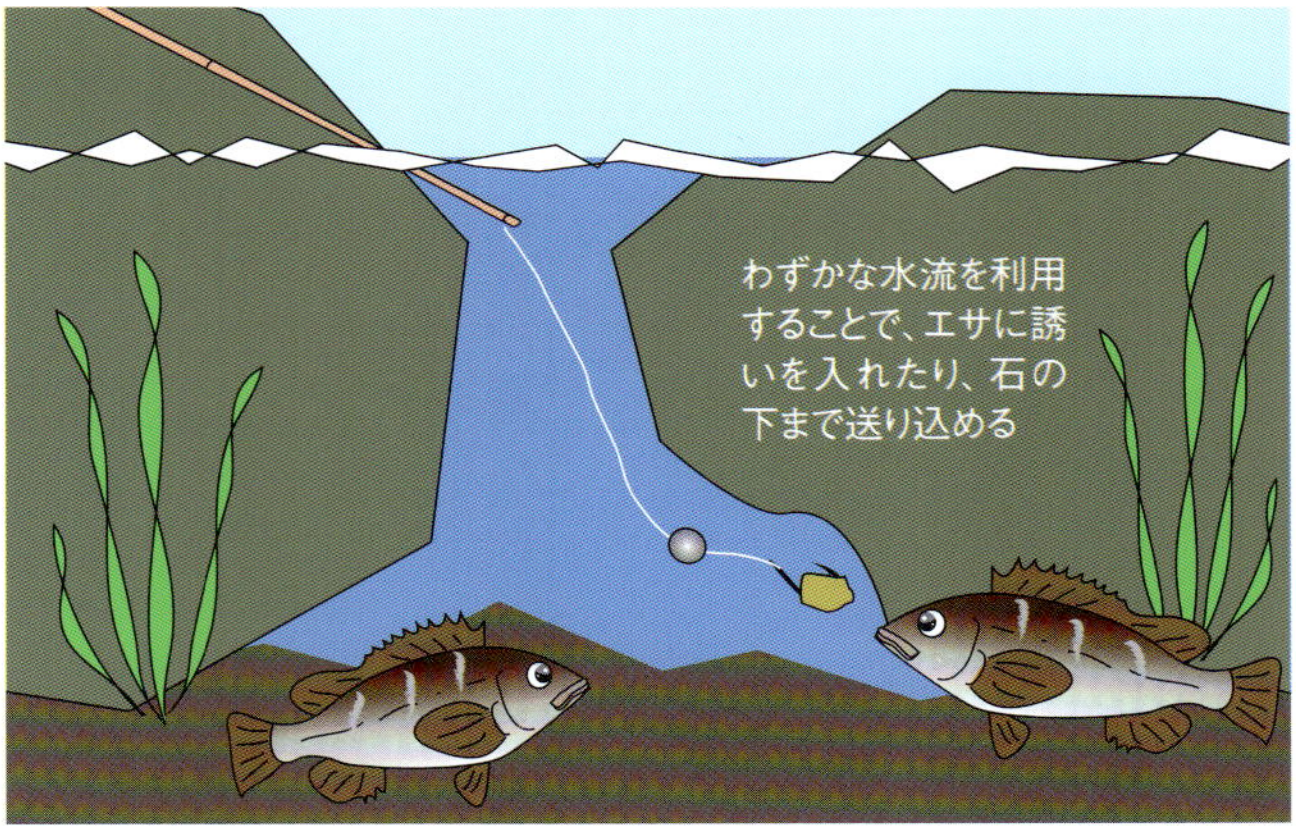
わずかな水流を利用することで、エサに誘いを入れたり、石の下まで送り込める

アワセの方法　魚からの反応があったら、素早く竿を立てよう

グングン！

ゴロタ場の魚たちは、目の前にエサが落ちてくると速攻で食いついて巣穴に戻ろうとする。このとき、油断していると巣穴に張り付かれてしまうので、グングンと竿先が引き込まれたらすぐに竿を立てて引き抜こう。巣穴に潜られてしまっても、しばらく待つと出てくることが多いが、それでダメなら石を引っ繰り返してみるとよい

用語解説　**アワセ**▶アタリが出たときに、竿を立てるなどして魚の口にハリを確実に掛けること。

裏ワザ　チョイ釣りをもっと楽しむためのハイパーテクニック

【隠れ穴メソッド】

一見、水面が見えない状態の「穴」でも、よくよくチェックしてみると石の下にはちゃんと水があって魚が潜んでいることがある。というか、そういう場合が多いので、ハリスを短くして竿先ごと突っ込んでみるのがおもしろい。こうした場所こそが、本当の「穴場」なのだ

【見釣りメソッド】

夏の暑い時期なら、磯遊びを兼ねて見釣りをしてみるのも楽しい。箱メガネで魚を見つけて、その鼻先にダイレクトにエサを送ってやれば、少々食い気のない魚でも反射的に食ってくる。子供が一度この方法を覚えてしまうと、ほかの釣りをやりたがらなくなるほどに痛快な釣りだ!

【横穴メソッド】

ゴロタ場には縦の穴だけではなく、横や斜め方向の穴もある。とくに、ムラソイやギンポなどは水さえあれば潜んでいる可能性があるので、こうしただれもが無視する場所も必ずチェックしてみたい。どんな釣りでも、視点を変えることで穴場的なポイントを発見できる

【エサ撒きメソッド】

魚の気配はあるのにエサばかり取られてしまって、なかなかハリ掛かりしない場合には、採取した貝を2〜3個石で叩きつぶして、貝殻ごと巣穴に撒いてみよう。この匂いをかいだ魚は徐々に活性が高まって、ハリ付きのエサもパックリと食ってくるようになるのだ

ワンポイントADVICE

釣れるときは集中して釣る!

釣りでよく使われる言葉に「時合い」というのがある。これは、潮位や流れ、水温、日射といった要素の変化によって、特定の時間帯にバタバタと魚が釣れることを指す。この時合いになると、多少、エサが変な場所にあったり、不自然な動きをしても関係なく魚が食ってくる。ベテランになると時合いの到来も予測できるようになるが、とりあえず初心者はこのビッグチャンスを逃さず、釣れるときに集中して釣る姿勢が大切だ。

「時合い」を意識することで、その予測も可能になる

Cooking Recipe ～釣った魚をおいしく食べよう～

【激ウマ海鮮鍋】

根魚類やベラなどは、いいダシが出るうえに、身離れがよくなって食べやすくなるので、鍋物に最適。魚はウロコ、エラ、腹ワタを取って洗い、現地調達できれば貝類なども入れて煮る。釣り場の周辺には、ツルナやオカヒジキといった食べられる海菜が生えていることも多く、また、季節と場所によってはワカメやトサカノリといった海藻が拾えることもあるので、採取して食べやすい大きさに切って加える。仕上げに、塩、味噌や醤油など好みの味付けをしていただこう

【根魚の唐揚げ】

カサゴ、ムラソイなどは、じっくりと唐揚げにすると、ヒレもパリパリとおいしくいただける。下ごしらえをした後、背ビレのきわに切り込みを入れ、塩コショウで下味をつける。片栗粉を振り、油をかけながら揚げる

【ギンポの天ぷら】

ギンポは、江戸前の天ぷらでは高級ネタ。細長くヌルヌルで少しさばきにくいが、169ページのようにまな板に固定しておろすとよい。天ぷら衣を付けて揚げれば、衣はサックリ、身はフワフワで極上の味わいだ

【タコ焼き】

庶民的フードの代表であるタコ焼きも、釣れたての地ダコで作れば、驚きのおいしさ。小麦粉、ダシ汁、卵、塩か醤油で生地を作り、専用の鉄板に流し込んで、タコ、天かす、紅ショウガなどを散らして焼き上げる

【ベラのマリネ】

ベラは淡泊な白身で、刺身や煮魚、唐揚げなどで美味。マリネの場合は、唐揚げにした熱々の身をスライスしたタマネギやニンジンとともに、サラダ油、酢、塩コショウで味付けした液に２～３時間ほど漬け込む

《おいしい海遊び入門❶》

激ウマ！「えびせん」を作ろう

チョイ釣りの舞台であるゴロタ場や小磯などに棲息するイソスジエビは、魚たちにとって最高のごちそうになっている。そして、この小さなエビは人間が食べてももちろんおいしい。単に唐揚げにしたりスープの具にするのもいいが、我が家でよく楽しむのが「えびせん」作り。ジュッ！と焼き上げたときの何ともいえない香ばしさは、オトナでもそそられるものがあるのだ。

この激ウマえびせんを作るためには、まず新鮮なエビを採取する必要がある。通常、イソスジエビは海藻の繁茂しているエリアに潜んでいることが多いが、そういった場所は意外と網で採りにくい。むしろ狙うべきは、何の変哲もないフラットな岩盤の浅瀬だ。一見、エビなんて一匹もいないような気もするが、そこがエビ採りの最大の盲点。人間の目には平面に見える地形でも、小さなエビにとってはほんの小さな溝が十分な隠れ場になっているのだ。そんな場所にいるエビたちは、エサの捕食のために意外と無防備になっているので、コンビニで売っているような安物の手網でも、ひと網で数十匹のエビをすくえることもある。穴場を見逃さないようにしよう！

さて、無事にエビを採取できたら、いよいよ「えびせん」作り。方法は簡単だ。まず、片栗粉大さじ５にダシの素と塩を少々、そしてナイフか包丁で刻んだエビを少し混ぜて、水を少しずつ加えながらよく練り合わせる。多少、固めに練るのが成功へのカギだ。海岸で楽しむならカセットコンロなどでフライパンを熱し、軽く油を敷いてから練ったタネを大さじ一杯ほど乗せる。さらに、殻ごと縦に切ったエビを乗せて30秒ほど弱火で焼く。続いて、もうひとつ小さめのフライパンを用意し、底面に薄く油を塗って熱してからタネを強めにジュッ！と10秒ほどプレス。あとはタネをひっくり返しながら、全体が白っぽくなるまで焼けば完成だ。このまま食べてもおいしいし、家に持ち帰って電子レンジで水分を飛ばすとパリパリの食感を楽しめる。

チョイ釣りを楽しめる海岸で、激ウマのえびせん作り。
たまの休日、こんな遊びを楽しむのも悪くない

STEP 2

痛快！ノベ竿の渚《なぎさ》釣り

Nagisa-zuri

誰もいない海岸で、ひそかに入れ食いを楽しむ超絶テクニック！

渚釣りというのは、文字通り「渚＝浜辺」での釣りのこと。竿一本、ハリ一本で魚を釣り上げる超シンプルなスタイルは、明快かつ痛快。本来の釣りの楽しさ、そして上達するためのヒントをたっぷり教えてくれる渚釣りこそ、海釣りの入門には最適だったのだ！

憧れのクロダイにも渚釣りなら簡単に出会えるぞ！

白身のシロギスは天ぷらで絶品！

本来の釣りの「楽しさ」を教えてくれる渚釣りの実力

シンプルな「ノベ竿」を使って、ピクニック気分で楽しもう！

nagisa-zuri

数ある海釣りのジャンルのなかで、もっともシンプルかつ痛快なのが「ノベ竿の渚釣り」だ。主な対象魚は、シロギスやカイズ（小型のクロダイ）、イシモチ、シタビラメといった美味な魚ばかり。いずれの魚も、繊細なノベ竿で狙うとスリリングな引きを楽しめ、大物相手ともなると心臓がバクバクになるほどの刺激的なファイトを堪能できる。

ところが、この釣りをビギナーのみなさんに教えると、全員が最初にとまどうことになる。何しろ、だだっ広い海岸を目の前にして、手にしているのは頼りなさそうな「ノベ竿」一本だけだからだ。仕掛けを投入できる距離は、ほんの10ｍほど。海底がまる見えの超浅場しか探れないから、ほぼ全員が「こんなので本当に魚が釣れるの？」みたいな顔になる。

そこで、まず私が仕掛けを軽く投入してみせる。竿先の動きに集中しながら誘いを入れると、すぐに魚からの反応がある。人間の目には海底の魚が見えてなくても、そこにはちゃんと魚が潜んでいる証拠だ。そのまま誘いを続け、明確なアタリにすかさず竿を立てると「ギューン！」と魚が元気に走り、柔軟なノベ竿が力強くもきれいな円弧を描く。その瞬間、私の後ろで一部始終を見ていたビギナーたちから、どよめきと喝采が起きるのだ……。

そもそも、渚釣りでノベ竿を使うわけは、軽い仕掛けが扱いやすいから。軽量なオモリを使った仕掛けを投入したり誘いをかけるには、リール竿よりも圧倒的にコントロールしやすい。そして、この超軽量仕掛けを使う理由こそが、浅場に潜んでいる魚たちを「警戒させずに釣る」ためなのである。

この釣り方は、昔から千葉県の房総半島で行われていて、私も20年ほど前に地元のベテランに教わって始めたものだ。当地では「豆テンヤ」と呼ばれるハリに極小オモリを噛ました仕掛けが使われているのだが、この軽量仕掛けを自在に操るために独自のノベ竿釣法が確立されてきた背景がある。

渚釣りの尽きない魅力とは？

渚釣りの魅力としては、とにかくフィールドが無限にあることが挙げられる。とくに、内湾に面した波静かな浜辺なら、全国どこでも釣り場として成立するのだ。また、こうした場所はアプローチが容易なことが多く、ピクニック気分で家族や仲間同士で楽しめることもうれしい。そのうえ、まだまだ

用語解説　ノベ竿▶リールを使用しないシンプルな竿の総称。伸縮式の「振り出し」タイプが一般的だ。

これから海釣りを始める人には、ぜひ「渚釣り」を経験してもらいたい。それほどに、この釣りには驚きと感激と達成感がある。魚がどこにいるのかを推理するうえでも、最高の勉強になるのだ

スリリングな魚のファイトを楽しめる爽快さが魅力!

シロギスは投げ釣りなどでも人気者だが、渚釣りでハリ掛かりさせると、その砲弾のような強烈な走りに誰もが感動することだろう

渚釣りはメジャーな釣りのジャンルとはいえないため、だれも狙わない手つかずの好ポイントも数多く残っている。堤防などの混雑とは無縁の穴場を自分なりの探求心で開拓していくことも、渚釣りの大きな楽しみといえるだろう。

そして、投げ釣りのような重いオモリを介さない軽い仕掛けでは、魚の引きをダイレクトに味わえることも大きな魅力。とくに水深の浅い釣り場では、相手が小さなシロギスやカイズでも想像以上の勢いで横っ走りするので、思わず歓喜の声が出てしまうほどだ。こんな刺激的な釣りを体験できるのは、ノベ竿の渚釣りぐらいしか思い当たらない。

何の変哲もない、常識的には釣りのベテランさえも素通りしてしまうような浜辺で、「まさか!」と思うような好釣果を得られるノベ竿の渚釣り。この釣りを楽しんでいくことで、ほかの釣りでのポイント探しや上達にも大いに役立つことをお約束する。

用語解説 **リール竿**▶リールを使用する竿の総称。磯竿、万能リール竿、ルアーロッドなどがある。

概要と魅力　エサが豊富な近場を「静か」に狙えることが最大のメリット

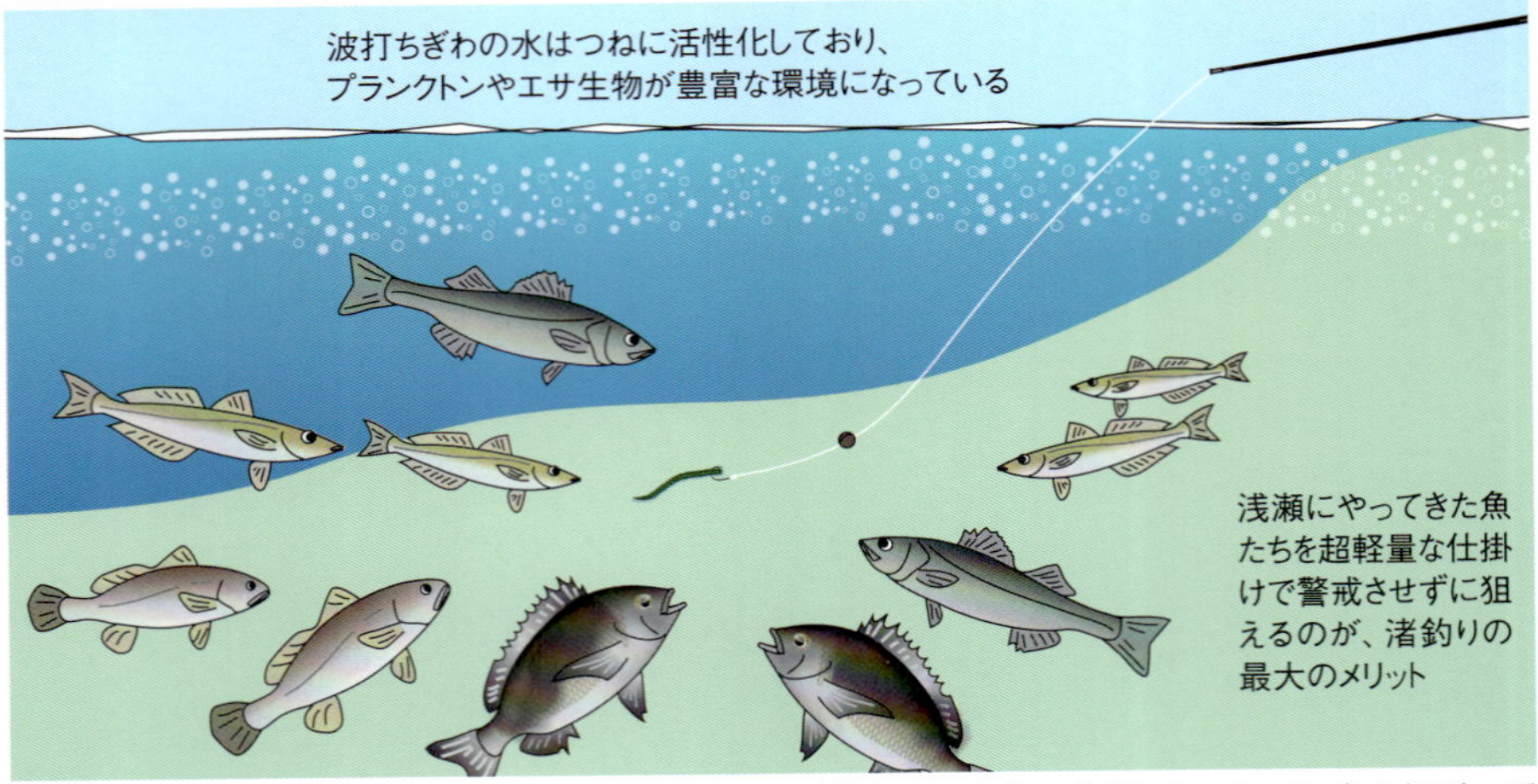
波打ちぎわの水はつねに活性化しており、
プランクトンやエサ生物が豊富な環境になっている
浅瀬にやってきた魚たちを超軽量な仕掛けで警戒させずに狙えるのが、渚釣りの最大のメリット

波打ちぎわの水はつねに波に洗われることで溶存酸素量が多く、エサ生物の宝庫になっている。魚たちにとっては、最上級のレストランになっているわけだ。こうした至近のポイントで魚たちを警戒させずに釣るためには、超軽量の仕掛けを使った「渚釣り」が最適。その軽い仕掛けを自在に操作するためにも、ノベ竿が必須になるのだ

釣り人が誰もいない遠浅の海岸。海底が丸見えなので、普通なら素通りしてしまう釣り場だが、ノベ竿の渚釣りにおいては、最高のフィールドになる

強烈な引きを見せてくれたのは良型のマゴチ。ノベ竿の釣りは、江戸時代の庄内藩においても武士のたしなみとして奨励されていた歴史がある。実際、ノベ竿と細イトで大物と対峙してみると、武士道にも通じる潔さを体感できる

憧れのクロダイも、カイズやチンチンと呼ばれる小型のものは浅場で群れる習性がある。静かなアプローチができる渚釣りなら、ビギナーでも比較的簡単にクロダイたちと出会えるのだ

渚釣りで憧れの魚たちを狙ってみよう!

対象魚と季節　シロギスやカイズなど、浅場に回遊してくる魚が狙い目！

カイズ、チンチン

シロギス

シタビラメ

イシモチ

渚釣りの人気者であるシロギスは、大きな群れが波打ちぎわまで接岸してくる初夏〜秋が初心者でも釣りやすい。それに同調するように、マゴチやセイゴ、ハゼなども好調になってくる。一方、カイズやイシモチなどは、秋〜冬がハイシーズン。ターゲットにこだわらないなら、一年中何かしらの魚が釣れるが、真夏や厳冬期を除いた季節が快適に楽しめるだろう

魚種	ハイシーズン	概要
シロギス	初夏、秋	渚釣りの定番ターゲット。投げ釣りでは遠投して釣るイメージがあるが、ハイシーズンには波打ちぎわで入れ食いが楽しめる
カイズ、チンチン（クロダイ）	秋〜冬	カイズやチンチンと呼ばれる小型のクロダイは、秋口になると海岸の浅場に回遊してくるので、渚釣りでも断然釣りやすくなる
イシモチ	秋〜冬	一年中釣れるが、とくに秋〜冬が釣りやすい。潮に濁りがあるときが絶好の狙い目で、爆釣することもある。刺身や塩焼きで美味
セイゴ	初夏〜秋	体長 20 〜 30㎝程度のスズキの仔魚だが、ファイトは強烈！
ヒイラギ	一年中	大きな群れで回遊しているので、一尾釣れると入れ食いになる
シタビラメ	夏〜初秋	25㎝程度までの小〜中型サイズなら、コンスタントに釣れる
ハゼ	初夏〜初冬	河口エリアの海岸や河岸が狙い目。数釣りが楽しめる
マゴチ	初夏〜秋	朝夕のまづめどきには、波打ちぎわまでやってくる好敵手

釣り場　波静かな内湾の砂浜が、安全かつ快適に楽しめる

波の静かな
気持ちのいい海岸が
最高のフィールド

ノベ竿の渚釣りでは、波打ちぎわに安全に立てることが、釣り場としての絶対条件。その意味で、普段から波の静かな海岸が最高のフィールドとなる。内湾の海岸線はもちろん、外海に面していても、ウネリや風波を遮ることのできる場所なら十分に釣り場として成立する。天候は晴天時よりも曇天時のほうがいい。とくに夏は炎天下での釣りは辛いので、朝夕のまづめどきが狙い目だ。また、渚釣りでは軽い仕掛けを使うため、風は無風、あるいは背後からの微風が理想の条件となる

用語解説　**まづめどき**▶朝や夕方の薄暗い時間帯のこと。一般に、魚の活性が高くなるとされる。

渚釣りで快適に使える「ノベ竿」の正しい選び方

「軽さ」と「感度のよさ」を兼ね備えていればパーフェクト！

nagisa-zuri

私がこの釣りを覚えた頃と違って、現在ではノベ竿の性能が格段に向上していることも渚釣りをお勧めする理由のひとつ。長さ5ｍクラスのノベ竿でも非常に軽量で、女性や子供でも両手を使うことで快適に扱えるのだ。

長さ5.3～6ｍの軽量な「渓流竿」がお勧め！

渚釣りが盛んな房総で使われているノベ竿は6～6.3ｍとやや長めで、7ｍ近い長竿を使っているベテランもいる。これは、射程距離が限られているノベ竿では、長ければ長いほど有利と考える人が多いためだ。実際、竿が1ｍ長くなるだけで、探れる面積は2倍近く広がる感覚がある。

ただし、竿が長くなればそれだけ重くなり、操作性が損なわれて釣果にも影響を及ぼしかねない。実際に一時間でも釣りをしてみるとわかるが、竿の軽さというのは何物にも代えがたいメリットなのだ。疲労度は格段に軽減されるし、それに伴って誘いやアタリに対する集中力も持続しやすい。また、竿は軽量になるほど手元に伝わる感度もよくなるため、微妙なアタリを取っていく渚釣りでは大切な要素といえる。

もちろん、渚釣りの竿に要求されるのは長さや軽さだけではない。前述したように、この釣りでは軽量な仕掛けを自在にコントロールできる性能が必要だし、大物相手でもしっかりファイトできるパワーも求められる。

その点、淡水の釣りで使われている「渓流竿」は、仕掛けを操作する際のダイレクト感があって、アタリも明確に手元に伝わってくる。魚とのやりとりもしやすい。ただし、竿先が硬めだとエサを口にした魚に違和感を与えやすく、魚の活性が低いときには乗りが悪くなるケースがある。逆に、竿先が柔軟な竿は感度はそれほど高くないものの、魚の食い込みを損なわないため、なかばオートマチックにハリ掛かりすることが多い。ガチガチに硬い投げ竿では釣れないシロギスも、軟らかなノベ竿なら確実に釣れるのだ。

結論として、渚釣りでは長さ5.3～6ｍ、重さ１００～１３０グラムまでの軽量な竿がお勧めだ。サビキ釣りなどほかの釣りへの流用を考えるなら、標準的な硬調タイプの渓流竿や万能竿を選ぼう。また、渚釣りだけに特化した竿が欲しいなら、穂先が軟らかくて細イトにも対応した中硬タイプの渓流竿や清流竿を選ぶと釣りが断然楽しくなるはずだ。

用語解説　**万能竿**▶用途や対象魚を限定していない竿。使用できるライン強度やオモリの重さに幅を持たせている。

タックル　たったこれだけのタックルで、渚釣りを存分に楽しめる！

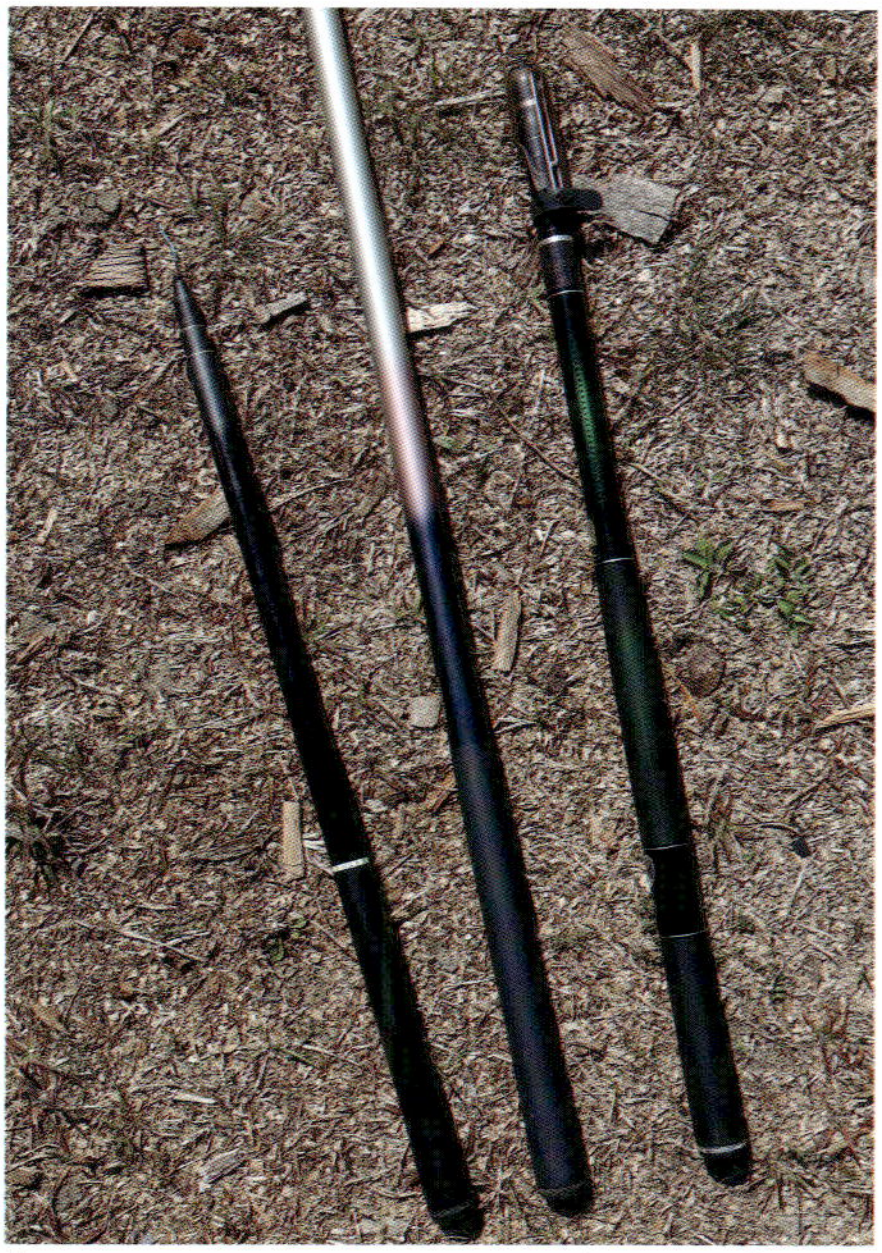

【軽量かつ粘りのある渓流竿がお勧め！】
5.3 ～ 6 mの渓流竿（左）が基本。重さは 130 gまでが目安だが、実際に手に持ってみて持ち重りがしない竿を選びたい。万能竿（中）はビギナー向けを想定したリーズナブルな竿で、軽量なタイプなら渚釣りも十分に楽しめる。細イト対応の渓流竿（右）や清流竿と呼ばれるタイプは、6 mの長さでも非常に軽量で、片手でも楽々操作できる。私も愛用している竿だ

小継
硬調
中硬 60

【渓流竿の硬さについて】

一般的な渓流竿は、その硬さを中硬、硬調、超硬などと区分けしている。中硬の竿は軟らかくて軽量なので、渚釣りにも使いやすい。ウキ釣りやサビキ釣りにも流用するなら、ある程度の強度がある硬調がお勧めだ

穂先が
繊細なほど
楽しめる！

【食い込みのよさを求めるなら細イト仕様】

細イト仕様の渓流竿や全体に軟調の清流竿は、竿先（穂先）に粘り強さと柔軟性に優れた細いムク材を採用している。魚に対して違和感を与えにくいため、多少アワセのタイミングがズレてもハリ掛かりしやすい

ワンポイントADVICE

あると便利な装備品

渚釣りでは、竿のほかに「エサ箱」や釣った魚を入れるための「ビク」も用意しておきたい。イソメ類やオキアミを収納するエサ箱は、ベルトで首から提げたり腰に装着できるものがお勧め。フタが二重のタイプは、使いかけのエサを入れられて便利だ。ポイントを歩いて移動しながらの釣りなので、ビクも腰に付けられるタイプが使いやすい。保冷剤を入れておけば、夏でも魚が傷みにくい。

ビクは、ベルトで腰に付けられるタイプが便利。暑い時期は、小さな保冷剤を入れておこう

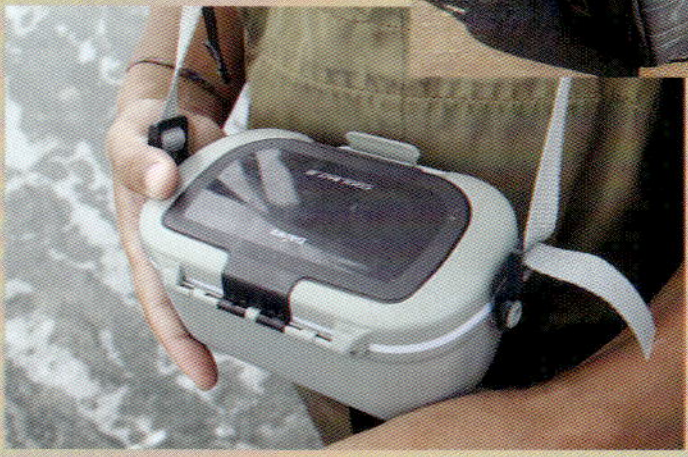

エサ箱は首から提げるか、腰のベルトに装着できるものを使ってみたい

用語解説　**清流竿**▶淡水のオイカワやウグイなどを釣るための、とても軽量な竿。軟調だが、そこそこの粘り強さもある。

極小のガン玉仕掛けでわずかなアタリも明確に！

シンプルで素っ気ない仕掛けこそが、機能的で快適なのだ

渚釣りの定番の仕掛けは非常にシンプルで、ミチイトの先端に直接ハリを結び、ハリ上5～25㎝の位置にガン玉を打つだけだ。ただし、この方法だとハリの結び方をマスターする必要があって、初心者には少々ハードルが高くなってしまう。

ハリス式がお勧め。豆テンヤもおもしろい

そこで提案するのが、チョイ釣り同様に「ハリス付きのハリ」を使う方法。これなら、ミチイトとハリスを結ぶだけで簡単に仕掛けを作ることができる。また、ミチイトにハリを直結する方法だと、ハリが傷んで結び替えるたびにどんどんミチイトが短くなってしまうが、ハリス式ならその心配がない。根掛かりをしたときにも仕掛けの全損を防げるから、むしろ初心者にはハリス式をお勧めする。

ミチイトの素材は、比重のあるフロロカーボンが潮になじみやすくお勧めだが、ナイロンラインでも問題ない。ラインの太さは、とりあえずの目安としてカイズ狙いなら1～1.5号、シロギス狙いや細イト仕様の竿を使う場合は、0.5～0.8号を使用すればよい。

ハリは万能に使える「袖バリ」がお勧め。小さいハリなら軽いアワセでも魚の口に刺さりやすい「細地袖」もいい。サイズは、五目釣り的に楽しむなら5～6号、大型狙いなら7～8号、小型のシロギスなどを釣るなら4号が目安だ。

ハリに結んであるハリスは、ミチイトよりもワンランク細いものを使うことで、根掛かりしたときでもミチイトとの結び目の下から切れてくれる。ただし、カイズ狙いなどで0.6号前後の細いミチイトを使う場合、魚の歯に対する防御としてあえて0.8～1号の太いハリスを使うこともある。ただし、根掛かりしたときにミチイトの途中から切れることがあるので、根掛かりが少ない場所限定の対策だ。

オモリは「ガン玉」を使うのが基本だが、伝統の釣りにこだわるなら前述の「豆テンヤ」を使うのもおもしろい。

付けエサは、あらゆる魚を狙える「ジャリメ（石ゴカイ）」がメイン。入手できなければ、「アオイソメ」でもOKだ。イソメ類が触れない人は「人工エサ」（162ページ）を使うのもいいだろう。また、釣具店でほとんど扱ってないが、「フクロイソメ」や「フクロエビ」などは魚の食いが最高なので、自分で採取してでも使う価値がある。

用語解説　**フロロカーボン**▶比重があって擦れにも強いライン。ハリスに使われることが多いが、ミチイトにも使う。

仕掛けの構成　渚釣りの仕掛けは、シンプルかつ軽量に仕上げたい

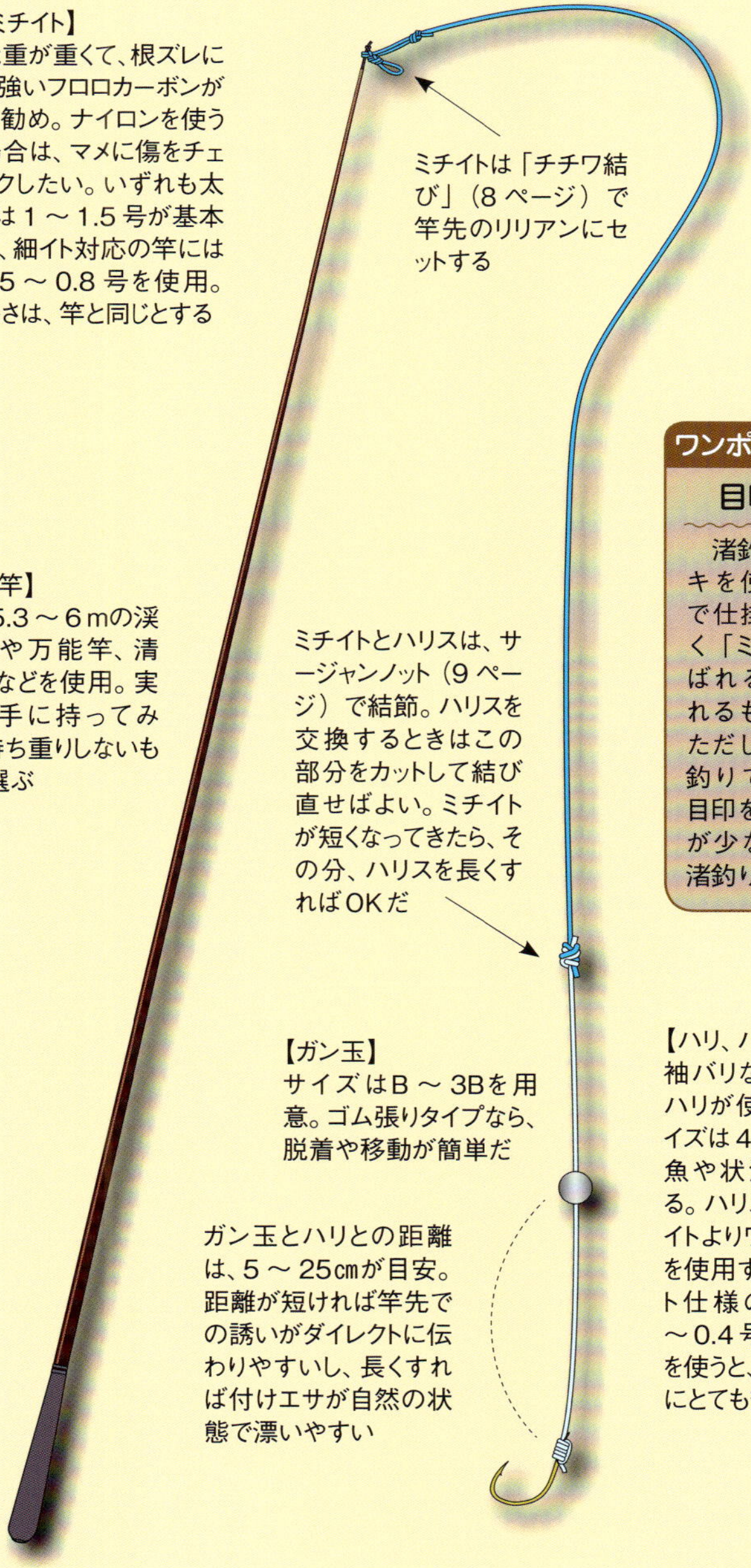

【ミチイト】
比重が重くて、根ズレにも強いフロロカーボンがお勧め。ナイロンを使う場合は、マメに傷をチェックしたい。いずれも太さは1～1.5号が基本で、細イト対応の竿には0.5～0.8号を使用。長さは、竿と同じとする

ミチイトは「チチワ結び」（8ページ）で竿先のリリアンにセットする

【ノベ竿】

長さ5.3～6mの渓流竿や万能竿、清流竿などを使用。実際に手に持ってみて、持ち重りしないものを選ぶ

ミチイトとハリスは、サージャンノット（9ページ）で結節。ハリスを交換するときはこの部分をカットして結び直せばよい。ミチイトが短くなってきたら、その分、ハリスを長くすればOKだ

【ガン玉】

サイズはB～3Bを用意。ゴム張りタイプなら、脱着や移動が簡単だ

ガン玉とハリとの距離は、5～25㎝が目安。距離が短ければ竿先での誘いがダイレクトに伝わりやすいし、長くすれば付けエサが自然の状態で漂いやすい

【ハリ、ハリス】

袖バリなど、軸の細いハリが使いやすい。サイズは4～8号を対象魚や状況で使い分ける。ハリスの太さはミチイトよりワンランク細めを使用する。また、細イト仕様の竿では、0.3～0.4号の極細ハリスを使うと、食い渋った魚にとても効果的だ

ワンポイントADVICE
目印について

　渚釣り仕掛けは、ウキを使わずにオモリで仕掛けを沈めていく「ミャク釣り」と呼ばれる釣り方に使われるものに似ている。ただし、通常のミャク釣りではミチイトに目印を付けるが、流れが少ない場所を狙う渚釣りでは無用だ。

用語解説　人工エサ▶本物のエサの味や匂いをつけた生分解性素材のエサ。常温で長期保存ができて便利。

パーツ類　ハリは細軸で刺さりがいいものを。ガン玉はゴム張りが◎

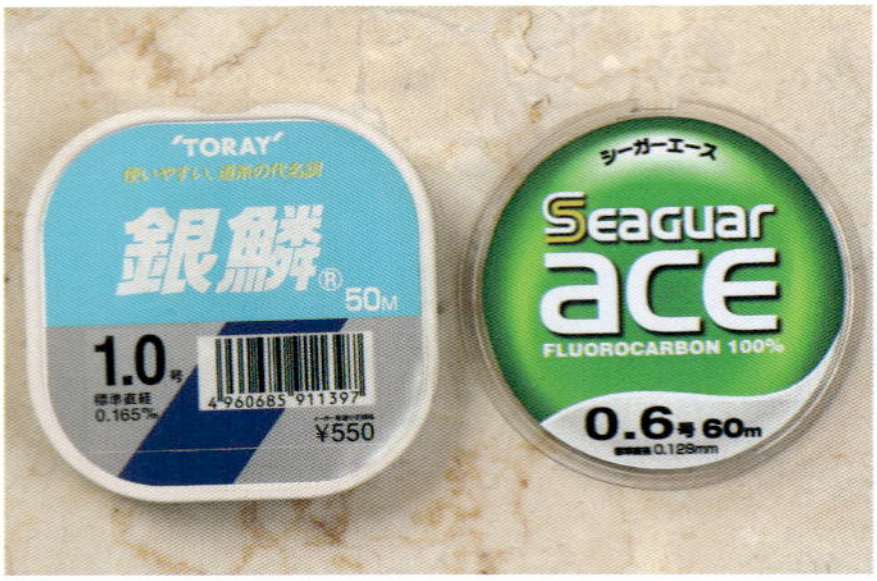

【ミチイト】
フロロカーボンかナイロンの1～1.5号、細イト仕様の竿を使う場合は0.5～0.8号を用意。これぐらいの細さでも、チンチンやカイズを相手に十分ファイトできる

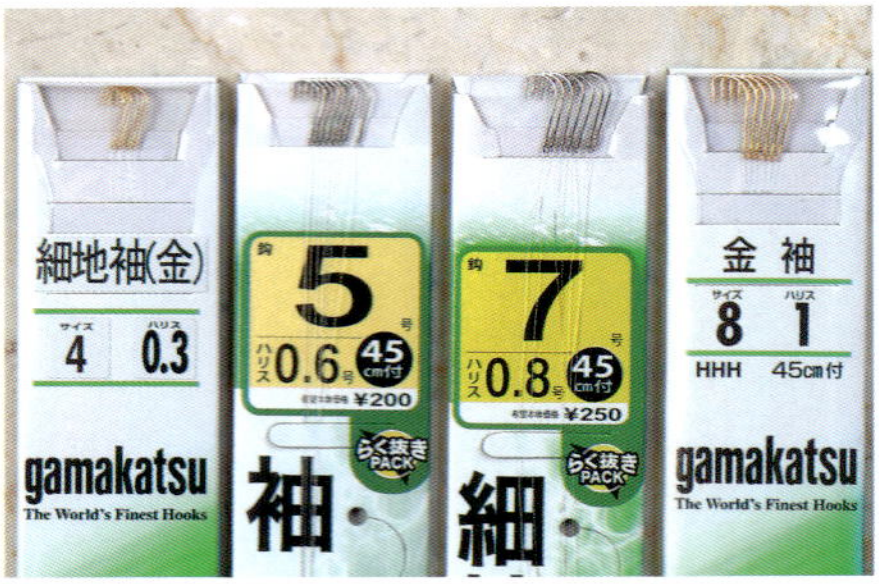

【ハリ】
軸が細めで掛かりのいい袖バリを使用。五目狙いなら5～6号、大物狙いでは7～8号、小型狙いなら4号がサイズの目安になる。ハリス付きが便利

【ガン玉】
オモリは、ガン玉のB～3Bを用意。ゴム貼りタイプなら、位置調整や交換などが素早くできて便利だ。重さは水深や流れ、風の強さなどで加減するが、自分が操作しやすい範囲でできるだけ軽いものを使うのが基本

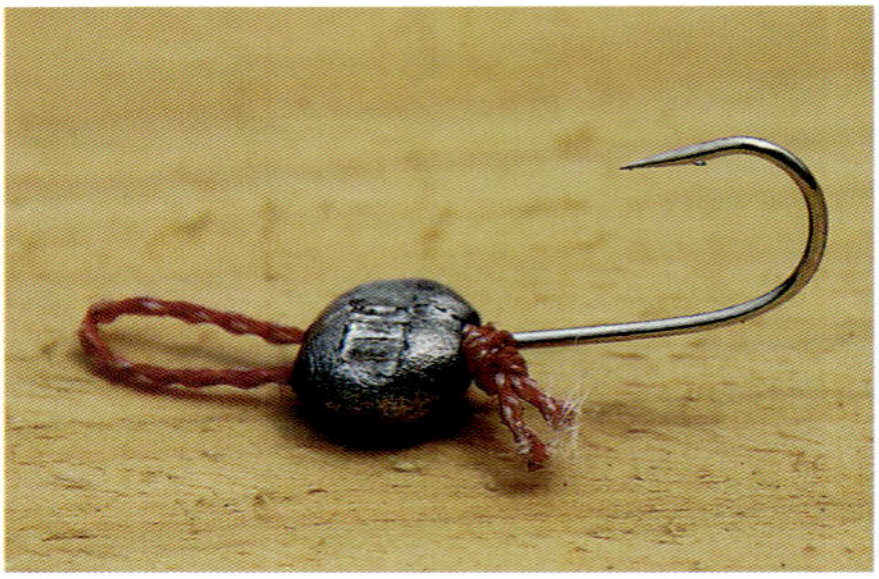

【豆テンヤ】
房総のカイズ釣りでは、オモリ付きの豆テンヤバリが使われている。海底でつねにハリ先が上を向くため、砂利でハリ先を傷めにくく、フッキング性能にも優れるのが特徴だ。地元の釣具店で入手できるが、自作も簡単

豆テンヤの作製　丸海津バリと中通しオモリで簡単に作れる

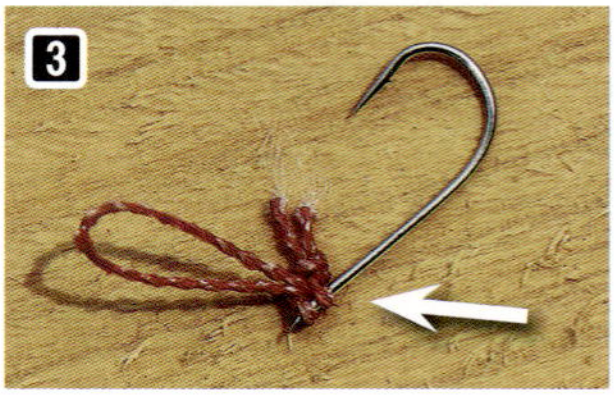

❶豆テンヤの材料は、丸海津バリ10～11号、中通しオモリ0.2号（ガン玉の2Bに相当）、PEライン5号。❷PEラインをふたつ折りにして、長さ1.5㎝ほどの位置で固結びをして小さな輪を作る。余分のラインはハサミでカット。❸ハリのチモト部分（矢印）に、できた輪をチチワ結び（8ページ）の要領でしっかり留める。❹チモトと結び目を覆うようにオモリを通し、プライヤーなどでしっかり潰し留めて、あっという間に完成。豆テンヤを使うときは、ハリスをPEラインの輪の部分に簡単結び（9ページ）でセットすればよい

用語解説　PEライン▶高密度ポリエチレンなどを編み込んだライン。感度に優れ、主にリールに巻くミチイトに使われる。

仕掛け作り　渚釣り仕掛けの一番簡単な作り方とコツ

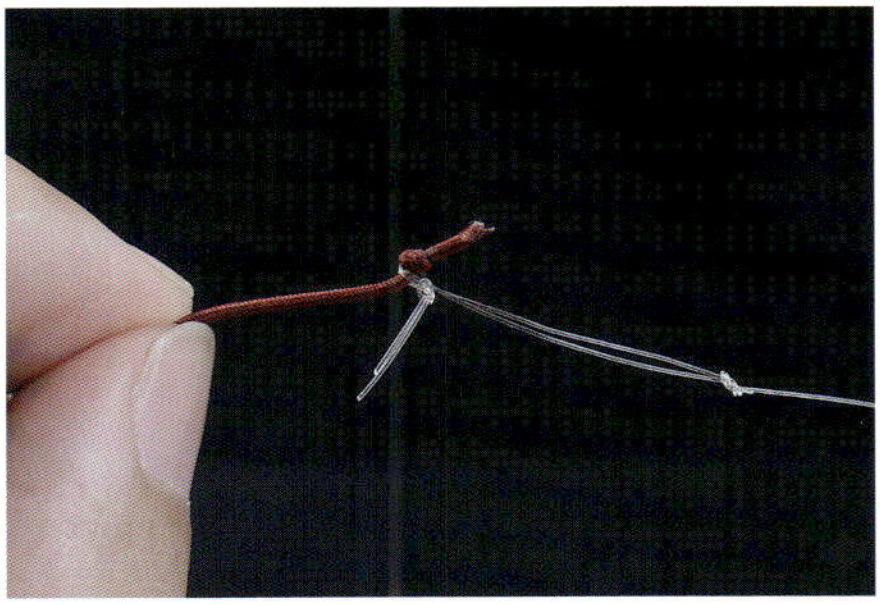

1 竿先にミチイトをセットする

まず、ノベ竿を伸ばす前に、竿先のリリアン部分にミチイトをチチワ結び（8 ページ）でセットする。近年の渓流竿によく見られるメタルトップの場合だと、結び目が締まりにくいので、ていねいに作業したい

2 竿を伸ばして、同じ長さにミチイトをカット

竿を伸ばしながら、ミチイトをボビンから繰り出していく。竿は穂先（竿先）側から伸ばしていくのが正解。伸ばし終えたら、ミチイトを竿と同じ長さでカットする。ちなみに、竿をしまうときは元側から畳んでいく（159 ページ）

3 ミチイトにハリスを結ぶ

ミチイトとハリ付きのハリスをサージャンノット（9 ページ）で結ぶ。ハリス長は 30㎝ほどになるように調整。作業中は竿を肩に担ぐと、両手が自由に使えて竿も傷つけない。エサをハリに付けるときも同様にするとよい

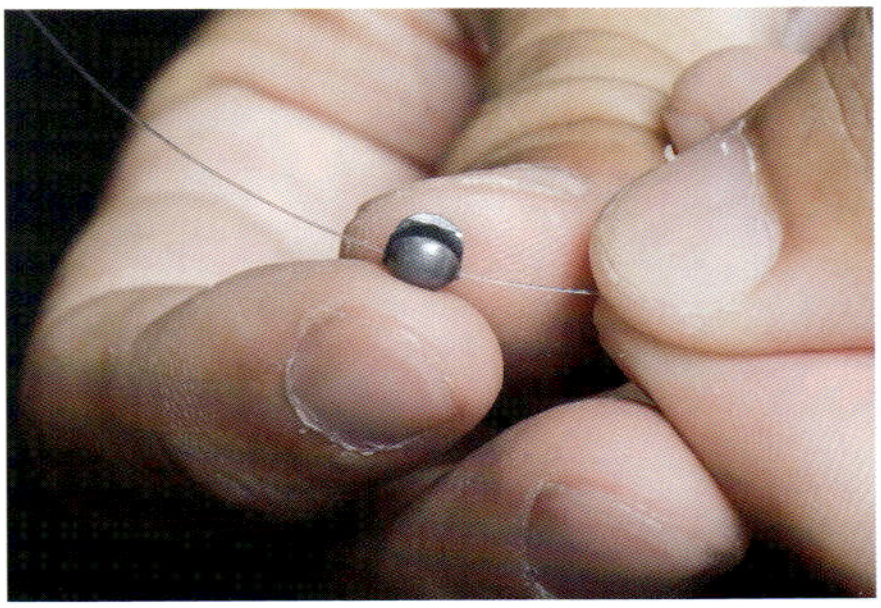

4 ハリスにガン玉を装着する

ハリスにガン玉を挟んで、指で締め付けるようにしてセット。ガン玉とハリとの距離は 5 ～ 25㎝。誘いを多用するなら短め、ズル引き中心なら長めがセオリーだ。なお、豆テンヤを使う場合、ガン玉は必要ない

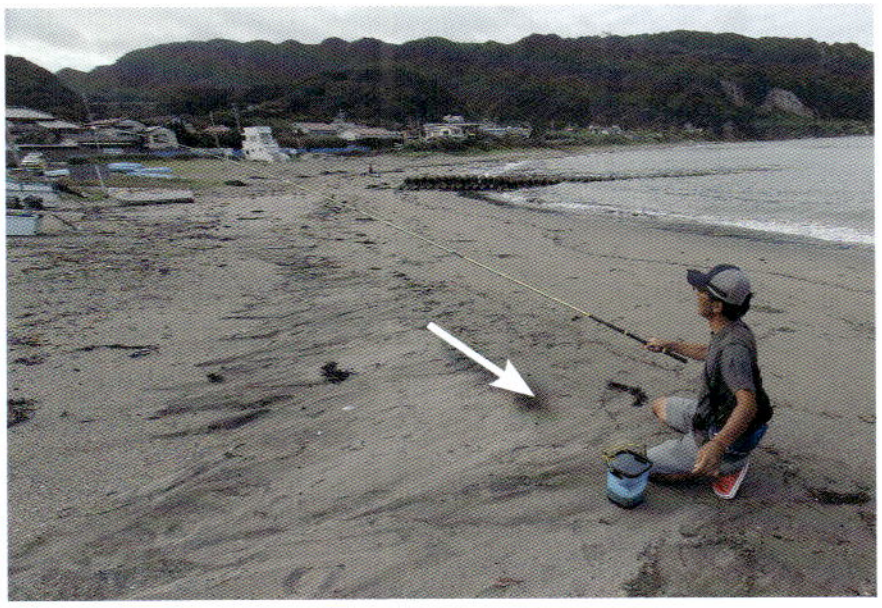

5 仕掛けの完成の確認をする

これで仕掛けは完成なので、竿とハリスを持ってラインを引っ張り、結びなどの不具合がないかどうかを確認する。これは渚釣りに限らず、クセにしておくとよい

ワンポイントADVICE

釣行後の仕掛けのしまい方

仕掛けをしまうときは、市販の仕掛け巻きや竿に付けるキャップに巻いておくと、次回の釣行時に素早く釣りが開始できて便利だ。

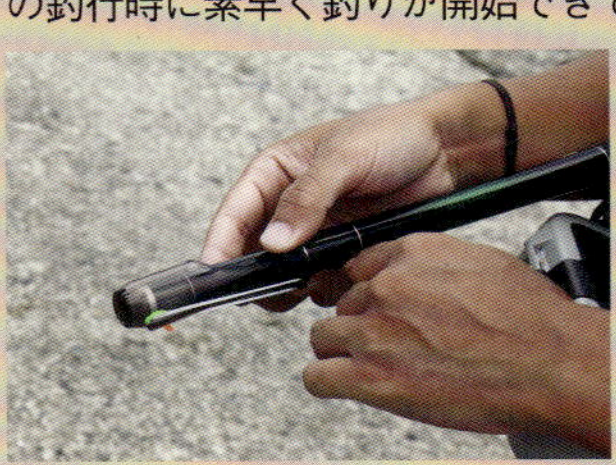

ノベ竿の仕掛けは、仕掛け巻きに収納することで繰り返し使える

用語解説　リリアン、メタルトップ▶ノベ竿先端のミチイトを結ぶ部分。リリアンはナイロン製、メタルトップは金属製だ。

使用するエサ　フクロイソメが最高だが、ジャリメや人工エサでOK!

【主なエサの種類】

❶ジャリメ／渚釣りでの万能エサ。細くて柔らかく、とても食いがいい。入手できなければ、多少硬くなるがアオイソメ（62ページ）でも大丈夫だ。いずれも、半日の釣りで1パック用意すれば十分。❷フクロイソメ／渚釣りの特効エサとして知られる。とくに潮が濁っているとき効果的。❸人工エサ／イソメに触れない人の必殺武器。ハリの付け方はイソメと同様。❹フクロエビ／体長1cmほどのヨコエビやトビムシなどと呼ばれている小さな虫。普段から魚たちが常食しているので非常に食いがいい。ハリに通し刺しにする

【イソメをハリに付ける方法】

❶イソメ類の場合は、あらかじめ石粉などをまぶしておくと滑りにくくなってエサ付けしやすい。海岸の砂を使ってもよいが、炎天下の熱い砂はNG。❷ハリ先をイソメの頭の横から刺して、そのままハリ軸を通していく。❸ハリ先を出して、長さ1～3cm程度で爪先でカット。シロギスの場合、タラシは短めにしておくほうが吸い込みがよくてハリ掛かりもしやすい。❹カイズやイシモチなどの場合は、エサを切らずにそのまま垂らしておくほうが食いがいい。いずれにしても、エサの状態はマメにチェックして、ふやけたり形が崩れたら即交換だ

ワンポイントADVICE

エサを自家採取する方法

　フクロイソメの棲息地は、流れ込みの干潟。貝殻の破片や枯れ草などが集まっていればそれが巣だ。採取方法は、巣に静かに接近してスコップで素早く掘り上げるだけ。ただし、無造作に足音を立てると瞬時にフクロイソメたちが巣穴の奥深くまで潜ってしまうため、素早く採取するのが最大のコツとなる。

　フクロエビは海岸に打ち上げられた海藻や石をひっくり返して採取するか、波打ちぎわを手網ですくっても採れる。

フクロイソメは、できるだけ静かに素早くスコップで掘り上げるのがコツ

フクロエビ類は、海岸に打ち上げられた海藻や石の下に隠れている

用語解説　**タラシ**▶エサをハリに付けたときに、ハリから下側に垂れている部分。この長さによって魚の食いが変わる。

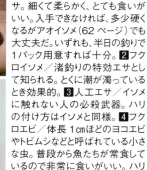

渚釣りのポイント選びの法則とは？

波打ちぎわは、魚たちの最高のレストランになっている……

ウチの近所には、渚釣りに適した海水浴場が点在している。夏場にそうした海岸でシュノーケリングしながらプカプカ浮いていると、波打ちぎわまでシロギスの群れがやってくるのを見ることがよくある。そして、その群れをじっと観察していると、波の加減で海底に小さな砂煙が立つたびにシロギスたちが砂の中に懸命に頭を突っ込んで何かをついばんだりするのが見えるのだ。おそらく、シロギスは砂からエサが浮いてくることを知っているのだろう。こうして波打ちぎわを泳ぎながらエサを探している魚たちは、かなり多いのだと思う。

地形や流れの変化を狙ってみよう！

渚釣りのポイントを探すときに、まず念頭に入れておきたいのが「食い気のある魚ほど岸寄りにいる」という事実。一見、平穏な海岸線でも、よくよく観察してみると波打ちぎわ付近では多少なりとも波の打ち返しがある。そういった場所ではつねに底砂や砂利が洗われて、海底からフクロエビの仲間やイソメ類など、魚たちが常食しているエサ生物が浮遊してくる。波打ちぎわは、まさにシロギスやカイズたちの格好のレストランになっているのだ。

もちろん、広い海辺ではそういった海岸線が延々と続いているため、それなりの絞り込みも必要になってくる。その指針となるのが「地形や流れの変化」だ。誰でもわかりやすいのは、岬状に張り出した地形やワンド、スロープ、突堤などだろう。こうした場所には、魚の群れがまとまっていることがあるので必ずチェックしてみたい。また、砂浜が続く海岸で一部だけ砂利や石ころ、海藻などが打ち上がっているスポットも要チェック。その周辺には込み潮や払い出しの潮が利いている証拠なので、魚のエサも集まりやすいのだ。

潮色は適度に濁っているほうがベターで、とくにイシモチやカイズなどは干潮時に陸地になってしまうほどの超浅場でも濁りがあれば回遊してくる。ただし、シロギスに関しては澄み潮のほうが食いがいいようだ。

時間帯としては、ほかの釣りと同様に朝夕のまづめが最大のチャンス。とくに、夏の海岸は海水浴や海遊びの人でごった返すため、人がいない早朝が勝負と考えよう。また、大物は潮止まりの前後に釣れることが多いので、あらかじめそのスポットの潮汐をチェックしておきたい。

用語解説　潮汐（ちょうせき）▶潮の干満のこと。魚の活性（食い気）を左右する要素のひとつだ。

釣れるポイント　何らかの変化を探し出す「観察力」が重要だ！

【カケアガリ】
遠浅の海岸でも、波打ちぎわには必ずちょっとしたカケアガリができている。通常なら無視するポイントだが、渚釣りではここが最高の狙い目になる。砂利や海藻などが打ち上がっている場所を重点的にチェックしたい

【流れ込み周辺】
汽水を好むカイズやセイゴ、ハゼなどの好ポイントなので、流れ込みの規模を問わずに探ってみたい。ただし、クサフグが群れていることもある。海岸が小さな入り江のようになっている「ワンド」も狙い目

【ハエ根の周辺】
足元から伸びている岩礁帯や海藻帯には、季節を問わずに魚が着きやすく、とくに大型のシロギスやカイズを狙うときの定番ポイントだ。ただし、細イトを使う場合は根掛かりに注意。できるだけ軽いオモリで攻めてみたい

【突堤や消波ブロックのきわ】
こうした障害物も見逃せない要チェックポイント。部分的に払い出しの潮が発生しやすいので、沖から入り込んでくる魚が定位しやすいのだ。船上げ用のスロープがあれば、その周囲も最高のポイントになる

ワンポイントADVICE

春〜初夏の大潮が狙い目！

一年の中でも、ノベ竿の渚釣りの絶好期がある。それが、春〜初夏の大潮と中潮の日だ。この潮回りでは、日中の干潮時になると潮が大きく引く。このため、遠浅の海岸ではカケアガリやハエ根のエッジぎりぎりまで歩いていけるようになる。そして、こうした場所は本格的な投げ釣りはもちろん、チョイ投げ（51ページ）でさえも狙うことができないので、完全な竿抜けポイント＝「穴場」になっているのだ。大型のシロギスやカイズが溜まっていることも多い。ただし、波の荒い日は危険なので、絶対に無理をしないように！

26ページでも説明しているが、大潮の日は干潮から満ち潮になると急激に水位が上がってくる。とくにハエ根で釣る場合は、すみやかに引き返そう

用語解説　カケアガリ▶水底の斜面の変化のこと。魚が集まりやすい基本的なポイントだ。

必釣！ノベ竿での渚釣り実践テクニック

ズル引きと小突きの使い分けで、魚の食い気を誘う！

繰り返しになるが、ノベ竿の渚釣りでは仕掛けが届く範囲が決まっているので、とにかくマメにポイントを移動しながら手返しの数で勝負していくのが基本だ。

仕掛けの投入は、ミチイトをいっぱいに振り切った状態で着水させ、そのままラインの張りを保ちながら着底させていくとハリス絡みのトラブルが少なくなる。仕掛けが着底したら、まずはその場で5秒ほどアタリを待つ。この釣りでは、着底直後にアタリが出ることが多いので集中したい。

そこで反応がなければ、竿先でゆっくりミチイトを引いて仕掛けを動かしてみる。このとき、オモリで海底の形状を感じるイメージでゆっくりと引くのがコツ。いわゆる「ズル引き」という方法だ。また、オモリで海底を小突く誘いも効果的。オモリで海底に砂煙を立てるイメージで竿先を上下させてみよう。根掛かりの多い場所では、着底した場所でしばらく待つのも方法。その日の条件によっては、むしろエサを動かさないほうが食ってくるパターンも少なくないのだ。

アタリとアワセ、やりとりの流れ

危険を冒してまで波打ちぎわまでやってきている魚は基本的に食い気満々なので、竿先に出るアタリも明瞭だ。手元まで「ガツン！」とダイレクトに伝わってくるアタリも多いし、一気に竿を絞り込むケースもある。とはいえ、状況によってはアタリが微妙なこともあるので、何か違和感があればすかさず竿を立ててみたい。といっても大アワセは無用で、コンパクトに竿を起こすだけで十分だ。

アワセがうまく決まると、ノベ竿ならではの強烈な引きが手元に伝わってくる。相手が大型だと一気に沖に走られて竿を伸《の》されそうになることもあるが、できる限り竿を起こした状態をキープしていれば、かなりの大物でも走りを止められる。逆に、竿を伸されてしまうと竿の弾性がゼロになって、あっという間にラインを切られてしまうので注意したい。

ファイト中もじっくり我慢して竿を立てていれば、じきに魚は浮いてくる。魚が水面まで浮いたら、小型魚の場合はタイミングよく抜き上げればいいし、多少抵抗するようなら片手でミチイトをたぐり寄せて直接魚をキャッチすればよい。それも無理そうな大物なら、できるだけ弱らせてから自分自身が後ずさりし、寄せ波を利用して浜辺にズリ上げよう！

用語解説　伸される（のされる）▶大物がハリ掛かりしたとき、竿を起こせなくなってしまうこと。

仕掛けの操作　軽量な仕掛けの投入では、竿の弾力を活かすのがコツ

【仕掛けの投入方法】
1軽い仕掛けは、竿の弾力を活かすようにゆっくり振って投入するとよい。まず、両手で持った竿を徐々に起こして仕掛けを後方に振る。2仕掛けが後方に伸びきった瞬間に、軽く竿を前方に振り出す。3振り終わりをピタリと止めると、竿がぶれずに仕掛けが真っ直ぐに飛んでいく。風があるときには、できるだけ風を背負う立ち位置を取ろう。4仕掛けを着底させたら、軽く両脇を締めた状態で竿を水平に構えるのが基本的な持ち方だ

【誘いのパターン】

1「ズル引き」での誘い方は、海底の形状を感じながら竿先でゆっくりとミチイトを引っ張ればよい。1mを5〜10秒ぐらいで引いてくるイメージだ。2「小突き」の誘いは、竿先をゆっくりと上下しながら海底でオモリを軽くジャンプさせるイメージ。なお、ズル引きでも小突きでも、途中で誘いを止めて、魚にエサを食わせるタイミングを与えてやることが大切だ

ワンポイントADVICE

海岸で釣り歩くスタイル

渚釣りではポイントを広く探るので、軽快な装備で楽しみたい。竿を肩に担ぎ、首からエサ箱を提げ、ビクは腰に据えて釣り歩く。水に立ち込まなくても、秋〜春は保温性のあるウエーダーを着用すると快適だ。夏は、マリンシューズ＆速乾性の短パンで水ぎわに立つと、涼しくて気持ちいい。私はサンダルで楽しんでいる。ただし、いずれの場合もライフジャケットは必着で！

高水温時

低水温時

用語解説　ウエーダー▶腰や胴の高さまである長靴のこと。安全のため、必ずライフジャケットと併用したい。

誘いの方法　付けエサの存在を魚にアピールしてみたい

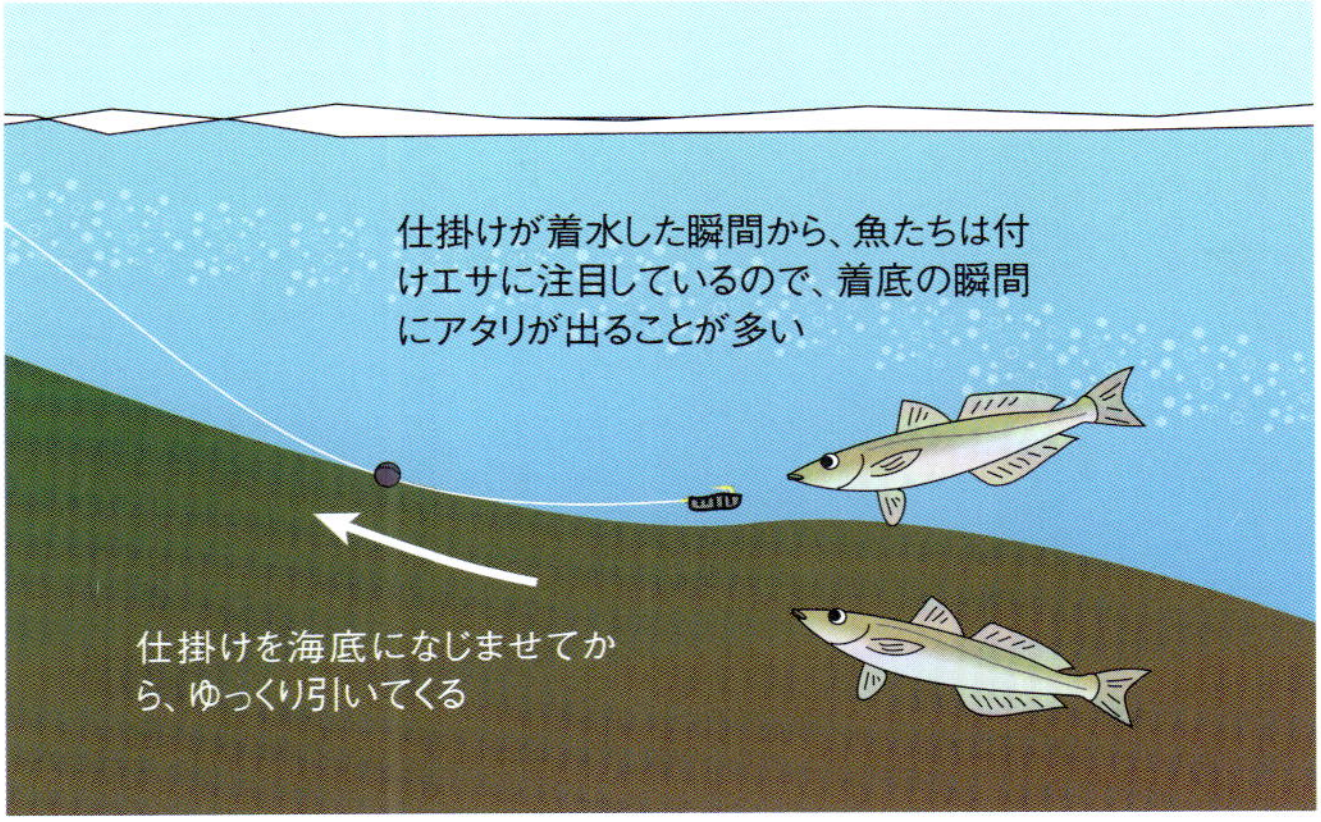
仕掛けが着水した瞬間から、魚たちは付けエサに注目しているので、着底の瞬間にアタリが出ることが多い
仕掛けを海底になじませてから、ゆっくり引いてくる

【ズル引きの誘い】

投げ釣りで使う重いオモリを浅場に投げると大きな着水音で魚が瞬時に逃げてしまうが、小さなガン玉では全然問題ない。むしろ、興味を示して寄ってきて着底直後にアタリが出ることも多いぐらいだ。したがって、着底後は５～10秒ほど待って最初のチャンスに集中したい。ここでアタリが出なければ、仕掛けをゆっくりと引くことでエサをアピールしてやる。合間に小突きの誘いを入れるのも効果的だ

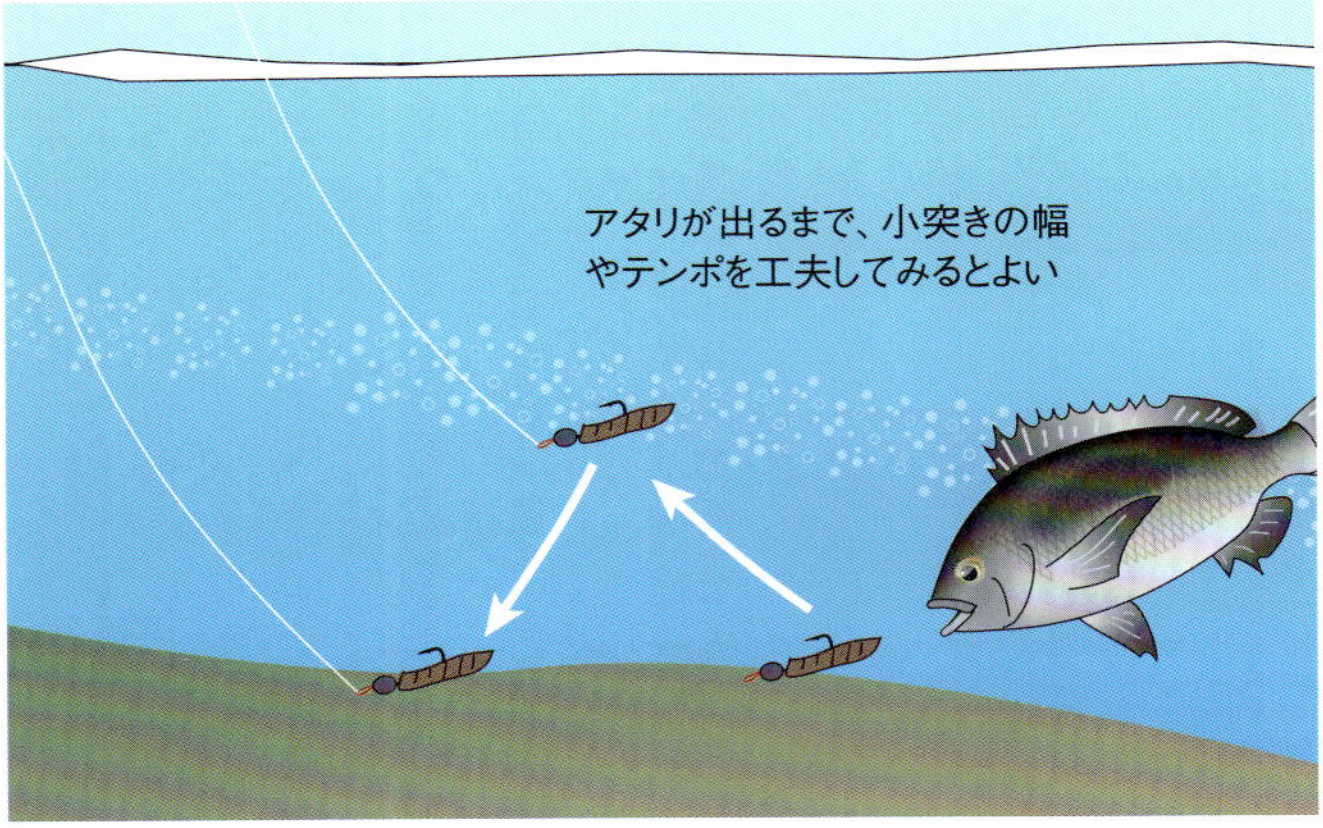
アタリが出るまで、小突きの幅やテンポを工夫してみるとよい

【小突きの誘い】
小突きの誘いをする場合は、ガン玉の位置をハリに近づけるか豆テンヤを使うとより誘いやすい。小突きの方法は、竿先を30㎝ほど持ち上げるイメージでガン玉やテンヤを浮かせ、再び竿先を下げて着底させる。この動作の間隔は５秒が目安。ときどき上下の誘いの幅やテンポを変えてみて、アタリが出やすいパターンを探ってみたい。この場合も、着底直後のアタリが多いので集中しよう！

【渚釣りは「足で釣る」】
コマセは一切使わず、魚の着き場を歩きながら探っていくのがノベ竿での渚釣りの定番スタイルだ。一ヶ所のポイントでアタリが連発することもあるが、基本的には歩いた数だけ、魚の数も伸びると心得よう

【潮の流れで誘いを入れる】
波打ちぎわで適度な潮が流れているときは、その流れに仕掛けを任せていく方法も有効だ。仕掛けの動きに合わせて竿先を追従させてやれば、付けエサも違和感なく流れて自動的に誘いの効果が期待できる

用語解説　コマセ▶魚を寄せ集めるために撒く「寄せエサ」のこと。

アタリとアワセ　アタリを感じたら、コンパクトな即アワセが基本

波打ちぎわにいる魚は食い気たっぷりなので、竿先に出るアタリも明快だ。また、投げ竿とは比較にならないほど感度に優れるノベ竿なら、投げ釣りではまったくわからない小さなアタリでも「コツコツ」としっかり伝わってくる。とはいえ、何となく竿先が重くなるだけの微妙なアタリも少なくない。いずれにしても、アタリを感じたらハリを飲み込まれないように、すかさず竿を立てるのが基本だ。といっても、細ラインでの大アワセは禁物。コンパクトなストロークで竿を起こすイメージで十分だ。微妙なアタリに対しては、ゆっくり竿先を上げるようにして竿先に重みを感じたら、そこであらためてアワセを入れる方法も有効なので、この釣りに慣れてきたら試してみよう！

魚とのやりとり　竿の弾力を100％活かすために「曲げる」ことを意識する

【相手が小物の場合】

1シロギスなどは小型でも最初の走りが強烈なので、できるだけ竿を立てて弾力を活かすようにする。魚の走りが止まったら、さらに竿を立てて魚を足元まで寄せてこよう。竿の弾力だけで水面に浮いてくる小物なら、タイミングを見て一気に引き抜けばよい。2中〜大型のシロギスの場合は大事に取り込みたい。片手でミチイトをつかみ取ってから竿を肩に担ぎ、寄せてきた魚を空いた手で直接キャッチするのが確実だ

【相手が大物の場合】

1大物の場合も、できるだけ竿を立てて弾力を引き出すことが大切。ただし、あまり無理するとハリスを切られてしまうので、自分が移動して魚との間合いを詰めたい。我慢して竿の角度を45度ぐらいにキープしていれば、じきに魚は寄ってくる。2大物が相手だと、無造作にラインをつかんで寄せようとすると簡単に切れてしまうことがある。ここは最後まで竿の弾力を信頼して、寄せ波を利用しつつ浜辺に魚をズリ上げよう！

用語解説　**即アワセ**▶アタリを感じたら、すぐにアワセを入れること。逆に、あえて遅めにアワセるケースもある。

Cooking Recipe ～釣った魚をおいしく食べよう～

フンワリ、ホクホク。
シロギスの味を
堪能する定番レシピ!

【シロギスの天ぷら】
揚げたてのホクホクした身が絶品の天ぷら。シロギスは、ウロコを除いて頭を落とした後、開いて背骨を取り除く。開き方は、背開きでも腹開きでもかまわない。背開きは、背ビレが除かれるので口の中でヒレが当たらず食べやすく、腹開きは、腹骨が除きやすい。腹開きの場合も、背ビレはキッチンバサミなどでカットするといいだろう。軽く薄力粉をまぶしてから衣をつけると、衣の付きがよく、なおかつはがれにくく、油ハネが少なくなる。天つゆか塩を添えていただこう

【カイズの塩焼き】
チンチンやカイズサイズのクロダイは、塩焼きにするのが簡単でおいしい。ウロコ、腹ワタ、エラを取り除いてから塩を振り、しばらく置いてから、グリルで両面を焼き上げる。ヒレや尾に多めに塩を振ると焦げにくい

【シタビラメのムニエル】
ムニエルは、シタビラメの料理方法ではおなじみ。皮を剥いてしまう作り方もあるが、ウロコを金タワシなどで落とすだけにして、パリッとした焼き上がった皮と柔らかい白身の両方を楽しむのがお勧めだ

【マゴチの酒蒸し】
プリプリとした白身のマゴチは、洗いやムニエルなど、どんな料理でもおいしいが、骨からいいダシが出るので蒸し物にも向く。骨付きの切り身に塩を振り、昆布を敷いた皿にネギやキノコ類と並べ、酒をかけて蒸す

【ヒイラギの刺身】
外道扱いされやすいヒイラギだが、その白身はかなり美味。型の良いものが釣れたら、ぜひ刺身で食べてみてほしい。表面のヌメリは、塩で揉んだ後に洗えば取り除けるので、あとは三枚におろしてそぎ切りにする

《おいしい海遊び入門❷》

塩を使って「マテガイ」採り

各地に点在する干潟では、春〜夏を迎えると潮干狩りを楽しむ人で賑わう。一般的な潮干狩りで収穫できるのはアサリやハマグリなどだが、これらに負けず劣らずに採って楽しく、食べておいしいのが「マテガイ」だ。

マテガイは細長い形状が特徴的で、殻の長さは10㎝ほど。マテガイを採取するには、まず干潟に無数の小さな穴＝マテガイの巣を探すのが先決だ。とはいえ、最初はカニやイソメ類の巣穴と間違えてしまうこともある。そこで手っ取り早いのは、マテガイを採っているベテラン風の人を見つけること。挨拶してから、少し離れた場所で採らせてもらおう。

マテガイを採る方法としては、巣穴に「塩」を入れて頭を出したところを引き抜くという奇抜なスタイルが人気になっている。塩によって海水の塩分濃度が高くなると、苦しがったマテガイが穴から出てくるというのが通説だ。

マテガイの巣穴を見つけたら、塩を入れやすくするために巣穴の表面を覆っている砂をシャベルで取り除く。巣穴が広がったら、そこに塩（普通の食塩でOK）を入れていく。塩はあらかじめペットボトルに入れておき、ひとつの穴にカレースプーンの半分ほどの量を入れるのが目安だ。

塩を穴に入れてから、長くても30秒以内に巣穴からマテガイが頭を出すので、そのまま体の半分ほどまで出てくるのを待って、指でつまんで引き抜く。タイミングによってはなかなか抜けないこともあるが、その場合はじわじわと耐久戦に持ち込んでゆっくり引き抜くのがコツ。無理やり引き抜こうとすると、途中で身が切れてしまうことがあるので注意したい。

マテガイはとくに砂抜きの必要はないので、殻をよく洗ってから水気を切るだけですぐに料理できる。レシピとしては、シンプルにゆでたり焼いたりするだけでもおいしいし、ワイン蒸しやバター焼きなども最高。むき身にしてから、サラダやパスタなどのトッピングにするのも美味だ。

巣穴に塩を入れる奇抜な方法で採れるマテガイ。濃厚なウマミは、一度味わうと病みつきになる

STEP 3

爆釣！チョイ投げ超入門

軽快な「ルアーロッド」で楽しむ、世界一やさしい投げ釣りを完全マスター!!

STEP１や２では、「食い気いっぱいの魚は岸寄りにいる」ことを確認した。それは足元の水深が深い堤防や海釣り施設などでも同様。ここではもう少しステップアップして、リール竿で「チョイっ」と仕掛けを投げるだけで、驚きの釣果を叩き出せる最高にごきげんな釣りを紹介しよう！

おいしい魚たちが
楽しく釣れる！

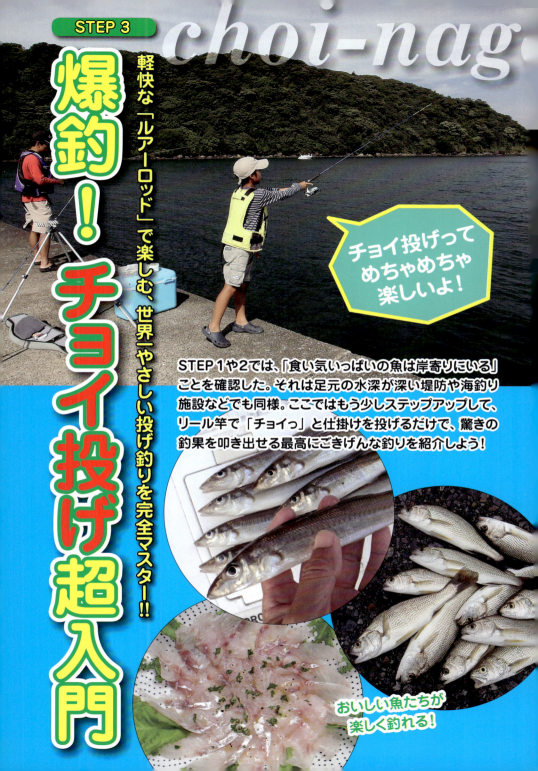

チョイ投げ釣り

投げ釣りとは似て非なる「チョイ投げ」の威力

繊細な竿とシンプルな仕掛けだから「釣れる」魚がいる事実

choi-nage

「チョイ投げ」とは少々軽薄なネーミングだが、文字通り、仕掛けを「チョイっと投げる」釣り方のことだ。本格的な投げ釣りでは100m以上キャストするのは当たり前で、熟練者になると200m近く遠投する人もいる。それに対して、私が考えるチョイ投げではせいぜい40m、ときには5～10mほどの本当に「チョイ」投げするだけのこともある。これぐらいなら、だれでも5分ほど練習すればすぐに投げられるようになるから、初心者でも気軽に楽しめるのだ。

近場の魚を釣るには、チョイ投げが最高！

そもそも、ほんの短い距離を投げるチョイ投げのスタイルをなぜ初心者の方々にお勧めするのか？ その答えはズバリ、本格的な投げ釣りよりも「簡単でよく釣れる」から。

すでに何度も本書で解説しているように、食い気いっぱいの魚たちは岸寄りに潜んでいる。そして、これは人気の釣り場である堤防や海釣り公園などでもまったく同じで、足元か

ら海藻や岩場などの根があることによって、高活性の魚たちがより集まりやすくなっている。魚種も豊富で、人気のシロギスをはじめ、カレイ、イシモチ、アイナメ、ハゼ、カワハギ、メゴチ、ベラ、ヒイラギなどじつに多彩だ。

これらの魚たちはSTEP2で紹介したノベ竿スタイルでも狙えなくはないが、足場が高かったり、水深がある場合は難しくなる。その点、チョイ投げでは「リール」というラインを自由に出し入れできる最強の武器を使うので、どんな条件でも存分に楽しめてしまうわけなのだ。

チョイ投げにはメリットがたくさんあるが、まず挙げられるのはビギナーでも簡単にマスターできること。本格的な投げ釣りをビギナーがいきなり体得するのは困難だが、チョイ投げならすぐに楽しめるようになる。

また、棒のように硬い投げ釣り用の竿よりも、チョイ投げで使う竿のほうが軽量、かつ感度に優れているので釣りをしていても断然楽しく、テンポのいい釣りを展開できる。

さらに、チョイ投げでは究極的に軽量な仕掛けを使うため、近場の魚を警戒させにくいメリットもある。魚の食い込みもよく、アタリも明確にビンビンと手に伝わってくるから、結果、魚がよく釣れるのだ。通常の投げ釣りとは別次元の釣りともいえる「チョイ投げ」。ぜひ、チャレンジしてみよう！

用語解説　根 ▶ 海底の岩礁帯や海藻帯といった障害物の総称。魚たちにとっては、魚礁的な存在になる。

概要と魅力　本格的な投げ釣りとは似て非なる、別次元の釣り

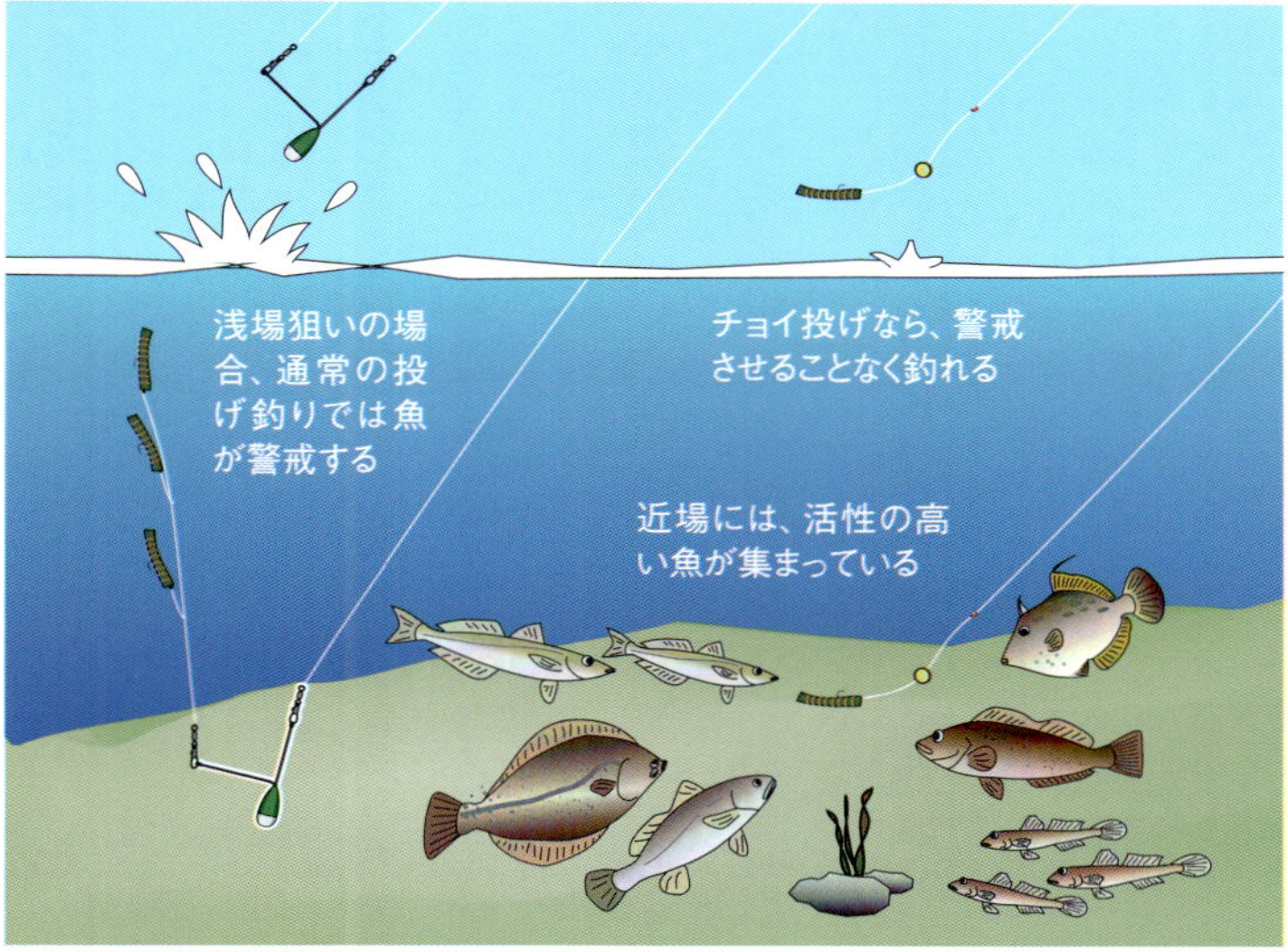
浅場狙いの場合、通常の投げ釣りでは魚が警戒する
チョイ投げなら、警戒させることなく釣れる
近場には、活性の高い魚が集まっている

チョイ投げの射程距離は、せいぜい 40 m 前後だが、この範囲内に食い気たっぷりの魚たちがいるので、超ライトなチョイ投げが成立するのだ。軽いオモリを使うから、浅場の魚たちでも警戒させないことも大きなメリット。重いオモリを使う本格的な投げ釣りでは、こうした魚を追い払う可能性がある。また、このチョイ投げのスタイルで、STEP 2で紹介した渚釣りをやってみても最高に楽しめる

これぐらいのサイズのシロギスが掛かると、チョイ投げ竿が大きく曲がって最高の引きを味わえる。一度体験すると病みつきになるぞ!

軽快な竿やリールを使うチョイ投げは、初心者でも 5 分ほど練習すればすぐにマスターできる。感度のいいラインを使えば、さらに釣りは楽しくなる

軽快なタックルと
シンプルな仕掛けで
釣りが 10 倍楽しくなる!

チョイ投げの対象魚は、釣って楽しく、食べておいしい魚ばかり。定番なのはシロギスやイシモチ、カレイ（写真）、ハゼなどだが、何が釣れるかわからないドキドキ感があるのも、この釣りならではだ

対象魚と季節　ほぼ一年中、何かしらの魚たちと遊べるのだ

シロギス

イシモチ

カワハギ

ハゼ

チョイ投げの対象魚はとても多彩で、とくに下表に挙げた魚はコンスタントに釣ることができる。季節は水温の上がる春～秋が釣りやすく、とくにシロギスは初夏以降に爆釣することも多い。一方、低水温を好むアイナメやイシモチ、カレイなどは秋～冬が好期。もっとも、これらの傾向はあくまでも目安で、地域によって、あるいは年ごとにシーズンが変化することも多い

魚 種	ハイシーズン	概 要
シロギス	初夏～秋	チョイ投げの人気魚。軽快なタックルで釣ると引きも強烈だ！
イシモチ	一年中	海に濁りがあるときがチャンス。引きも意外と強くて楽しめる
アイナメ	秋～春	寒い季節の貴重なターゲット。堤防の足元狙いでも釣れる
カレイ	秋～春	仕掛けが細いため大型は難しいが、小～中型なら十分に狙える
カワハギ	初夏～秋	船では冬の釣りものだが、堤防などからは夏が釣りやすい
ハゼ	夏～初冬	河口などの汽水域が釣りやすい。慣れれば100尾超えも可能だ
ベラ	初夏～秋	関西エリアで人気の魚だが、関東の堤防でもよく釣れる
メゴチ	初夏～秋	シロギス狙いの定番ゲスト。食味はシロギスにも負けないほど美味
ヒイラギ	一年中	これも定番のゲスト。群れで回遊するので入れ食いも可能だ

釣り場　あらゆる釣り場がチョイ投げのフィールドになる！

堤防、岸壁

海釣り施設

海岸

河口エリア

チョイ投げがやりやすいのは、足場のいい「堤防」や「岸壁」。足元から数十メートル以内の範囲で、さまざまな魚が狙える。「海釣り施設」では本格的な投げ釣りが禁止されていることが多いが、アンダースローのチョイ投げならOKだったりするので確認してみたい。ほか、渚釣りで紹介した「海岸」や河川の「河口」など、あらゆる場所でチョイ投げが楽しめる

用語解説　**海釣り施設**▶波静かな湾港などの栈橋や岸壁に安全柵を設けて、釣り人に開放している施設のこと。

軽量なルアーロッドとＰＥラインで楽しもう！

感度に優れる竿とラインが、釣りを最高に楽しくしてくれる

　通常の投げ釣りでは、重いオモリを使った仕掛けをフルキャストするために、使用する竿もそれなりに硬く、重くなる。それに対して、チョイ投げでは20～40ｍもキャストできればいいので、短くて軽い竿を使うことが可能だ。一般に、釣り竿というのは短くて軽いほうが扱いやすいのはもちろん、感度にも優れるので釣りがとても楽しくなる。

バス用タックルやアジングタックルが最高！

　私自身、チョイ投げでもいろいろな竿を試してきたが、現在愛用しているのは、長さ2ｍ前後のルアーロッド。種類としては、淡水のブラックバスを釣るための「バスロッド」やアジをルアーで釣るための「アジングロッド」が軽量で扱いやすい。アジングロッドにいたっては重さが約70ｇほどと感激的に軽く、ムチのように機敏に操れるシャープさも兼ね備えている。もちろん感度も抜群なので、ルアー釣りだけでなく、チョイ投げなどのエサ釣りにもバッチリ使えるのだ。

　これらのロッドを選ぶときは、投げられるルアー（仕掛け）の重さをチェックすることが大切。バスロッドの場合は15ｇ前後、アジングロッドなら10ｇ程度までのルアーをキャストできるロッドがお勧めだ。エサ釣り用のオモリに換算して2号程度は余裕で投げられるので、距離にして40～50ｍぐらいキャストすることができる。これなら、たいがいの釣り場で十分な活躍をしてくれるはずだ。

　この竿にセットするリールは、小型の「スピニングリール」でＯＫ。高級品である必要はなく、５０００円ほどで売られている普及タイプで楽しめる。このリールがあれば、ルアー釣りやサビキ釣りなどにも流用できて便利だ。

　リールに巻くミチイトは、ナイロンが使いやすい。ある程度の張りがあってトラブルが少ないのがメリットだ。しかし、リールの扱いに慣れてきたら、ぜひ使ってみたいのが「ＰＥライン」。伸びが極端に少ないので、ナイロンでは何となくしか判別できなかった魚のアタリや海底の起伏などが10倍ぐらいの体感でわかるようになる。はっきり言って、異次元の世界だ。強風が吹くとちょっと使いにくかったり、値段も多少高くはなるが、そのデメリットを考慮しても絶対にメリットがある。逆に言えば、このＰＥラインをフルに使いこなすことで、チョイ投げが最高に楽しくなるのだ！

用語解説　ロッド▶竿のこと。主にルアー釣りに使うリール竿を指すことが多い。

タックル　ルアーロッドと極細PEラインで釣りは10倍楽しくなる！

短くて軽い
ルアーロッドでOK!
バスロッド
アジングロッド

【バス用やアジ用のルアーロッドがお勧め】

竿は、長さ２m前後のルアーロッドが使いやすい。なかでも15g前後のルアーが投げられるバスロッドや10g前後のルアーに対応したアジングロッドは、軽量なのに適度なパワーもあって、チョイ投げにもピッタリだ。もちろん、後述するルアー釣りでも大活躍してくれる。価格は5,000円前後の普及品でもOK。くわしくは、128ページも参考にしてみたい

【リールは小型のスピニングで決まり】
リールは小型のスピニングリールを使用。サイズは、国産リールなら2000番クラスが目安だ。価格はかなりの幅があるが、私自身もいろいろ使ってみて5,000円ぐらいの普及価格のものでもまったく問題ないと思う

lb.(Diamm)-m(yds)
4lb.(0.16)-100m(110)
PE 0.4-120m , 0.6-100m

【PEラインを使ってみよう】

以前は初心者にナイロン1.5～2号を勧めていたが、一度PEラインを使うと手放せなくなる。価格は高いが、耐久性に優れているので結局は買い得でもある。太さは、ほかの釣りにも流用できる0.6号がお勧めだ

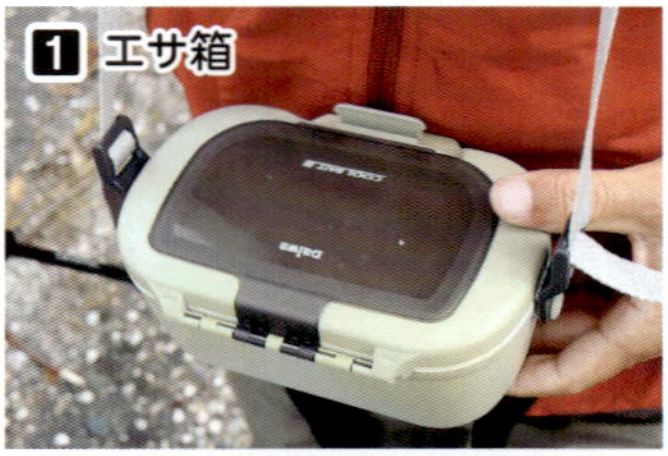
1 エサ箱

2 クーラーボックス

3 トング

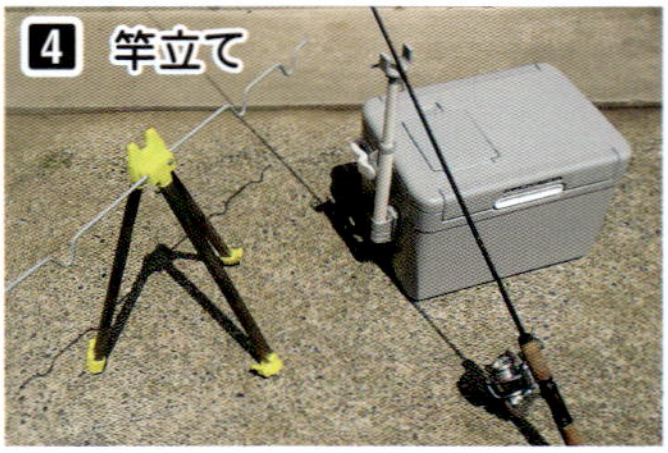
4 竿立て

【用意したい装備類】
❶エサはエサ箱に入れておくと日射しで傷みにくく、風で吹き飛ぶこともない。木製か二重タイプのプラスチック製が蒸れにくくてお勧め。❷チョイ投げでは10～12リットルの小型が使いやすい。❸本来は体表がヌルヌルしたメゴチなどをつかむ道具だが、ハオコゼやゴンズイなどの毒魚をつかむときにもこれを使うと安全。❹チョイ投げは、竿を手に持った状態で魚のアタリを待つのが基本だが、仕掛けを結んだり、エサを交換するときにあると便利だ

タックルのセット リールのベイルを起こすのを忘れずに！

❶多くのルアーロッドは2本継ぎなので、まずはガイドの向きが同じになるようにジョイント同士を確実に継ぎ合わせる。❷このような印籠継ぎタイプの場合は、継いだ部分が少し離れているのが正解。無理矢理くっつけようとすると、固着して抜けなくなる。❸リールを竿のリールシートに装着し、スクリューをしっかりと締め込む。❹リールのベイルを起こす。これを忘れると、セット後にラインが巻けなくなるので注意。❺リールから出ているラインをガイドに通していく。通し忘れがないようにていねいに作業しよう。この後、ライン先端に仕掛けを結んでセット完了だ。❻ベイルにラインを通し忘れたときは、いったんスプールを外してベイルを起こしてからスプールを再装着すればよい

リールの使い方 この仕組みを覚えてからキャストの練習をしてみたい

❶リール竿を持つときは、中指と薬指、あるいは薬指と小指の間にリールフットを挟むと操作しやすい。リールのハンドルを軽く握って回転させると、ラインを巻くことができる。❷仕掛けを投入するときは、竿を握った手の人差し指の先端にラインを引っかけ（円内）、反対側の手でベイルを起こす。❸この状態でラインはフリーになっているので、投入の途中でタイミングよくラインを放せば、仕掛けがうまく飛んでいくわけだ。❹投入後、再びベイルを戻せばラインが巻ける。ハンドルを巻くと自動的にベイルが戻るリールも多いが、私はフェザーリング（66ページ）も兼ねて反対の手で戻している

用語解説 **ガイド**▶リールをセットして使う竿に付いている、ラインを通すための環状のパーツ。

リールの準備 自分でリールにラインを巻いてみよう！

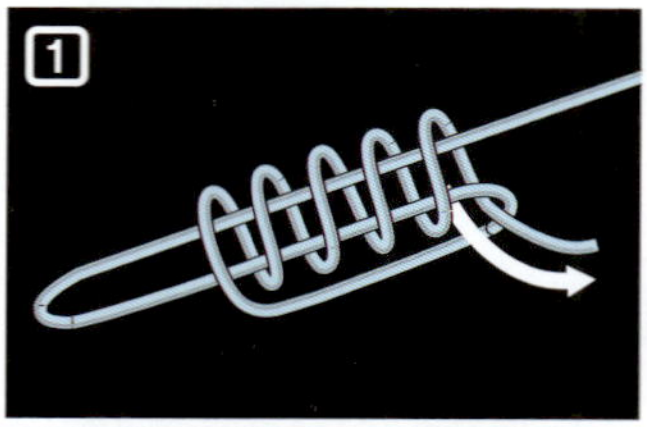

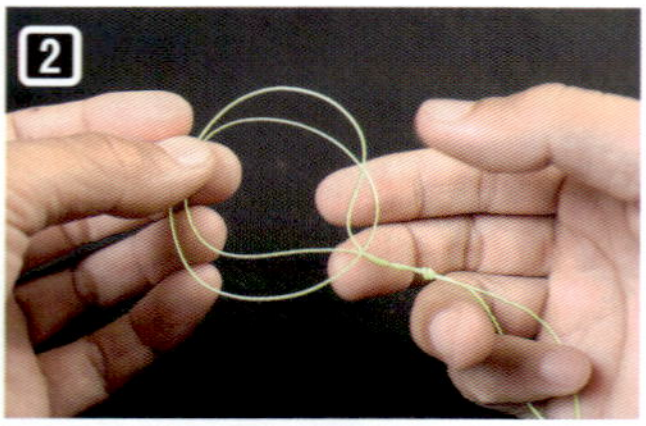

釣具店でリールとラインを購入するとサービスでラインも巻いてくれるが、自分でも巻けるようになっておこう。**1**ラインの先端を20cmほど折り返してイラストのような結び（ユニノット）でループを作る。**2**ループを折り返して二重の輪にする。**3**リールのベイルを起こし、二重の輪をスプールにくぐらせ、結び目をスプールの端に移動して確実に締め込み余分をカット。**4**リールのベイルを戻して竿にセット。ラインを濡れタオル（乾いたタオルはラインを傷つけるのでNG）で挟んでテンションを保ちながら巻いていく。ラインのボビンは、水を入れたバケツに入れておくと摩擦熱が発生しにくい。**5**巻くラインの量はスプールのエッジから1mmほど少なめにしておくとトラブルしにくい。**6**巻きが偏る場合は、スプール内のシャフトに付けるワッシャーで調整する

【ハンドルの左右を交換する】

リールのハンドルは、ボディの右側に付いた状態で売られていることが多い。これは左手で竿を持ち、右手でリールを巻くことを想定しているためだが、通常は利き手で竿を持つのが基本だ。そこで、右ハンドルでは巻きにくい人は、ハンドルを左側に付け替えてみるとよい。方法はハンドルの反対側のキャップを外して入れ替えるなどいろいろあるので、リールの説明書を参考にしてみよう！

ワンポイントADVICE
リールの「ドラグ」を調整する

　リールは魚に強く引っ張られたときに、ラインが切られないようにゆっくり出ていくように調整するとよい。これはリール前方にある「ドラグノブ」を指で回すことでできる。

　方法は、まずラインをロッドのガイドに通してから、ラインの先端をどこかにしっかりと結ぶ。実際に魚とやりとりするイメージでゆっくりと竿を起こしたときに、ラインが徐々に出て行くように調整すればOKだ。

用語解説　ドラグ▶リールから一定以上の力でラインが引かれたとき、ラインが少しずつ出ることで切れるのを防ぐ機構。

究極の超シンプル仕掛けで トラブルも皆無！

テンビンを排除した常識破りの仕掛けが、じつは使いやすい

　私がチョイ投げで使っている仕掛けは、ミチイトに結んだハリスにオモリを装着するだけ。この超シンプルな仕掛けを使い始めたのは、私が教えている釣り教室で全員分の仕掛けを作るのが面倒なので、手抜きしてテンビンを省略したのがきっかけだ。テンビンはハリス絡みを防ぐ投げ釣り仕掛けでは定番のパーツなのだが、実際にテンビンなしの手抜き仕掛けを初心者に使ってもらっても、イト絡みは全員皆無だった。むしろ、テンビンを使うとテンビンの腕にハリスが絡まったりしていたぐらいだ。私自身もこの仕掛けを長年使ってきて、イト絡みすることは「ゼロ」である。

私が「テンビン」を使わない理由

　この超シンプルな仕掛けには、メリットがたくさんある。まず、作り方が最高に簡単なこと。小学生でもすぐに作れるから、ファミリーで釣りにでかけたときでも子供の面倒を見なくて済む（笑）。また、極細ラインを使ったチョイ投げは根掛かりに弱いのが難点だったのだが、テンビンを排除したことで根掛かりが減ったことも大きな利点。さらに、魚が食ってきたときのアタリが竿先までダイレクトに伝わってくるので、釣りが断然楽しくなってくる。これらのメリットは、テンビンを使わないシンプルな仕掛けだからこそなのだ。

　この仕掛けをフルに活かすために大切なのが「オモリ」。以前までは中通しオモリを使っていたが、これだとオモリを交換したり、ハリスの長さを調整するのが面倒だった。それで、現在ではゴム張りの「丸型オモリ」を愛用している。脱着がワンタッチでオモリの交換も移動も自在だから、ハリとの距離も簡単に調整できるのだ。ちなみに、オモリとハリとの距離が短ければアタリがダイレクトに出やすく、長ければエサが自然な状態で漂って食い込みがよくなる。最初は、釣れる魚の長さ＝オモリとハリの距離にすればいいだろう。

　ハリは、軸が細くて魚の吸い込みがいい「袖」系統のハリが使いやすい。渚釣りでもお勧めしたように、このハリは本当に万能で、あらゆる状況や対象魚に使うことができる。

　付けエサは、アオイソメやジャリメが基本。シロギス狙いでは小さめに、イシモチやカレイ狙いならたっぷりとハリに付けるとよい。なお、イソメに触れない人は、オキアミや人工のエサでも大丈夫だ。

用語解説　テンビン▶投げ釣り仕掛けでは定番のパーツで、ミチイトとハリスとの間に入れてハリス絡みを防ぐ。

仕掛けの構成　テンビンを使わないシンプル仕掛けが使いやすい

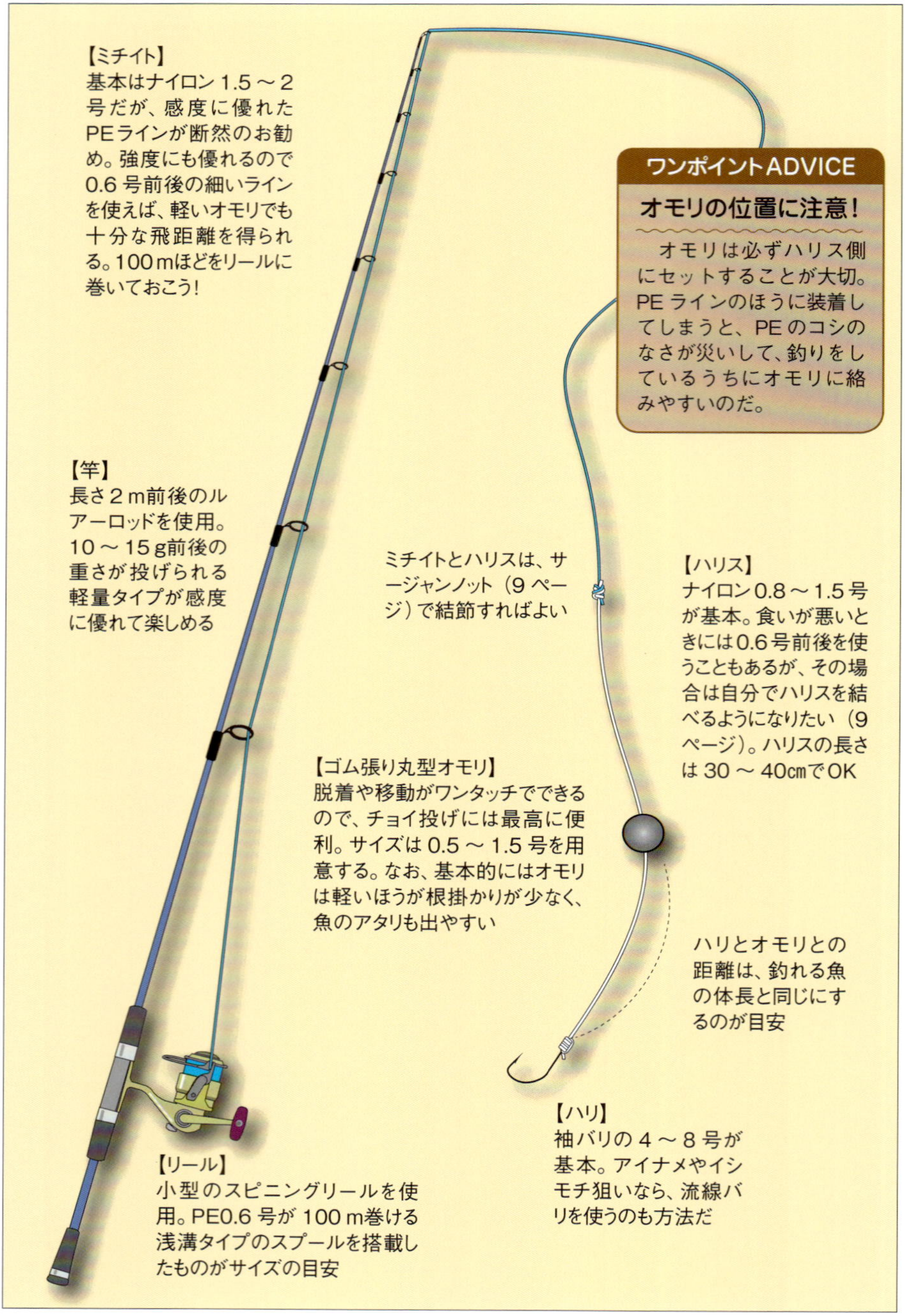
【ミチイト】
基本はナイロン1.5～2号だが、感度に優れたPEラインが断然のお勧め。強度にも優れるので0.6号前後の細いラインを使えば、軽いオモリでも十分な飛距離を得られる。100mほどをリールに巻いておこう！
【竿】
長さ2m前後のルアーロッドを使用。10～15g前後の重さが投げられる軽量タイプが感度に優れて楽しめる
ミチイトとハリスは、サージャンノット（9ページ）で結節すればよい
【ハリス】
ナイロン0.8～1.5号が基本。食いが悪いときには0.6号前後を使うこともあるが、その場合は自分でハリスを結べるようになりたい（9ページ）。ハリスの長さは30～40㎝でOK
【ゴム張り丸型オモリ】
脱着や移動がワンタッチでできるので、チョイ投げには最高に便利。サイズは0.5～1.5号を用意する。なお、基本的にはオモリは軽いほうが根掛かりが少なく、魚のアタリも出やすい
ハリとオモリとの距離は、釣れる魚の体長と同じにするのが目安
【リール】
小型のスピニングリールを使用。PE0.6号が100m巻ける浅溝タイプのスプールを搭載したものがサイズの目安
【ハリ】
袖バリの4～8号が基本。アイナメやイシモチ狙いなら、流線バリを使うのも方法だ

ワンポイントADVICE

オモリの位置に注意！

オモリは必ずハリス側にセットすることが大切。PEラインのほうに装着してしまうと、PEのコシのなさが災いして、釣りをしているうちにオモリに絡みやすいのだ。

用語解説　**スプール▶**リールのラインを巻くパーツ。浅溝タイプは糸巻き量を減らすことで、ラインが無駄なく巻ける。

パーツ類　ハリの種類は、状況に応じて使い分けるのが理想

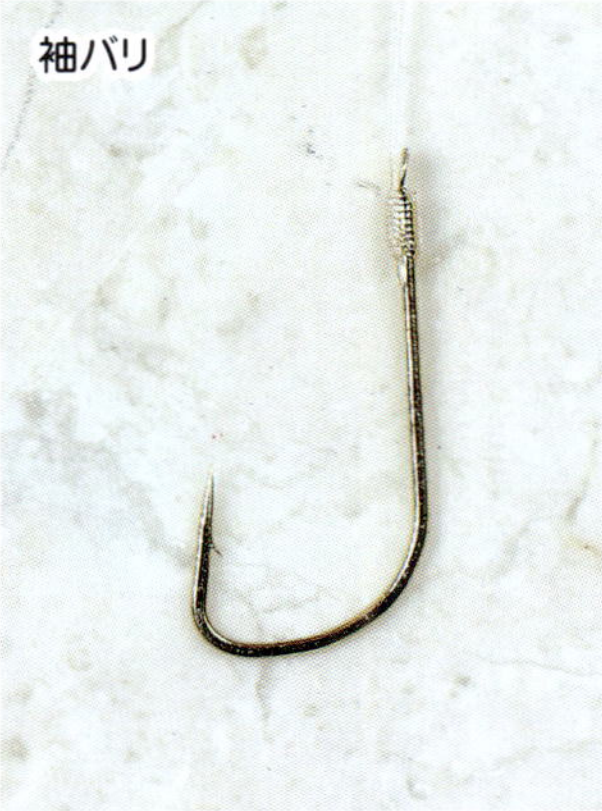

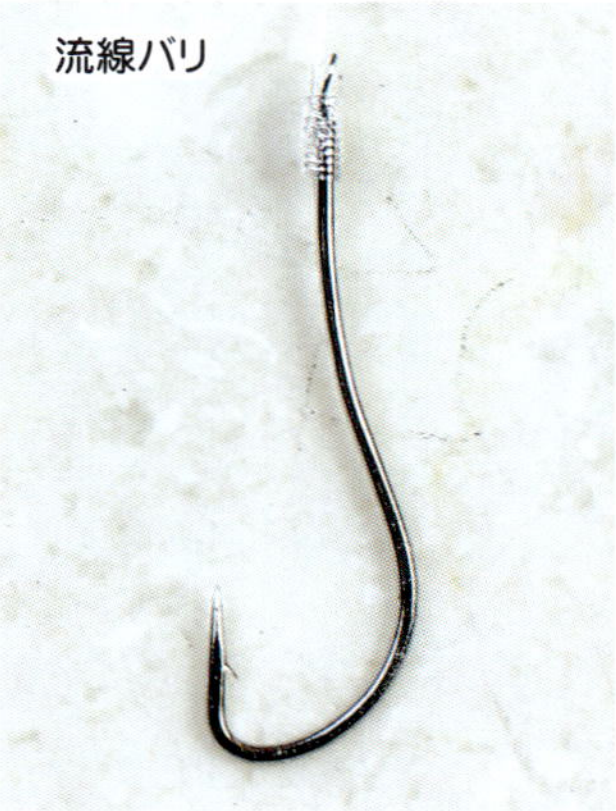

【「袖バリ」が基本】
基本は「袖バリ」で、幅広いターゲットに対応する。極端な状況を考えないのであれば、このハリでサイズ違いの仕掛けを用意しておけばOKだ。サイズの目安としては、とりあえず6号を基本として、小型のシロギスやハゼ狙いなら4～5号、良型のシロギスが期待できそうなら7号を使ってみる。アイナメやカレイ、イシモチ狙いではエサをたっぷり付けたいので、袖8号や軸が長くて太い「流線バリ」の7～8号を使うのも方法だ。なお、ハリの色については、それほど気にする必要はないだろう

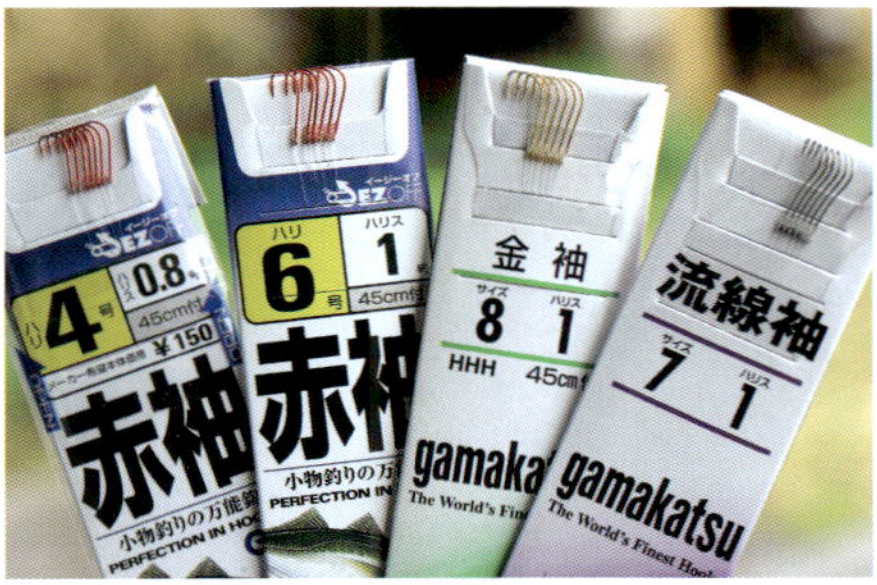

【ハリス付きのハリが便利】
ハリにハリスを結べるようになるのが理想だが、とりあえず最初はハリス付きのハリを活用することから始めてみよう。ハリスは軟らかで魚の吸い込みがいいナイロン製がよい。太さは0.8～1.5号が目安

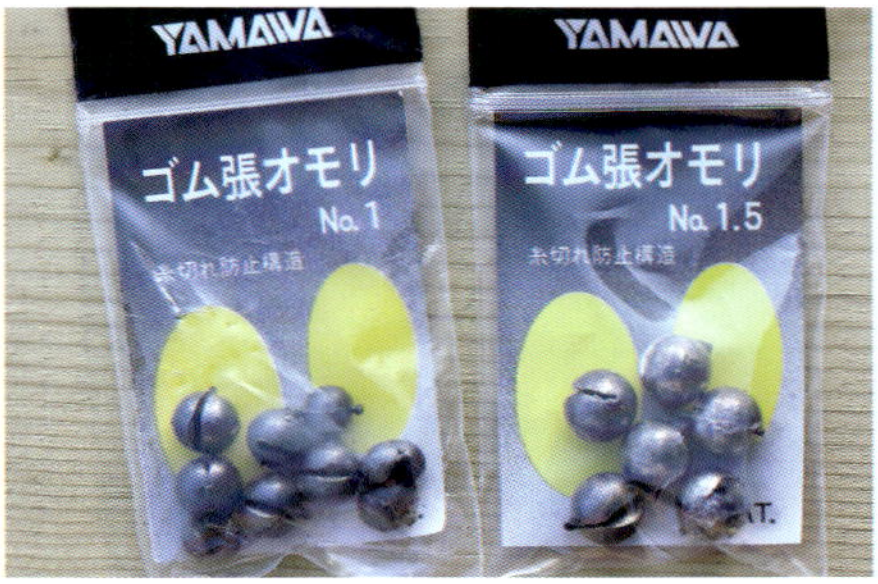

【オモリ】
中心の割りの内側がゴム張りになっている丸型オモリが使いやすい。サイズは0.5～1.5号。普通の感覚ではかなり軽めだが、オモリは軽いほど根掛かりが少なくなるし、魚のアタリもビシバシわかるようになるのだ

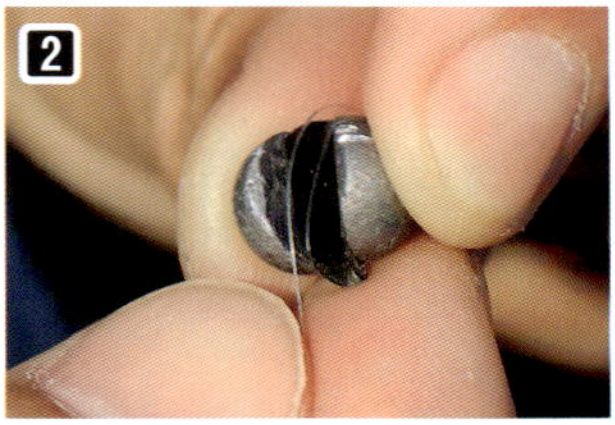

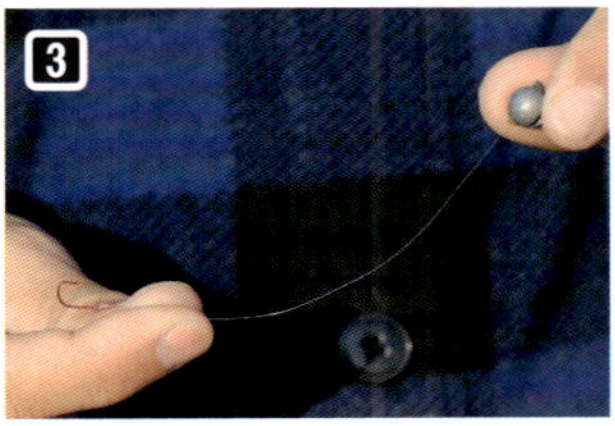

【チョイ投げ仕掛けの作り方】
1ミチイトとハリスはサージャンノット（9ページ）で結ぶ。ハリスの長さは30～40㎝ほど。2オモリのセットは、割れ目部分にハリスを一周させてから、指でしっかり締める。これで外れる心配はない。3オモリとハリとの距離は、釣れる魚の長さと同じぐらいにする。また、距離を1～2㎝ぐらいに短くすると、STEP4のブラクリ風の釣りも可能になる。この優れた万能さも、テンビン仕掛けで真似できない芸当だ。4シロギス用の「無限仕掛け」をカットして、2～3本の枝バリ仕掛けにするのも方法

用語解説　**枝バリ仕掛け**▶1本のラインに、木の枝のように短いハリスを介してハリを複数、配置した仕掛け。

使用するエサ
イソメのほかに、オキアミや人工エサも使える！

【アオイソメ、ジャリメ】
アオイソメは、チョイ投げにおける万能エサ。匂いが強くて動きもいいので、あらゆる対象魚に使える。半日の釣りなら、1パックもあれば楽しめるだろう。シロギス専門に狙うならジャリメ（42ページ）を使うのもよい

【オキアミ】
これも、あらゆる魚を狙えるエサ。身が軟らかいので通常の投げ釣りでは投入時に吹っ飛んでしまうが、ふんわりとキャストするチョイ投げなら、十分に活用できる。大きさは、SサイズかLサイズが使いやすい

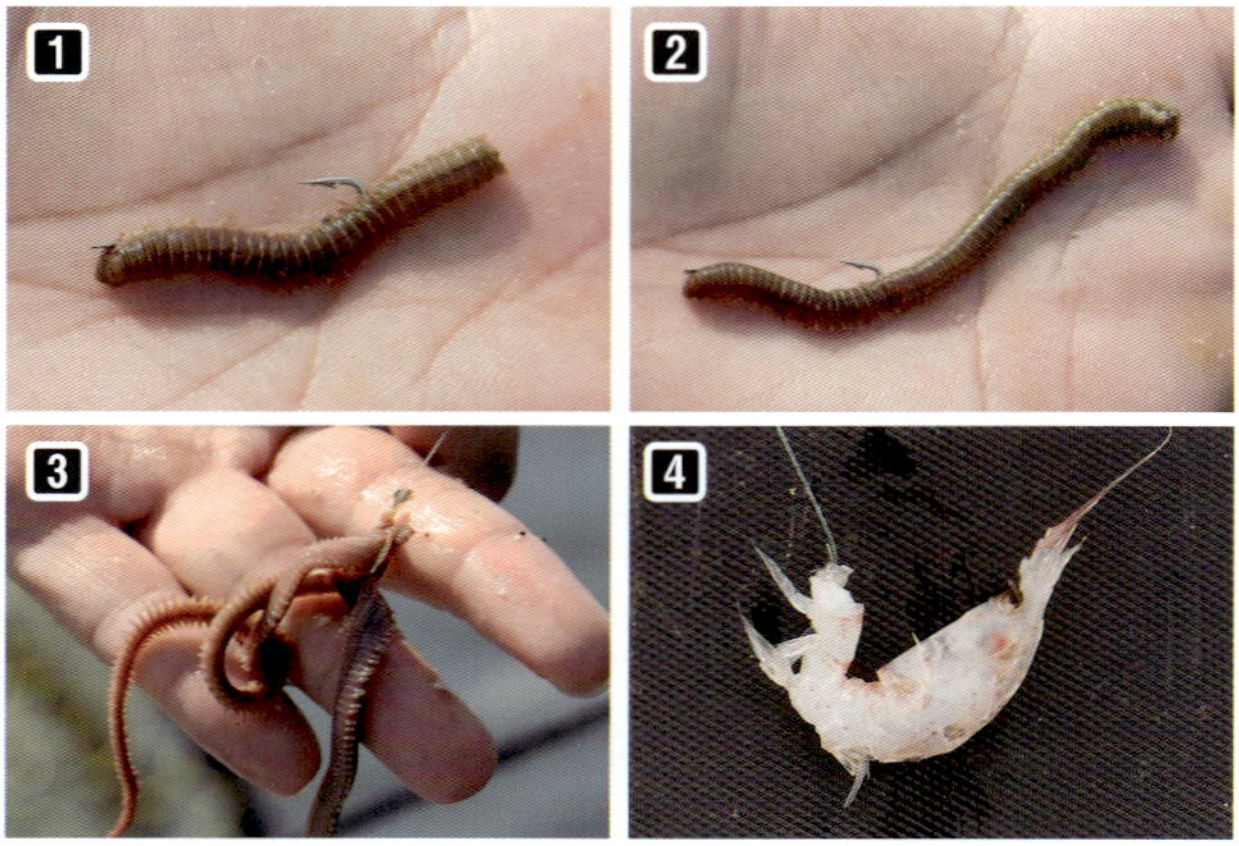

【エサをハリに付ける方法】
❶イソメは頭の横からハリを刺し通して、少しだけハリ先を出す。シロギスやカワハギ狙いの場合は、タラシを短めにするとハリ掛かりがいい。❷食いが渋いときには、タラシを長めにしてみる。❸イシモチやカレイ狙いでは、エサをたっぷり付けてアピールさせると効果的だ。❹オキアミの場合は尻尾を取り、背側を上向きにハリを刺し通すことで、キャスト時に外れにくくなる。なお、いずれのエサでも釣りの途中でマメにチェックして、つねに新鮮なものを使うことが大切だ

ワンポイントADVICE
「人工エサ」を使ってみよう！

イソメが気持ち悪くて触れない人はオキアミを使うのが方法だが、もうひとつの手段として「人工エサ」を使ってみるのもおもしろい。以前は、本物のエサの補助的な位置づけだった人工のエサだが、現在では本物に負けないぐらいの匂いや味が付けられていて、魚の食いも全然遜色がない。人工のエサは、常温での保存が可能なことも大きなメリット。日頃から常備しておけば、思いついたときに釣りに行けるのだ（162ページ）。

いまや、本物の味や匂いを超えたともいわれる「人工エサ」。その実力は、あなどれない

爪で簡単にカットできるので、本物のエサとまったく同じ使い方ができる

用語解説 岸壁▶船が停泊するためなどに構築された、港内のコンクリート護岸のこと。

チョイ投げ釣りでお勧めのポイントとは？

チョイ投げでは、意外な小場所で爆釣できる！

チョイ投げ釣りは、足場の安全な「堤防」や「岸壁」で楽しむのがお勧めだ。前述したように魚種が豊富で、一年中なにかしらの魚を狙うことができる。また、本格的な投げ釣りを規制している「海釣り施設」でも、アンダースローでのチョイ投げ程度ならできる場所が多い。そして、STEP 2の渚釣りの舞台である「波静かな海岸」もチョイ釣りにはピッタリの釣り場だ。

海底の地形や流れの変化を想像してみよう

堤防で釣れるポイントとしては、堤防先端や船道のカケアガリ、基礎まわりの砂地などがある。ようするに仕掛けが根掛かりしにくく、かつ、潮の流れや地形の「変化」がある場所が好ポイントになるわけだ。こうしたところでは、プランクトンが発生しやすく、それを栄養源にしているエサ生物も豊富に棲息している。このため、魚たちの多くも、流れや地形の変化に集まってくる。何の起伏もない砂浜で遠投する本格的な投げ釣りよりも、チョイ投げで堤防の至近距離を狙う方がよく釣れたりするのも、これが大きな理由になっている。

一方、海釣り施設の場合は、沖に沈められた人工魚礁などが定番のポイントになりやすい。ほかに、点在するツブ根の周囲や海底に起伏のある場所も好場所だが、チョイ投げで実績のある場所はだいたい決まっているので、施設の受付でそういったポイントを聞いてみるのが手っ取り早いだろう。

海岸でのポイントについては、渚釣りと共通なので43ページを参考にしてみたい。チョイ投げはノベ竿よりも射程距離があるが、岸ぎわをていねいに探っていくことを心がけよう。

いずれの釣り場でも、小回りが利くチョイ投げのメリットを活かして、普通の投げ釣りでは見逃しがちな小場所も狙ってみるとおもしろい。たとえば、堤防の付け根に広がっている浅場、港内のどん詰まりの岸壁、係船のすき間、捨て石周辺の砂地などは、チョイ投げならではの穴場だ。

また、たとえどんなに水深が浅くても、沖からの潮が効いていたり、エサ生物が豊富な場所なら、人知れず爆釣したり、思わぬ大物が釣れることも珍しくない。実際、私が過去に釣ったアイナメやカレイの最大魚も、何の変哲もない港内での釣果。だれも狙わないポイントを開拓して、爆釣したときの気分は最高なのだ！

用語解説 **ツブ根**▶海底の砂地や砂泥底などに存在する小さな根のこと。

釣れるポイント　流れや地形の変化に絡んだ砂地を狙おう!

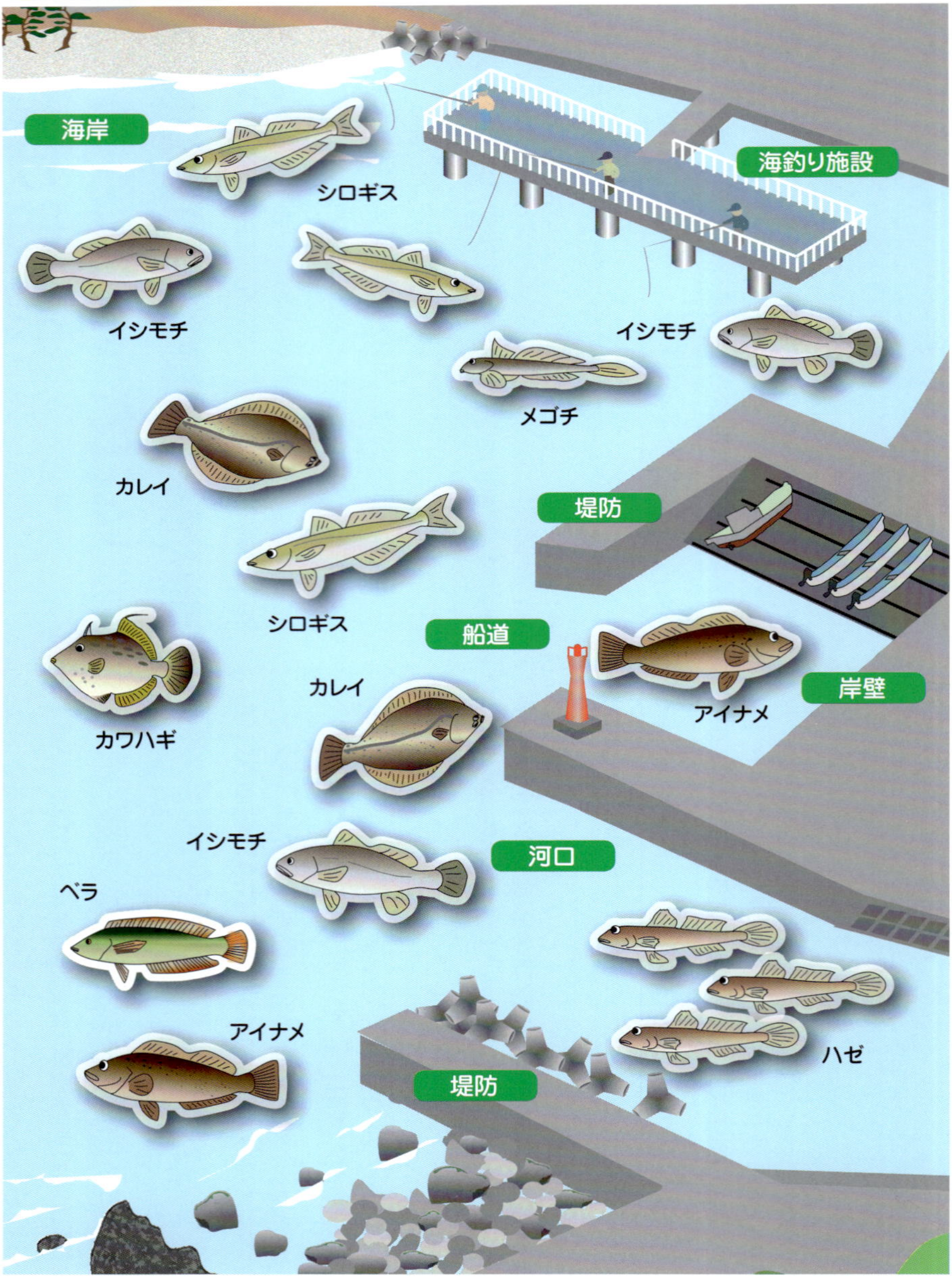

シロギスやイシモチ、メゴチなどは砂地底が広がる堤防や海岸などで狙える。沖の根まわりや海釣り施設の魚礁の周囲は根掛かりするリスクもあるものの、根を好むアイナメやカレイ、カワハギなどの魚影も濃い。また、港内の船道のカケアガリやちょっとした海底の変化にも多くの魚が着いているので、チョイ投げではぜひとも狙ってみたい。ハゼは河口エリアの汽水域が狙い目で、規模の大きな河川ならイシモチの群れが回遊してくることも多い

用語解説　**魚影**▶特定の釣り場の範囲内にいる魚の数。魚が多いときは「魚影が濃い」と表現する。

仕掛けの投入の基本と実践テクニック

キャストは10分も練習すれば、小学生でもマスターできる！

チョイ投げでのキャスト（投入）は簡単で、10分間も練習すれば小学生でも体得できる。ただし、間違った方法で投げようとすると、いつまでたってもうまくいかないので、そのコツを覚えておきたい。

まず、本書で勧めているルアーロッドはキャスト重視で設計されているので、小さな力で振っても最大限の反発力が活かせるようになっている。このため、腕力がない子供や女性でも、ロッドの性能だけで十分に仕掛けが飛んでいく。むしろ、力任せに投げようとするとロッドも大振りになってコントロールが定まらず、ライン切れなどの原因にもなりかねない。7～8割ぐらいの力で投げるのが、第一のコツだ。

「リストワーク」で投げてみよう！

そこで、ぜひ練習してみたいのが「リストワーク」という投げ方。私の釣り教室でも、初心者に教えるとすぐにマスターできる簡単なキャスト方法だ。

投げ方としては、竿を後方へ振りかぶった静止状態から、反動を利用せずに振り出すのが基本。コツは、ロッドが12時の位置になった瞬間にストップするイメージで振ること。たったこれだけでも、テコの原理でロッドの反発力が活かされて、仕掛けはビックリするぐらいに遠くに飛んでいく。慣れないうちはどうしてもロッドを「振る」という意識が邪魔して竿を前方まで倒してしまいがちだが、まずはコンパクトなスイングを意識したい。チョイ投げでは遠投の必要が全然ないので、最初は軽い気持ちでふわりと投げてみよう。なお、至近距離を狙うときは、「アンダースロー」で本当にチョロっとキャストするだけでもOKだ。

仕掛けの投入後はオモリを着底させ、リールのベイルを戻してから余分のイトふけを巻き取る。そのままの状態でアタリを待つスタイルもあるが、これだと広いエリアの中の一点だけしか釣れないので効率が悪い。チョイ投げでは、着底した仕掛けをゆっくりと引き寄せて釣る方法がお勧めだ。これを「仕掛けをサビく」というが、これによってポイントを広く探れるし、付けエサのアピールにもなる。ラインも張り気味になるのでアタリも明確だ。これを繰り返して、ポイントを線から面で探っていきたい。付けエサの状況やハリス絡みなどをマメにチェックして、手返しよく楽しもう。

用語解説　イトふけ▶ミチイトが緩んだ状態のこと。イトふけがあるとアタリがわかりにくくなる。

キャストの準備　正確なキャストのための超基本

1 ロッドの持ち方

2 安全確認

3 タラシの長さ
タラシ

4 フェザーリング

1キャストの精度を高めるには、ロッドを身体の正面に構え、左手はグリップ末端を握ってキャスト方向に竿先を真っ直ぐに向ける。2仕掛けや竿先が人にぶつかると非常に危険。キャスト時は必ず周囲の安全を確認するクセをつけておきたい。3竿先とオモリとの距離を「タラシ」というが、チョイ投げのように軽いオモリを使う場合は 20 ～ 30㎝ほどが目安だ。4キャスト後に竿を持つ反対の手をリールのスプールに軽くあてがって、ラインの放出具合を調整するのがフェザーリング。これで余計なイトふけが出なくなり、ライントラブルも減る

リストワーク　コンパクトでシャープなスイングが成功への秘訣

1

2

3
ストップ!
腕力は
全然必要ないぞ!

4

1まず、57 ページの要領でリールのラインを人差し指でピックアップし、ベイルを起こしてからロッドを真後ろに構える。このとき、リールは上向きになるのが基本。2前方にロッドを真っ直ぐ振り出す。右手は押し、左手は引きを意識してシャープに振ることで十分にロッドが曲がる。3ロッドが 12 時近くの角度になった瞬間に急停止すると、竿先がスムーズに前方に返る。同時に指のラインを放すと、ロッドの反発力で仕掛けが飛んでいく。目線は投入地点の上空を見上げるとコントロールが定まりやすい。4近場にほんの少し投げるだけなら、ロッドを下方向から振り出す「アンダースロー」が簡単。この場合は、ロッドの反動を意識することなく、本当にチョイっと投げるだけでOKだ

用語解説　リストワーク▶竿の反動を利用することなく、腕の振りだけで仕掛けを投げること。

誘いの方法　仕掛けを海底で「ゆっくり引くだけ」でOK!

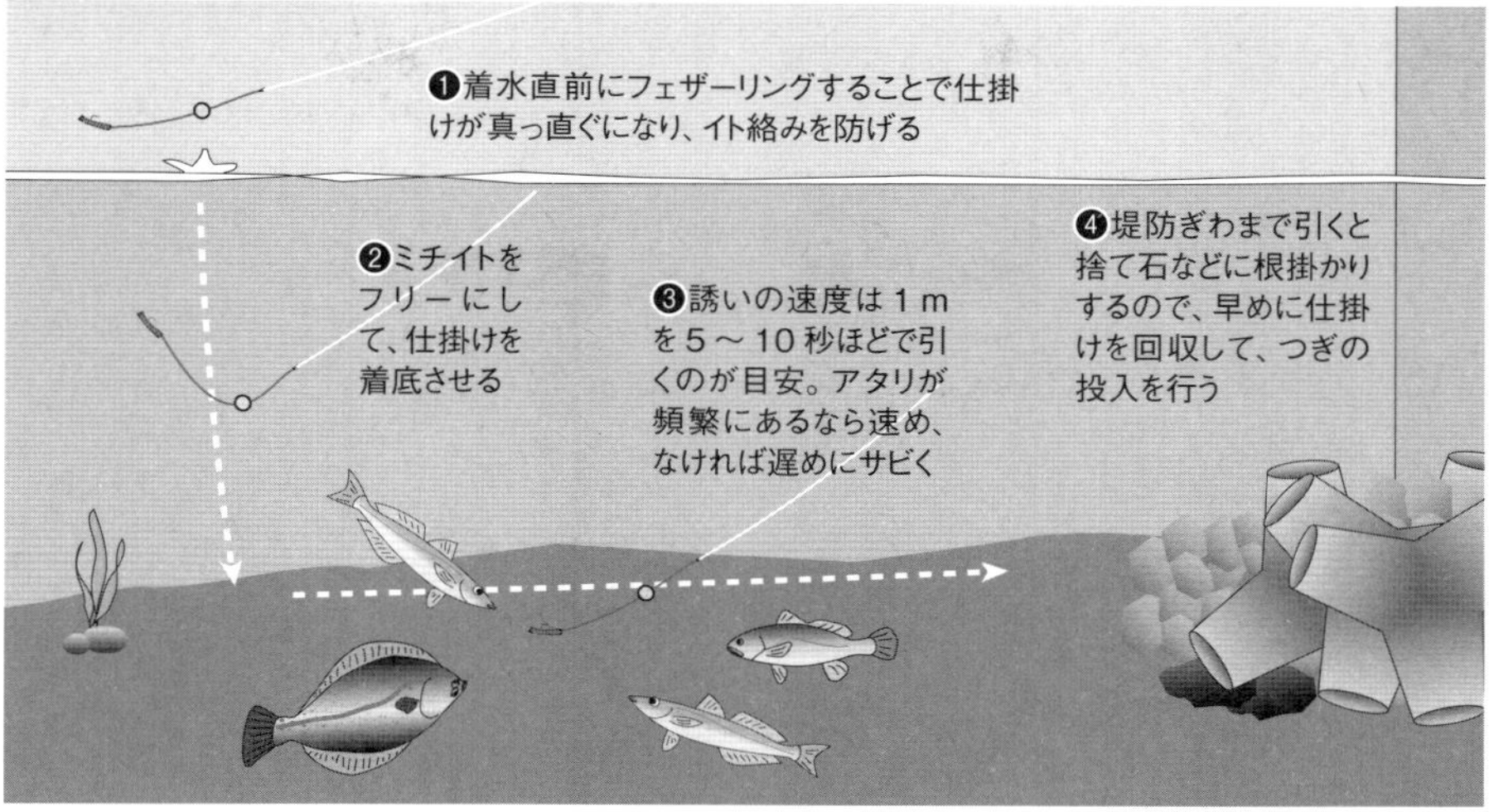

❶着水直前にフェザーリングすることで仕掛けが真っ直ぐになり、イト絡みを防げる
❷ミチイトをフリーにして、仕掛けを着底させる
❸誘いの速度は１ｍを５～10秒ほどで引くのが目安。アタリが頻繁にあるなら速め、なければ遅めにサビく
❹堤防ぎわまで引くと捨て石などに根掛かりするので、早めに仕掛けを回収して、つぎの投入を行う

チョイ投げでは、仕掛けを手前に引き寄せながら誘うスタイルが基本。逆にいえば、この単純な誘いだけで広範囲の魚たちに仕掛け（付けエサ）をアピールできるわけだ。一度アタリのあったポイントは、繰り返し狙ってみよう!

【竿先でサビくと速度がわかりやすい】
仕掛けをサビくときは、リールを巻かずに竿先をゆっくりと縦方向か横方向に起こしていくと、仕掛けを引く速度がわかりやすい。サビき終えたら、竿を戻しながらラインをリールで巻き取り、この繰り返しで誘っていく

【食わせのタイミングを与える】
サビく途中で、ときどき仕掛けを数秒止めて魚にエサを食わせるタイミングを与えることもコツ。海底の変化を感じた場所で待つのも効果的だ。アタリを待つ間は、ラインは張らず緩めずの状態にするのが正解

【アタリとアワセの方法】
感度に優れたPEラインを使っていると、魚がエサに食ってきたときのアタリが「ビンビン!」と明確に伝わってくる。エサ取り名人といわれるカワハギなどでも、この仕掛けだとアタリもわかりやすいのだ。最初はアタリがあったら少し待ち、2度目のアタリが出たときに竿先をしっかり立ててアワセを入れる。これでハリ掛かりしなければ、アワセのタイミングを早くしたり遅くしたり工夫してみたい。アワセが成功して竿先に魚の重みを感じたら、そのままリールのハンドルを巻いて魚を寄せてこよう!

用語解説　サビく▶チョイ投げで仕掛けに誘いを入れること。サビキ釣り（103ページ）では、仕掛けを上下に誘うこと。

裏ワザ　チョイ投げならではのテクニックで釣果倍増！

オートマチックな
誘いで
魚の食いも抜群！

【流し釣りが効果的】

チョイ投げでは狙いのポイントを広く探って、魚が集まっている場所を早めに特定することが釣果に結びつく。そこで、潮流の利いている場所で試してみたいのが「流し釣り」のテクニック。仕掛けを投入して着底させたら、そのまま仕掛けを流してやるだけで効率よくポイントを探ることができる。チョイ投げならではの軽いオモリで、しかもテンビンを省略した仕掛けを使っていれば、かなりの範囲を探れるのだ

【超浅場の根まわりを狙ってみる】

本格的な投げ釣りのベテランは、写真のような海底が丸見えの根まわりなどは素通りしてしまうが、根掛かりしにくい仕掛けだからこそ狙ってみたい穴場になる。軽いオモリで静かに釣ることで、思わぬ大物も飛び出すのだ

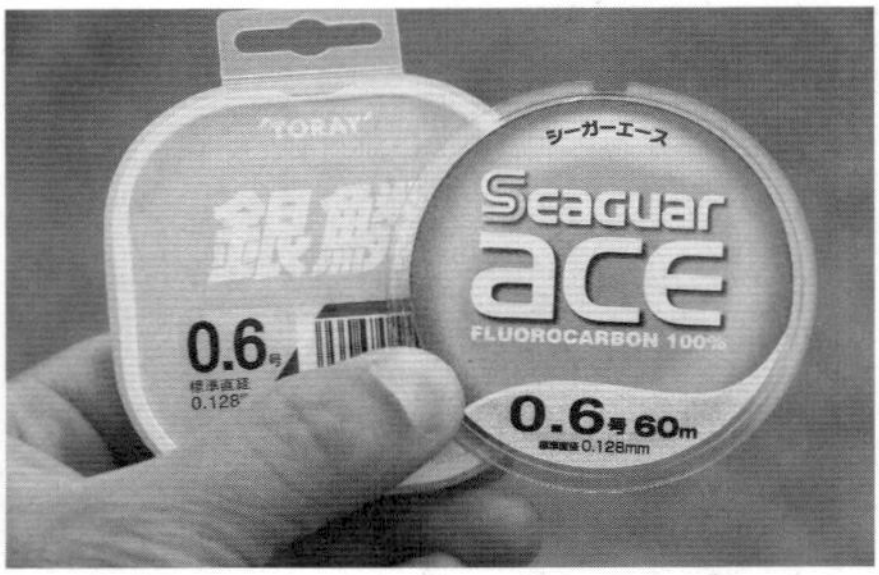
TORAY
銀鱗
0.6号
Seaguar
ace
シーガーエース
FLUOROCARBON 100%
0.6号 60m

【ハリスを細くしてみる】

チョイ投げで使うハリスは 1 号前後が目安だが、なかなかアタリが出ない場合は 0.6 号前後の細いハリスに変えてみると効果的なことが少なくない。ハリの結び方は、9 ページを参考にしてみたい

ワンポイントADVICE

ハリ外しの裏ワザ

❶シロギスなどはハリを飲み込みやすいが、ハリスをしっかりと持って強く引くと、たいがいは外せる。❷ノドの奥深くまで飲まれた場合は菜箸などを口の奥まで突っ込み、❸菜箸とハリスを一緒に握った状態で振って、遠心力で魚を回転させる。❹徐々にハリスが菜箸に巻き付くことで、不思議なぐらい簡単にハリが外せる。菜箸の代わりに、先細りの割り箸を使うこともできる。

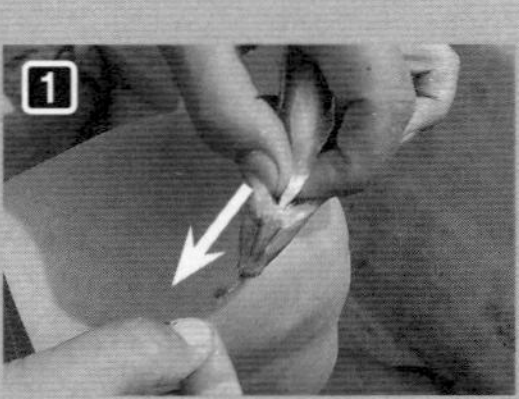
1

2

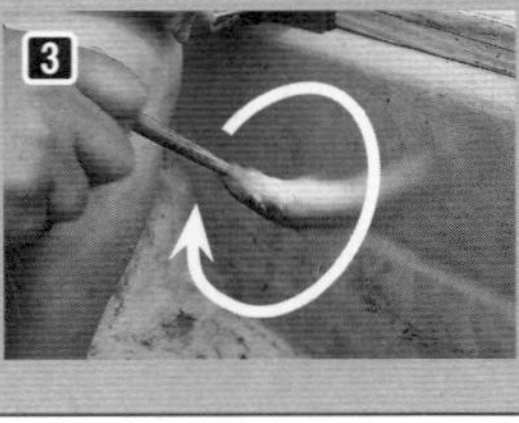
3

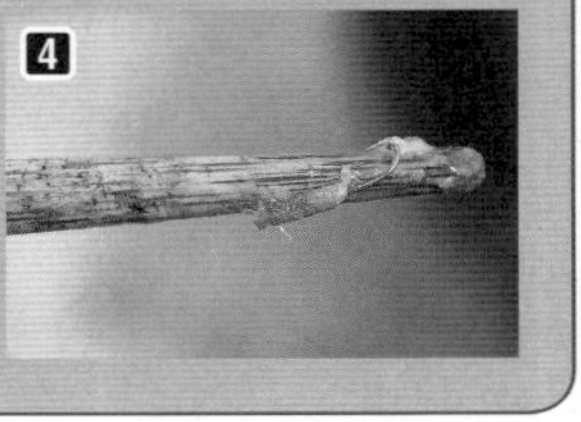
4

Cooking Recipe ～釣った魚をおいしく食べよう～

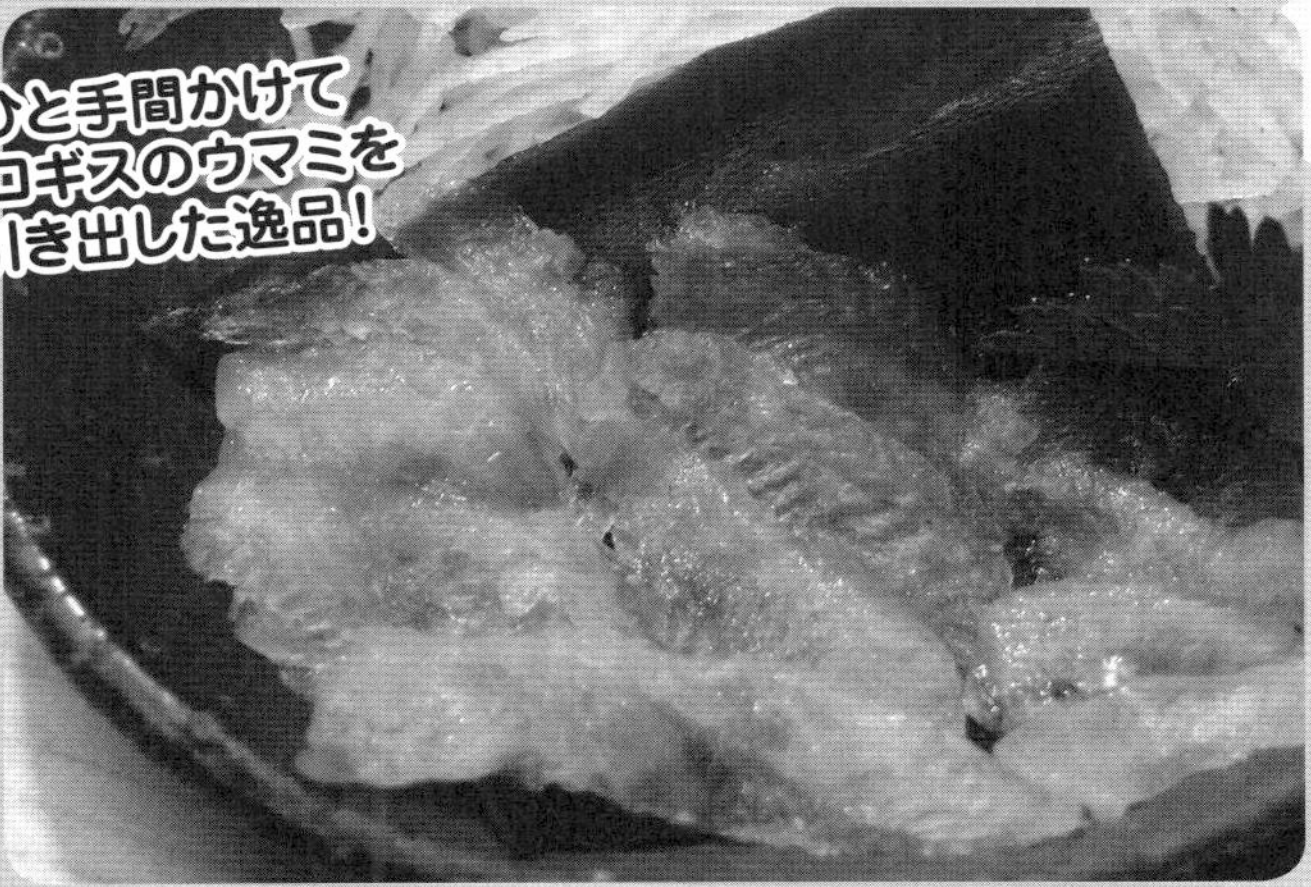
ひと手間かけて
シロギスのウマミを
引き出した逸品！

【シロギスの昆布締め】

釣れたてのシロギスは、シンプルな刺身も、もちろんおいしいが、ひと手間かけた昆布締めもオツな味。三枚におろして皮をひいたら、フキンで表面をさっと拭いた昆布に並べて、上からも昆布をのせ、ラップにくるんで冷蔵する。小さい魚なのですぐに締まるため、30分～２時間程度で様子を見る。余分な水分が昆布に吸われるので生より日持ちもするし、昆布がシロギスのウマミを引き出し、極上の味わいとなる。押し寿司や握り寿司にするのもお勧めだ

【カレイの煮付け】

お惣菜の定番・カレイの煮付けは、ほっとするおいしさ。ウロコを金たわしなどで落とし、腹ワタを取り、厚みのある部分に切り込みを入れ、醤油・酒・ミリンを煮立てたところに入れて、煮汁をかけながら煮付ける

【イシモチのカルパッチョ】

そぎ切りにして並べたイシモチの身に、塩・コショウ・オリーブ油・好みのドライハーブを混ぜてかけ、パセリを散らしたカルパッチョ。油分でマイルドな食感になり、イシモチの甘みが引き立ち、飽きずにいただける

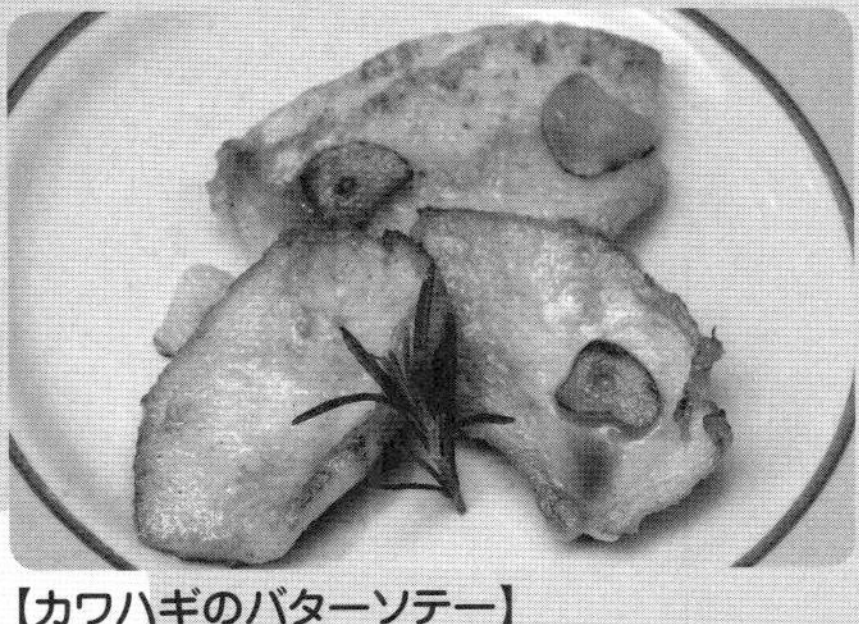

【カワハギのバターソテー】

冬場のカワハギは、たたいた肝を添えた刺身が定番だが、チョイ投げで釣りやすい夏場は、揚げ物やソテーがお勧め。三枚におろしてさくどりした身に粉を振って、スライスニンニクとバターで、こんがりと焼き上げる

【ハゼの南蛮漬け】

ハゼがたくさん釣れたら南蛮漬けにすると、保存も利くし、骨まで柔らかくいただける。ウロコと腹ワタを取り（頭は好みで取ってもそのままでも）、片栗粉を振って揚げたそばから、酢、醤油、ミリンで作ったタレに漬ける

《おいしい海遊び入門❸》

おいしい「海菜」の天ぷらパーティ

海で手軽に楽しめる遊びのひとつが、海の幸の収穫。とはいっても、狙いは海の中ではなく、陸上である浜辺だ。そこに自生している「海菜(かいさい)」摘みなら漁業権に抵触しないし、いつでも手軽に楽しめる。海菜とは、ツルナやアシタバなどの海辺に生える食べられる植物のこと。タラの芽などの山菜ほどの知名度はないが、これが意外とバカにできないおいしさなのだ。

海菜はどこの海岸にも自生しているので、比較的簡単に見つけることができる。山菜採りでは、ハードな山歩きやヤブ漕ぎを強いられることもあるが、海菜摘みなら散歩気分でのんびり楽しめるのだ。ツルナやアシタバ、ハマカンゾウ、ツワブキ、ハマダイコンなどは土のある浜辺に群生していて、オカヒジキ、ハマボウフウなどは砂浜にポツンと単独で生えていることが多い。

いずれも、山菜に比べて食べられる期間が長い種類が多いことも特徴。基本的には春に摘むのが茎や葉が軟らかくてベストだが、ツルナなどはどこの海岸にも生えているし、春から秋、場所によっては一年中採って食べることができる。ただし、あるものすべてを採っていくことは自粛しよう。根や葉、茎などを残せば、すぐに新しい芽が出て再び海菜採りを楽しめる。必要な分だけを先端から指やハサミで少しずつ採っていくことを心がけたい。

海菜は山菜ほどアクが強くなく、料理の下ごしらえの手間が少ないこともうれしい。浜辺で野外料理を楽しむときも、そのへんに生えているツルナなどを適当に摘んで、即、料理の素材として使える。鉄板焼きや焼きソバなどで海菜を入れて炒めると鮮やかな海菜の緑が食欲をそそり、鍋物やラーメンの具にしてもおいしい。オカヒジキは、手軽なおひたしなどでも美味だ。

そしてオールマイティな海菜料理は、やっぱり「天ぷら」。とくに、ツルナやアシタバ、ハマカンゾウなどは、山菜の王様と呼ばれるタラの芽にも負けないおいしさを味わえるのだ!

浜辺での天ぷらパーティでは、釣れた魚とともにツルナなどの海菜も揚げれば最高に楽しめる

STEP 4

お手軽ブラクリ釣り入門

根掛かりに強い「ブラクリ仕掛け」で、多彩な魚たちと出会う!

障害物の周囲に魚がたくさんいるなら、そこを直撃するのが手っ取り早い。普通の釣り方では手出しできない難攻不落のポイントも簡単に狙える「ブラクリ釣り」を覚えれば、多種多様の魚たちと遊べるのだ!

穴場の魚を
直撃するなら
これが一番!
ブラクリなら
簡単に遊べるぞ!
burakuri

ビギナーの救世主。ブラクリ釣りの魅力とは？

ブラクリ釣りの対象魚は無限。ぜひ、体験してみよう！

釣りのスタイルは、十人十色。本格的な釣りは前夜の準備も楽しみのひとつだが、日々の仕事に疲れた週末は、準備もそこそこに気軽な釣り旅に出かけてみるのもいい。観光地や温泉地を巡り、地元の旬の幸を味わいつつ、何となく気になった場所があれば、ちょっと寄り道して竿を出してみる……。

そうしたお気軽なスタイルにピッタリなのが「ブラクリ釣り」だ。持参するのは竿1本とリール、そしてブラクリ仕掛け数個とエサだけでもOK。優しい潮風を感じながらの気軽でスローな釣りは、日頃のストレスを一気に吹き飛ばしてくれるだろう。

このブラクリ釣りの最大の魅力は、釣れる魚が多彩なこと。定番のアイナメをはじめとして、カサゴやソイ、ドンコなどの根魚たちはコンスタントに釣れるし、チョイ投げのページでも紹介したカレイやハゼ、カワハギなども狙える。

「ブラクリ仕掛け」に秘められた数々のメリット

ブラクリ釣りで使う仕掛けの最大の特徴は、ハリとオモリが短いハリスで直結されていること(上写真)。これによって、魚が多く潜むブロック帯や岩礁帯といった障害物のまわりをダイレクトに攻めても根掛かりしにくくなっている。

また、ハリスが短いことで、誘いが付けエサに伝わりやすいことも特徴。よく、「ハリスが短いと魚が警戒する」といわれるが、ハリスを長く細くしなければ食ってこない魚ではなく、より活性の高い魚を相手にするほうが初心者は断然楽しめる。試しに、魚の目の前にエサを単体で落としても見向きもしないことが珍しくないが、ブラクリに装餌して落とすと争うように食いつくことが多い。エサに伝わる微妙な挙動や仕掛け自体が魚にアピールしていると思われるが、ブラクリは魚を魅惑するルアー的な威力も秘めているのだ。

さらに、ブラクリ釣りは狙いのポイントを直撃するので、テンポのいい釣りを展開できる。このため、ポイント探しや刻々と変化する状況に対する判断力など、釣りに必要なさまざまな要素を短時間で体験できて非常に勉強になる。テンポよく釣れる魚ならなんでも狙っていく。そんな欲張りなスタイルにピッタリなのが、「ブラクリ五目釣り」なのである。

用語解説　**根掛かり**▶仕掛けのハリやオモリなどが、海底の障害物に引っ掛かってしまうこと。

対象魚と季節　ブロック帯や岩礁帯に潜む魚はすべて狙える

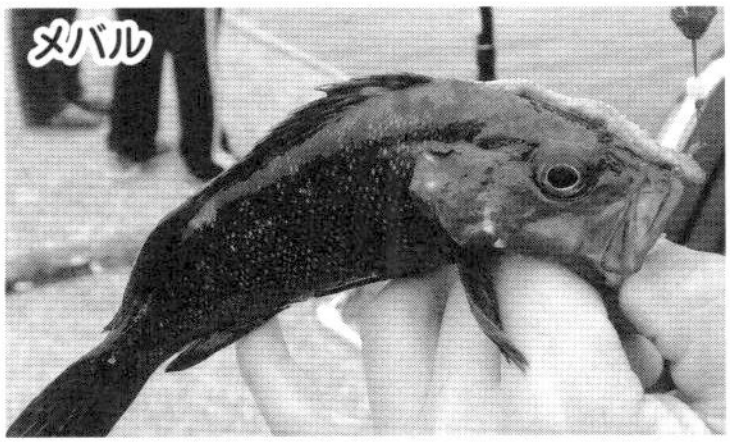

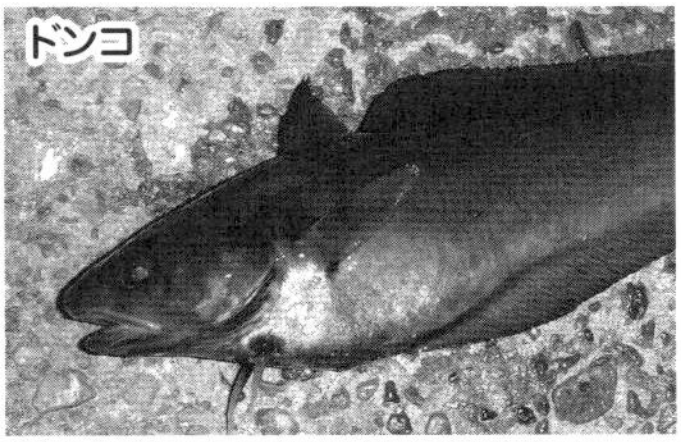

ブラクリ仕掛けの発祥は戦後の東京湾とされ、主にアイナメ釣り用の仕掛けとして定着してきた。そのため、「ブラクリ釣り＝アイナメ狙い」というイメージがあるが、もちろんほかの魚も狙える。ソイやカサゴの仲間、メバル、ドンコなども定番だし、カレイやカワハギ、マハゼなども狙える。さらに、本来はウキ釣りのターゲットであるウミタナゴやメジナでさえも釣れてしまうのだ

魚種	ハイシーズン	概要
アイナメ	秋～春	ほぼ一年中狙えるが、水温の低下する秋～春にかけてが釣りやすい。仲間の「クジメ」という魚もブラクリでよく釣れる魚だ
ソイ、ハタの仲間	春～秋	チョイ釣りで紹介したムラソイのほか、クロソイ、タケノコメバル（ベッコウゾイ）、キジハタ、小型のマハタなども好対象魚
カサゴ	初夏～秋	岩礁帯に多く、ブラクリでもよく釣れる。高水温時が釣りやすい
メバル	一年中	夜行性が強いが、日中でも障害物の陰を狙うと釣ることができる
ギンポ	初夏～秋	チョイ釣りでおなじみだが、ブラクリでもコンスタントに狙える
カレイ	秋～春	ブラクリ仕掛けに好反応を示すので、広範囲をチョイ投げで狙う
ハゼ	夏～秋	好奇心の強いハゼは、ブラクリ仕掛けにも果敢にアタックしてくる
ドンコ	秋～冬	一年中釣れるが、大物は冬が狙い目。肝が絶品のおいしさ!

釣り場　根魚たちの好むエサが豊富な場所を探そう!

【堤防、岸壁】
足場の安全な港まわりで海底に根が点在しているエリアでは、アイナメやカレイなどを広範囲に狙うことができる。また、堤防のヘチぎわやブロック帯もエサ生物が多く、根魚たちの格好の棲み家になっている

【ゴロタ場、小磯】
カサゴやソイの仲間、ギンポなどの好釣り場。ゴロタ石の間にある暗い穴を丹念に探ると釣果を伸ばせる。捨て石帯や波静かな小磯などもブラクリで釣りやすいポイントだ。ただし、足元が滑りやすいので注意したい

用語解説　ヘチ▶堤防や岸壁などの側面のこと。流れや波の影響を受けやすいので、好ポイントになりやすい。

軽量なバス用タックルとブラクリ仕掛けで楽しむ

魚に違和感を与えない「ライト級ブラクリ釣り」が楽しい！

釣りの極意のひとつに、魚のいる場所にエサを送り込むことがある。「そんなの当たり前でしょ！」と思われるかも知れないが、ブロックの穴や堤防の継ぎ目、ゴロタのすき間などに潜む魚を的確に攻略するのは意外と難しい。

バスロッドやコンパクトロッドでOK！

そこで大切なのが、初心者でも扱いやすいタックルを使うこと。通常のブラクリ釣りでは5m前後の磯竿などを駆使するスタイルもあるが、これを使いこなすにはかなりの慣れが必要だ。その点、チョイ投げのページでも紹介している長さ2m程度の「バスロッド」ならビギナーでも軽快に扱うことができ、堤防でもゴロタ場でも十分に活躍してくれる。バスロッドがなければ、釣具店のワゴンセールで格安販売しているパックロッド（コンパクトロッド）などでもOKだ。

リールも、チョイ投げで紹介している小型スピニングリールを使用すればよい。バスロッドでは、ベイトリール（両軸リール）を使う選択肢もあるが、仕掛けの沈下速度をコントロールしやすいメリットがある反面、扱いをミスるとライントラブルしやすいのが難点。最初は、スピニングリールから楽しんでいこう。

ブラクリ仕掛けは「ナツメ型」と「丸型」を基本として、落下時にヒラヒラとアクションする「ブラー型」もある。いずれも、底を取れるギリギリの軽さのものが魚の食いがよく、根掛かりも少なくなる。具体的には1～4号程度を水深や流れ、ウネリなどの状況で使い分けたい。ただし、市販品のなかにはハリが大き過ぎるものがあるので、魚種に応じたハリを利用して自作するのも方法だ。なお、61ページでも紹介したように、チョイ投げ仕掛けでオモリとハリの距離を極端に短くしたものでも代用できる。

付けエサは、イソメ類や身エサ、オキアミなどが基本。釣り場で採取できるカニやヤドカリ、貝なども利用可能だ。

以上だけでもブラクリ釣りは楽しめるが、ほかにエサ箱や魚を収納するビク、プライヤー、魚バサミなどがあるとより快適。これらをすべてウエストバックなどで身につけて、軽快に釣り歩くのがブラクリ釣りの王道スタイルとなる。もちろん、ライフジャケットや滑りにくいシューズなど、安全対策も万全にしたい。

用語解説　**底を取る**▶仕掛けが海底に到着したことを確認すること。海底を釣るスタイルの一番基本的なテクニックだ。

タックル　必要最小限のタックルだけで楽しめるのが魅力

短めのロッドが
扱いやすいのだ
バスロッド
パックロッド

【長さ2m前後の竿が軽くて快適】

竿は、長さ1.8～2m程度のスピニングタイプのバスロッドが軽快に扱える。15g前後までのルアーに対応しているタイプなら、4号のブラクリ仕掛けも投げられる。複数本そろえるなら、格安販売されているパックロッドでもOK。粘り強いグラス素材を使っているので、多少乱暴な扱いをしても破損しにくい。仕舞い寸法も短く、電車釣行などでも活躍してくれるだろう

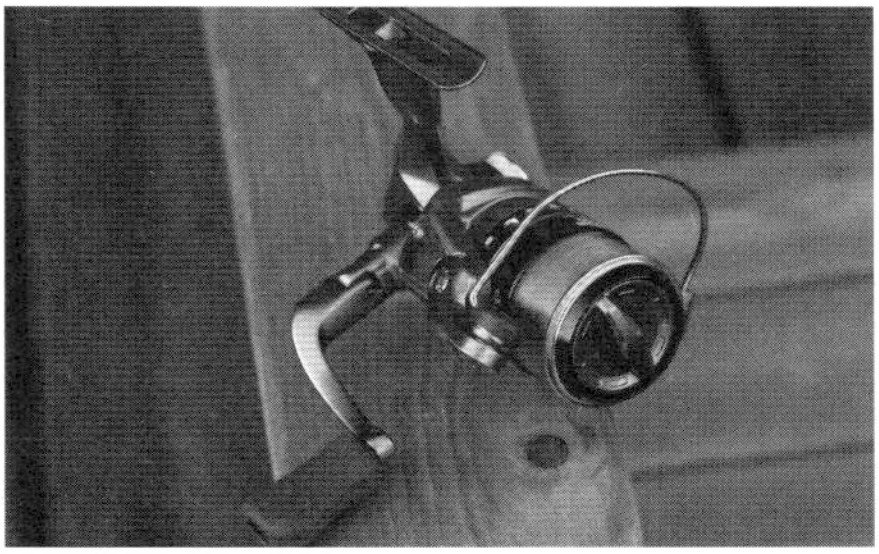

【スピニングリールは小型をセット】
リールは小型のスピニングリールをセットすればよい。ナイロンの2号が100m巻けることがサイズの目安だ。高級品である必要はなく、3,000～5,000円ほどの廉価品でも、まったく問題なく使える

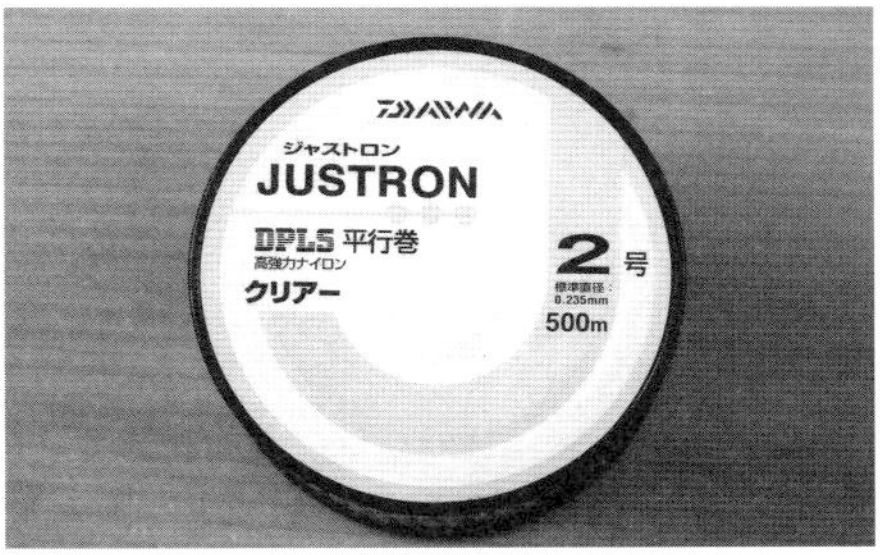
DAIWA
ジャストロン
JUSTRON
DPLS 平行巻
高強力ナイロン
クリアー
2号
500m

【ラインはナイロン2号が使いやすい】

感度はそれほど必要ないので、しなやかで扱いやすいナイロンラインの2号がお勧めだ。障害物に擦れても切れにくいフロロカーボンを使うのもありだが、腰が強いラインなのでスピニングリールでは少々扱いにくい

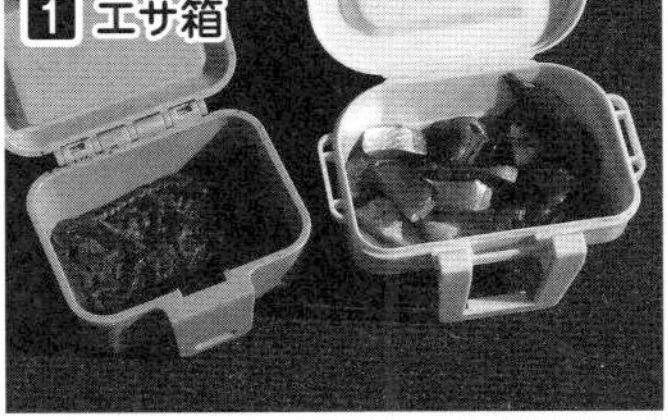
1 エサ箱

2 ビク

3 プライヤー、魚バサミ

4 バッグ類

【用意したい装備類】
1エサ箱は腰のベルトに取り付けたり、首から提げられるタイプが便利。2ビクも腰にセットできるものがお勧め。左のカゴタイプは風通しがよく、右のクーラータイプは保冷剤を入れることで魚が傷みにくい。3ラインをカットしたり、ハリを魚の口から外したりするのには、釣り用のプライヤーが便利。また、ブラクリ釣りの対象魚はヒレが鋭いものが多いので、魚バサミがあると重宝する。4仕掛けや小物類は、小型のバッグで身につけて釣り歩きたい

用語解説　パックロッド▶コンパクトに収納できる竿の総称。

仕掛けの構成　ミチイトにブラクリを結ぶだけの超シンプル仕掛け

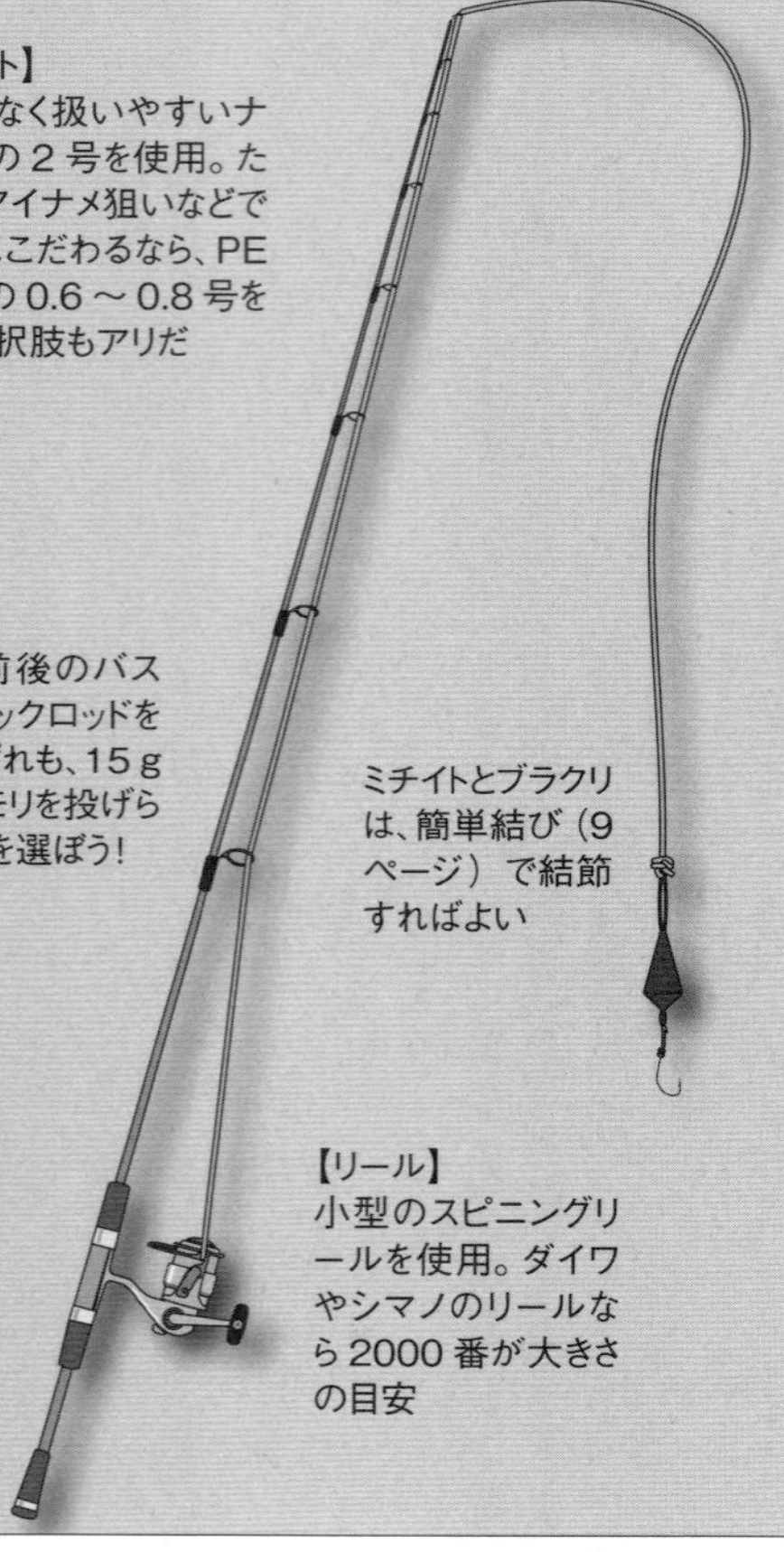

【ミチイト】
クセがなく扱いやすいナイロンの２号を使用。ただし、アイナメ狙いなどで感度にこだわるなら、PEラインの0.6～0.8号を使う選択肢もアリだ

【竿】

長さ２m前後のバスロッドかパックロッドを使用。いずれも、15g前後のオモリを投げられるタイプを選ぼう！


ミチイトとブラクリは、簡単結び（9ページ）で結節すればよい

【リール】

小型のスピニングリールを使用。ダイワやシマノのリールなら2000番が大きさの目安

【ブラクリ仕掛け】

形状は好みで選べばよい。重さは１～４号程度で、底を取れるギリギリの軽さのものを選ぶと魚の食いがよく、根掛かりも減少する。市販品はオモリが根魚の好む赤色であることが大半だが、自作するときはいろいろ試してみるのも楽しい

ワンポイントADVICE
仕掛けの裏ワザ

私は、チョイ投げの途中で気分を変えてブラクリ釣りをすることが多い。その場合は、いちいち仕掛けを交換せずに、オモリの位置をハリに近づけるだけの仕掛けで楽しんでいる。

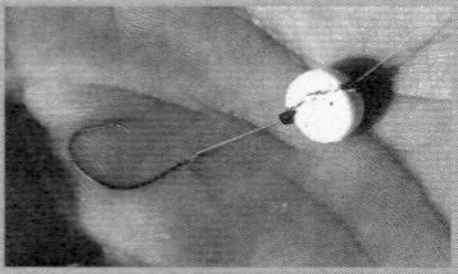

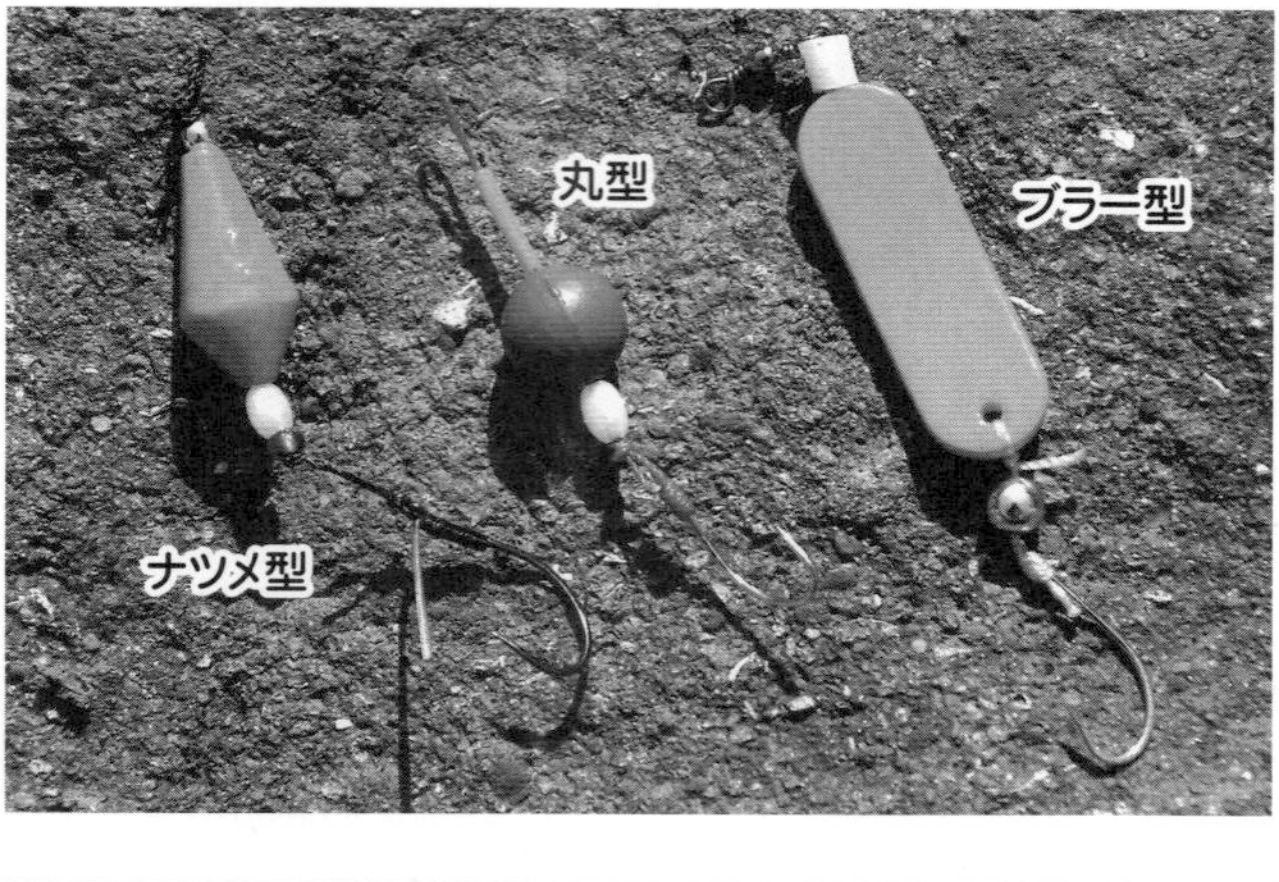

【ブラクリ仕掛けのタイプ】
ブラクリ仕掛けはオモリの形状にいくつかのタイプがあるが、市販品でよく見かけるのは「ナツメ型」。根掛かりに強く、キャストでも足元狙いでも万能に使える基本型だ。「丸型」は沈みが速く、ブロック帯のすき間でも転がりながら落下しやすいので足元狙いに向く。根掛かりにも比較的強い。「ブラー型」は、ルアーのスプーンのように落下時にヒラヒラとアクションして、魚にアピールする。積極的に誘っていく釣りにお勧めだ

用語解説　**アクション▶**仕掛けやブラクリ、ルアーなどの動きのこと。

ブラクリ作り　ハリの種類は、状況に応じて使い分けるのが理想

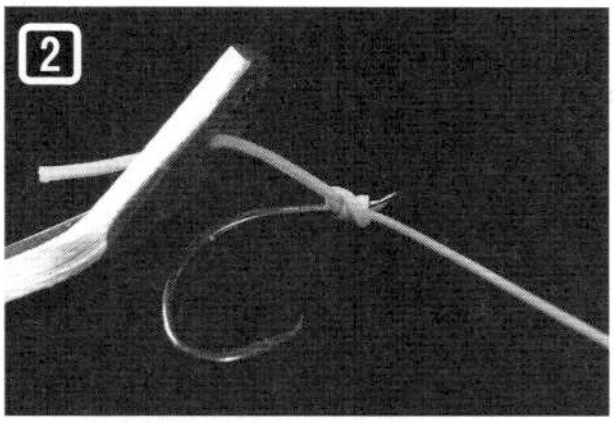

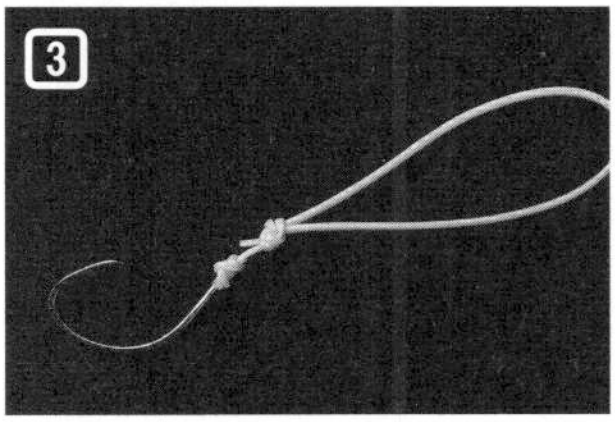

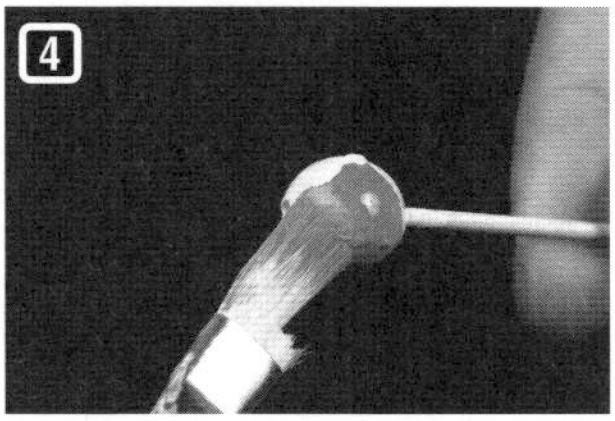

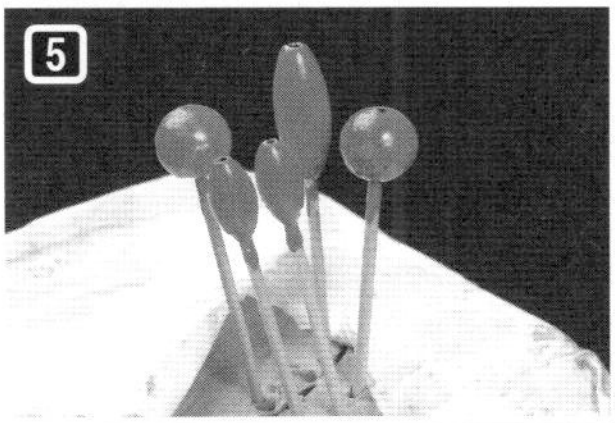

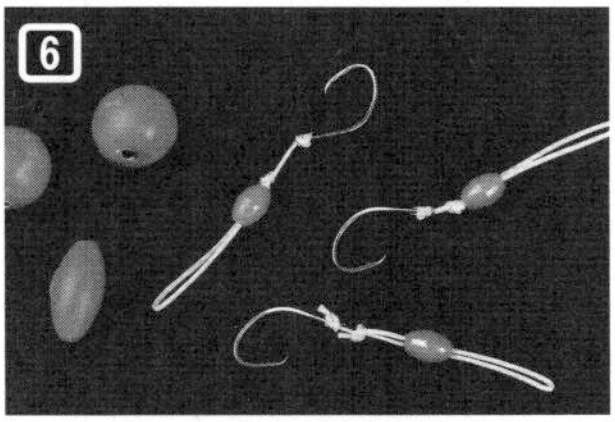

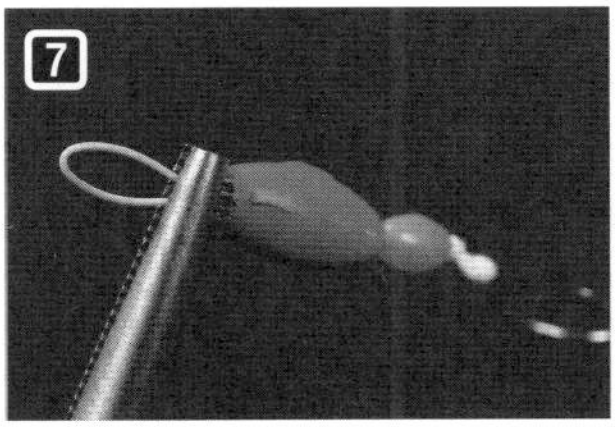

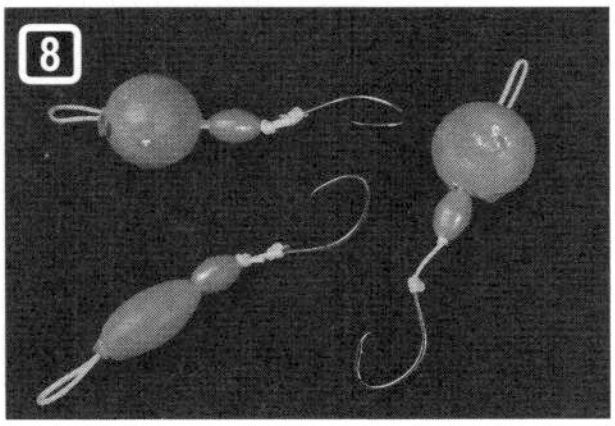

ブラクリ仕掛けを自分で作れば、ハリのサイズや種類、オモリとのバランスも自由自在だ。❶材料は、丸型オモリ（またはナツメオモリ）1〜３号、ダクロンライン20ポンド、好みのハリ各種、蛍光ビーズ、ラッカー塗料（朱色や黄色）などを用意。ハリは、根掛かりのしにくさを優先するなら「ムツバリ」の11〜12号、オールマイティさを重視なら「丸セイゴ」10〜12号、口の小さなギンポやハゼには「袖バリ」6〜７号がお勧めだ。❷ハリにラインを結び（9ページ）、❸一方を8の字結び（8ページ）でチチワにしておく。輪の長さは3cmほど。❹オモリをラッカーで着色する（下地に白色を塗っておくと色乗りがよくなる）。オモリの穴にツマヨウジを差すと作業しやすい。❺塗装後は発泡スチロールなどに立てて、よく乾燥させる。❻チチワ部分に仕掛け用ビーズを通す。これは装飾と同時にオモリのストッパーにもなる。❼さらにオモリを通し、オモリ上部をペンチで潰す。❽仕上がりのハリスの長さが、1cmほどになればバッチリ。自分で釣りを繰り返しながら、ハリの種類やサイズ、オモリの形状、ハリスの長さなどを工夫してみるのも、この釣りのおもしろさだ

エサ　イソメが基本だが、切り身やオキアミもOK

【イソメ類】
あらゆる対象魚に使える万能エサ。アオイソメは入手しやすく、ハリ持ちもいいのがメリット。アイナメやカレイ狙いではイワイソメも効果的だ。写真は、２本バリタイプのブラクリのハリに、両方のエサを付けた例

【サンマの切り身】
写真はサンマを三枚におろしてから1〜1.5cm幅に切ったもので、カサゴやムラソイなどの根魚には抜群の威力を発揮する。装餌するときは、背の部分にハリ先を通し、反転させてからもう一度刺すとよい

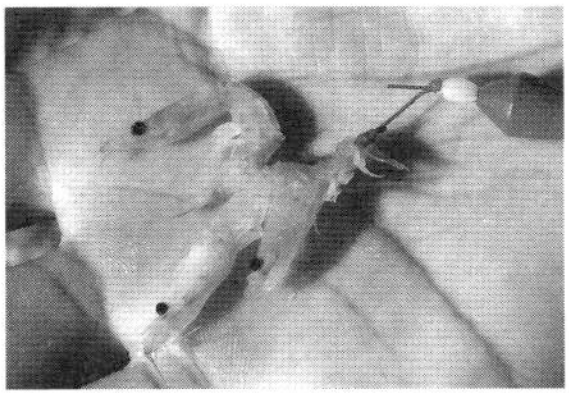

【オキアミ】
エサ持ちは悪いが、魚の食いは抜群なので足元狙いなどに使ってみたい。一匹を通し刺しにするのが基本だが、さらに2〜3匹チョン掛けにするのも方法。海底で外れても、それが寄せエサ効果を発揮するのだ

用語解説　**イワイソメ**▶イソメの仲間。匂いがきつくて軟らかいのが特徴で、アイナメやカレイ釣りなどで多用される。

狙ってみたいポイントと実際のテクニック

広範囲に攻めるシャクリ釣りと、足元を狙う小突き釣り

この釣りの最大のコツは、積極的に釣り歩いて魚が潜んでいると思われる場所をどんどん攻めていくこと。軽快なタックルと仕掛けを使うブラクリ五目ならではのスタイルだ。

積極的な誘いで仕掛けをアピール！

まず、ブラクリ釣りの定番ターゲットであるアイナメは、海底に点在する根まわりを攻めるのが常道。釣り方は、ブラクリ仕掛けを狙ったポイントに投入し（66ページ参照）、確実に着底させてから海底をジャンプさせながら誘ってくる「シャクリ釣り」が基本だ。アイナメは上からフラフラと落ちてくるエサに反応しやすいので、この誘いが非常に効果的になる。そして、誘いのあとには必ず仕掛けを海底で静止させて、魚にエサを食わせるタイミングを与えることも大切。しばらく待ってアタリがなければ、再度誘いを繰り返しながらポイントを広角に探っていく。この一連のテクニックは、カレイに対しても同様に通用する。

カサゴやソイなどの根魚も同じ方法で狙えるが、もっと効率がいいのは足元狙いの「小突き釣り」。根魚が好むエビやカニ、フナムシなどのエサ生物が多いのは、つねに潮に洗われている岸ぎわだからだ。

仕掛けを足元に落とし込む場合、まずポイントの波や流れの強弱をチェックしてみたい。横方向の流れが強いときに仕掛けを落としてしまうと、堤防やブロックなどに付着している貝殻などにラインが絡みやすくなる。波や流れが緩やかになった瞬間を狙って、仕掛けを落とし込むことを心がけよう。

仕掛けは海底まで落とすのが基本だが、多くの魚は上から落ちてくるエサを意識しているので、落下中のアタリに集中することが大切。何事もなく着底したら、続いて誘いを入れることで魚の食い気を刺激してみる。仕掛けをゆっくり上下させる、オモリで海底を小突く、あるいはそれらを組み合わせてアピールさせたい。

根魚たちは、付けエサが視界に入ればすぐにでも食ってくるので、アタリと同時に巣穴に戻ってしまう前に間髪を入れずにアワセを入れて引き離そう。のんびりしていると穴の中で張り付かれて出てこなくなる。ムツバリを使っている場合は、食いアタリが出てから竿先が絞り込まれた瞬間にアワセをしっかりと入れると、ハリが口先に掛かりやすい。

用語解説　小突く▶竿先を小刻みに上下させて、仕掛けで海底をトントンとたたくように誘いを入れること。

釣れるポイント　障害物のある場所を積極的に攻めてみたい

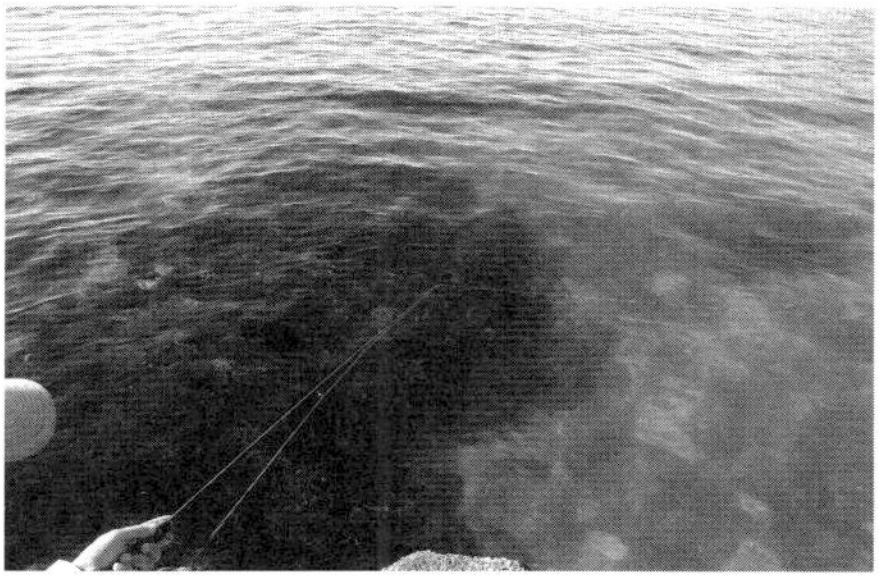

【隠れ根の周辺】
堤防の周囲に点在する岩礁帯や海藻帯は、アイナメなどの根魚やカレイ、ギンポ、ベラなどが潜む。チョイ投げよりもやや太めのラインとブラクリ仕掛けを使って、シャクリ釣りのスタイルで積極的に攻略してみたい

【船道のカケアガリ周辺】
港の船の出入り口はカケアガリになっていることが多く、そこにもアイナメやカレイなどが着きやすい。隠れ根があれば根魚も有望なので、ブラクリ仕掛けのメリットを活かして広範囲をテンポよく探っていこう

【消波ブロックのきわや穴】
堤防などのブロック帯ではどこも釣れそうに思えるが、できるだけ堤防側にあるすき間（穴）が有望。また、大きく広がった穴よりも、小さめの穴のほうが実績が高い。根掛かりを恐れずに、小突き釣りで攻めていこう!

【捨て石やゴロタの穴】
チョイ釣りでも解説したように、こうした場所はカニやフナムシなどのエサ生物が多く、たとえ水深が浅くても狙ってみる価値はある。ブロックの穴同様、大きい穴よりも小さくて暗い穴のほうが狙い目だ

【堤防のヘチや継ぎ目】
根魚たちは、地形のちょっとした変化にも潜んでいる。写真のような堤防の継ぎ目部分も、潮の動きがほかの場所と違い、エサ生物が豊富な穴場スポットになっている。できるだけ、ヘチぎりぎりを攻めるのがコツ

【海釣り施設の基礎まわり】
海釣り施設の場合、桟橋の橋脚部の基礎まわりに根魚やカレイなどが潜んでいるケースがある。狙う人が少ないので、魚の活性は高めだ。比較的潮通しがいいので、重めのブラクリで探ってみたい

用語解説　**捨て石**▶堤防基部の浸食を防ぐために周囲に沈められた石。潮の出入りがあってエサ生物が多い。

基本テクニック 「シャクリ」と「小突き」の誘いを使い分ける

【シャクリで広範囲を攻める】
1 沖の根まわりをシャクリで攻める場合は、仕掛けをチョイ投げしてから、まずは確実に着底させる。リールからラインが出なくなれば着底の合図だ。**2** 続いて、リールを巻いてイトふけを取ったら、そこで10秒ほどアタリを待つ。**3** アタリが出ないようなら、竿を頭上まで振り上げてシャクリを入れる。これで、ブラクリが手前に跳ねてアピールしてくれる。**4** シャクリを入れた後は、再びブラクリを着底させてアタリを待つ。この繰り返しで誘っていくわけだ。シャクリの幅やインターバルに変化をつけながら、アタリが出るパターンを探してみよう！

【アタリを竿先に感じたら即アワセ】
シャクリでも小突きでも、アタリを竿先に感じたらすぐに竿を立ててアワセを入れたい。アワセが遅れて根魚が巣穴に入ってしまったら、ラインを緩め気味にしてしばらく待つと出てくることが少なくないので試してみよう

【足元は「小突き」で攻略】
足元狙いでは、竿下に仕掛けを落としていく。途中、ブロックなどの上に仕掛けが乗ったら、軽くラインを出し入れして一番下まで落としたい。着底後は、竿をゆっくりと上下させて、仕掛けに誘いを入れていく

ワンポイントADVICE
根掛かりの対策と対処

仕掛けが障害物に引っ掛かった感触があったら、瞬時に竿先をあおったり、ラインを緩めたりすると外れることが多い。それでも根掛かりしてしまった場合は、まず軽く竿先を揺すってラインを張ったり緩めてみる。それで外れなければ、立ち位置を移動して同じことをしてみよう。それでもダメなら、ラインを巻いて強く引っ張ってみる。細軸の袖バリを使っていれば、ハリが伸びて仕掛けを回収できることもある。

どうしても根掛かりが外れない場合は、リールのスプールが逆転しないように手でしっかりと押さえつつ、ゆっくりとミチイトを引っ張ってみる

用語解説 消波ブロック▶堤防の外海側に設置される、波を緩衝するための大型コンクリートブロック。

魚種別の攻略　いずれの魚も積極的な誘いが効果的だ

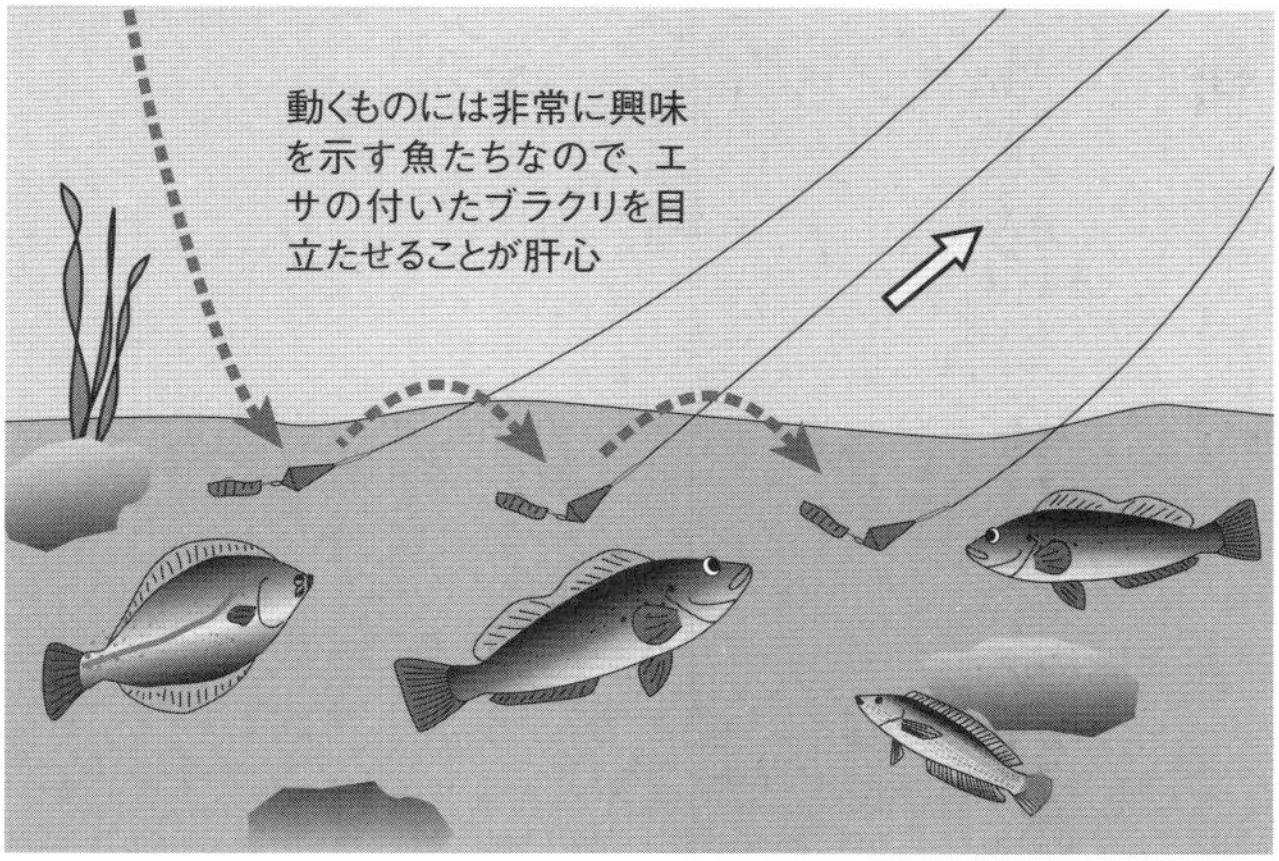

【アイナメ、カレイ、ベラ】

アイナメ狙いでは、仕掛けを根まわりにチョイ投げしてから、海底のブラクリが目立つように大きく派手にシャクリを入れてアピールさせる。着底後はしばし静止させて、アイナメが食うタイミングを与えてやろう。こうして、沖の根から足元までを丹念に探ることが釣果につながる。海底をズルズルと引きずると、目立ちにくいだけでなく、根掛かりも多くなるので注意したい。カレイやベラなども、同様の攻略でOKだ

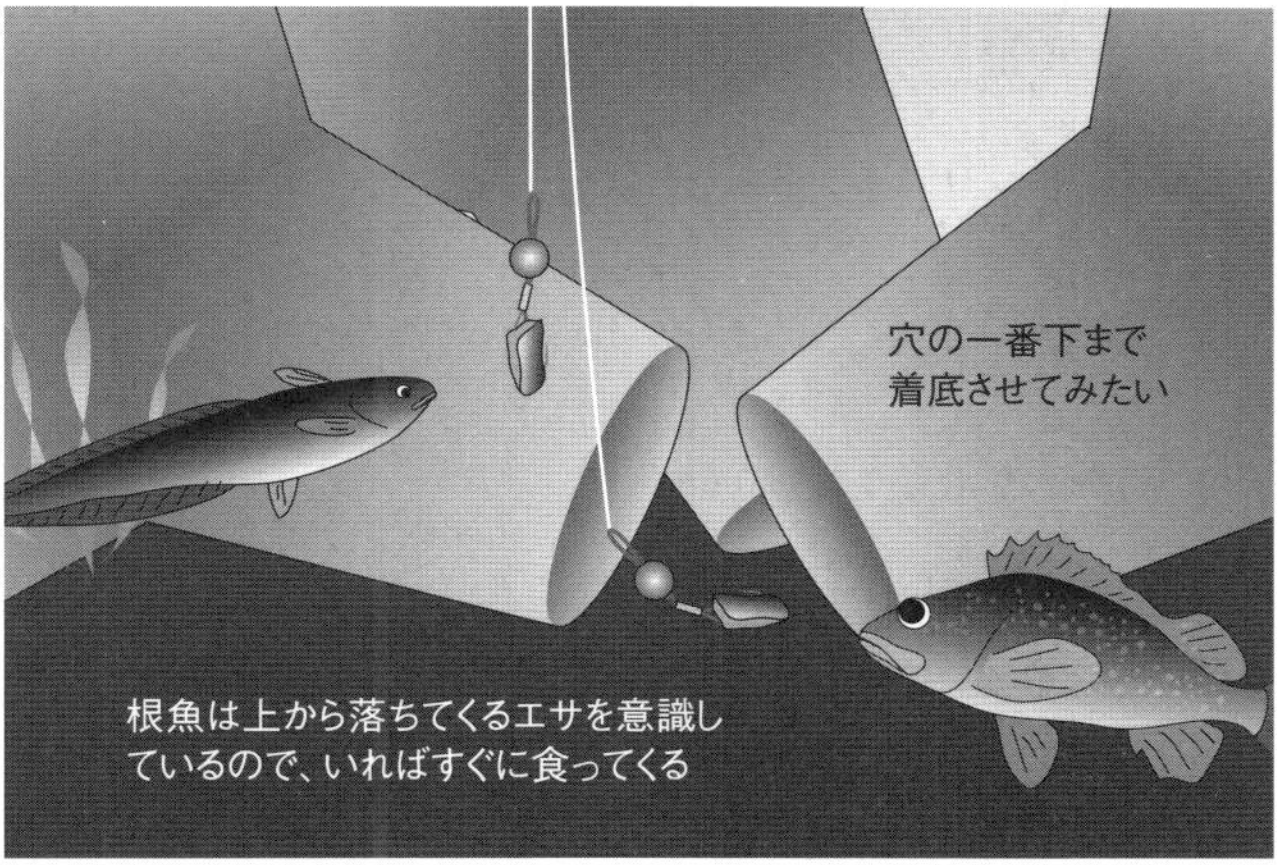

【カサゴ、ソイ、ドンコ】

ブラクリ仕掛けが真価を発揮するのが、通常の仕掛けでは根掛かりしやすい消波ブロックの穴を狙うとき。根魚たちはこうした障害物の陰に身を隠し、上から落ちてくるエサを捕食しているのだ。できるだけ狭くて暗い穴を狙ってみよう。ここを攻める場合、穴の奥深くまで仕掛けを届けることが大切。エサはイソメやオキアミでもいいが、魚の切り身が最高。魚がいれば一発で食ってくるので、誘いは数回でOK。なお、ブロックの上に乗っての釣りは危険なので厳禁だ

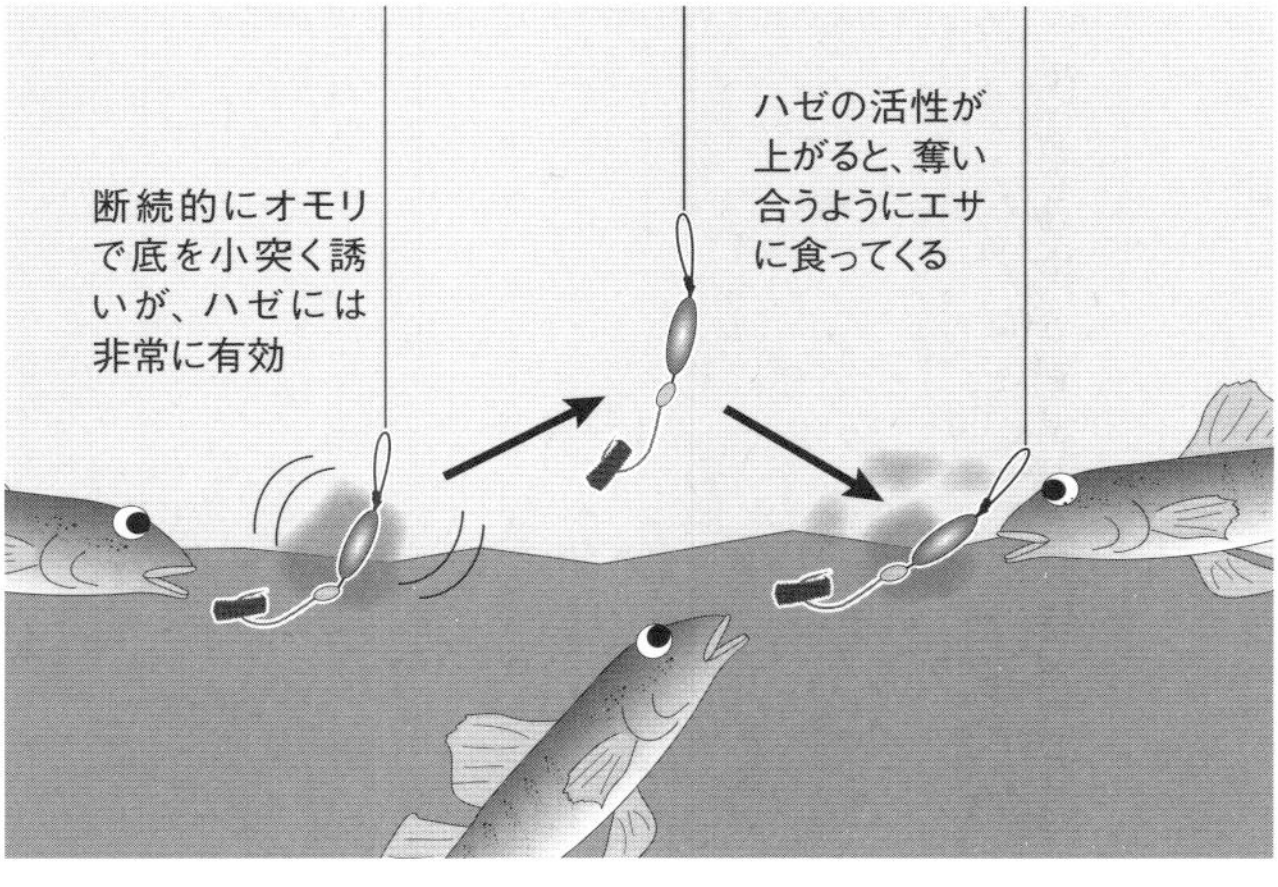

【ハゼ】

ハゼ狙いの場合、仕掛けは袖バリ6〜7号とオモリ１号前後の組み合わせで自作するのがベスト。エサはイソメを２㎝ほどの長さでハリ掛けする。ハゼは非常に好奇心が強いので、つねに水底を小突いて誘うことが重要。オモリの振動で砂煙が立つと、ハゼはそこにエサがいると認識して活性も上がってくる。数メートル離れたハゼにもアピールするほどだ。アタリは比較的明確だが、微妙な前アタリをしっかりとキャッチしてアワセを入れられるようになれば、釣果は格段にアップする

用語解説　**活性**▶魚の食い気のこと。よく釣れる状況では、「魚の活性が高い」などという。

Cooking Recipe ～釣った魚をおいしく食べよう～

【アイナメの照り焼き】

アイナメの柔らかな白身は、煮物、焼き物、揚げ物など何でも向くが、なかでも甘辛いタレを絡めた照り焼きがお勧め。三枚におろした後、身全体に浅く均等に切れ目を入れると食べやすくなる。醤油、ミリン、酒を混ぜたタレにしばらく漬けた後、串に刺して焦げないように焼く。ハケでタレを塗り足しながら、照りが出るように焼き上げよう。簡単に作るなら、フライパンで焼いた後にタレを絡めながら煮詰める方法でもOKだ

【ムラソイの刺身】

型のよいムラソイは刺身で味わってみよう。美しいピンク色の身は、甘みがあってプリプリ。硬く感じる場合は、ひと晩寝かせると柔らかくなり甘みも増す。残った頭や骨は、潮汁にするといいダシが出て絶品

【カレイの唐揚げ】

カレイはていねいにおろして刺身にするのも美味だが、一番カンタンでおいしいのは、頭付きのまま、あるいは豪快にぶつ切りにして唐揚げにする方法。身に切れ目を入れておくと、中まで火が通りやすい。

【ギンポの蒲焼き】

開いて適当な長さに切った身を素焼きにし、醤油やミリンを混ぜたタレを塗りながら焼き上げる。ウナギのように、串を打って軽く蒸してから焼くと身が丸まりにくい。煮詰めたタレをかけた丼物も美味

【ドンコの肝味噌焼き】

ドンコは肝が大きくおいしいので、身だけでなく肝も味わいたい。肝と味噌、砂糖、酒を混ぜて煮詰めたものをドンコの身に塗って焼き上げた「肝味噌焼き」は、ご飯のお供だけでなく酒の肴にも最適の味だ

STEP 5

小学生でも楽々扱える竿と仕掛けで、釣りがもっと楽しくなる!

手軽に楽しむ ノベ竿のウキ釣り

海釣りの入門にピッタリのジャンルのひとつが、堤防や小磯での「ウキ釣り」。しかも、シンプルなノベ竿と玉ウキを使ったスタイルなら、ビギナーでも手軽に楽しむことができる。良型のメジナやウミタナゴがヒットすれば、最高のファイトを体験できるぞ!

nobe-uki

強烈なファイトを楽しめる ノベ竿のウキ釣りの魅力

中層～上層を泳ぐ魚を釣るための軽快テクニック

本書では、STEP1～4で主に海底付近に棲息する魚を釣る方法を紹介してきた。しかし、当然ながら海には中層～上層を泳ぐ魚も数多い。海釣りで人気のメジナやウミタナゴのほか、鮮魚店などでもおなじみのアジやサヨリ、メバルといった魚たちだ。そして、入門者がこれらの中層魚を狙うのにピッタリなのが「ノベ竿のウキ釣り」である。

軽快なウキ釣りの楽しさは格別!

一般に、海でウキ釣りを楽しむベテランの多くは、磯竿と呼ばれる全長5m以上の長いリール付きの竿を使うことが多く、仕掛けも円錐ウキを使った遊動式タイプを多用する。しかし、ビギナーがいきなりそれらを使いこなすのは、かなり難しい。しかも、そうした竿や仕掛けを使えば魚がよく釣れるのかといえば、私の答えは「ノー」だ。

その点、ここで提案していくウキ釣りでは、軽量なノベ竿を使うので初心者でも気軽に楽しめる。ライントラブルも少なく、磯竿の釣りと較べてタックルの扱いもケタ違いに簡単だ。そしてさらに、のちほど紹介する感度抜群の「玉ウキ仕掛け」を使うことで、円錐ウキでは全然わからない微細なアタリが明確に出ることも大きな利点。魚がエサをくわえたときの反応が目でしっかりと確認できることで、「釣った」感も一層楽しめる。正直、このノベ竿のウキ釣りこそが、私の一番大好きな釣りのスタイルなのである。

前述のように、この釣りの対象魚は色とりどりで、食べておいしい魚ばかりなのもうれしい。海釣りで美味な魚を必ずゲットしたいなら、こうした五目釣りに徹するのがお約束だろう。ノベ竿のウキ釣りでは、体長20㎝ぐらいのメジナやウミタナゴなどが相手でも想像以上の強烈なファイトを楽しめるし、ときおりハリ掛かりする尺(約30㎝)オーバーの大物などは、大のオトナもタジタジになるほどの痛快な引きを体験させてくれる。

このようにとても魅力的なウキ釣りは、さらに狙いのタナにエサを保てる、仕掛けの流れ方で潮の向きがわかるという大きなメリットもあり、このことによって釣れる泳層や潮流、潮汐といった釣りの上達に必要な概念も意識できる。「初心者だからノベ竿でいいや」ではなく、「ノベ竿だから釣りの勉強ができて、しかも魚がガンガン釣れる」のだ!

用語解説　タナ▶水中の一定の層のこと。また、魚が泳ぐ特定の層のこと。

概要と魅力　中層を泳ぐ魚を狙うには、最強の釣り方なのだ！

ウキ釣りの対象魚となるメジナやウミタナゴなどは着き場がわかりやすく、寄せエサで活性を高めることで、短時間の釣りでも確実に釣果を得られる。とはいえ、簡単な釣りほど奥は深い。ちょっとしたタナの違いやハリの大きさの違いなどでも、釣果に差がつくことが珍しくない。それゆえ、誰もがこの釣りを一度でも体験すると熱くなるのである。家族やカップルで、そしてひとりでも釣りの本来の楽しさを感じられる貴重な釣りなのだ

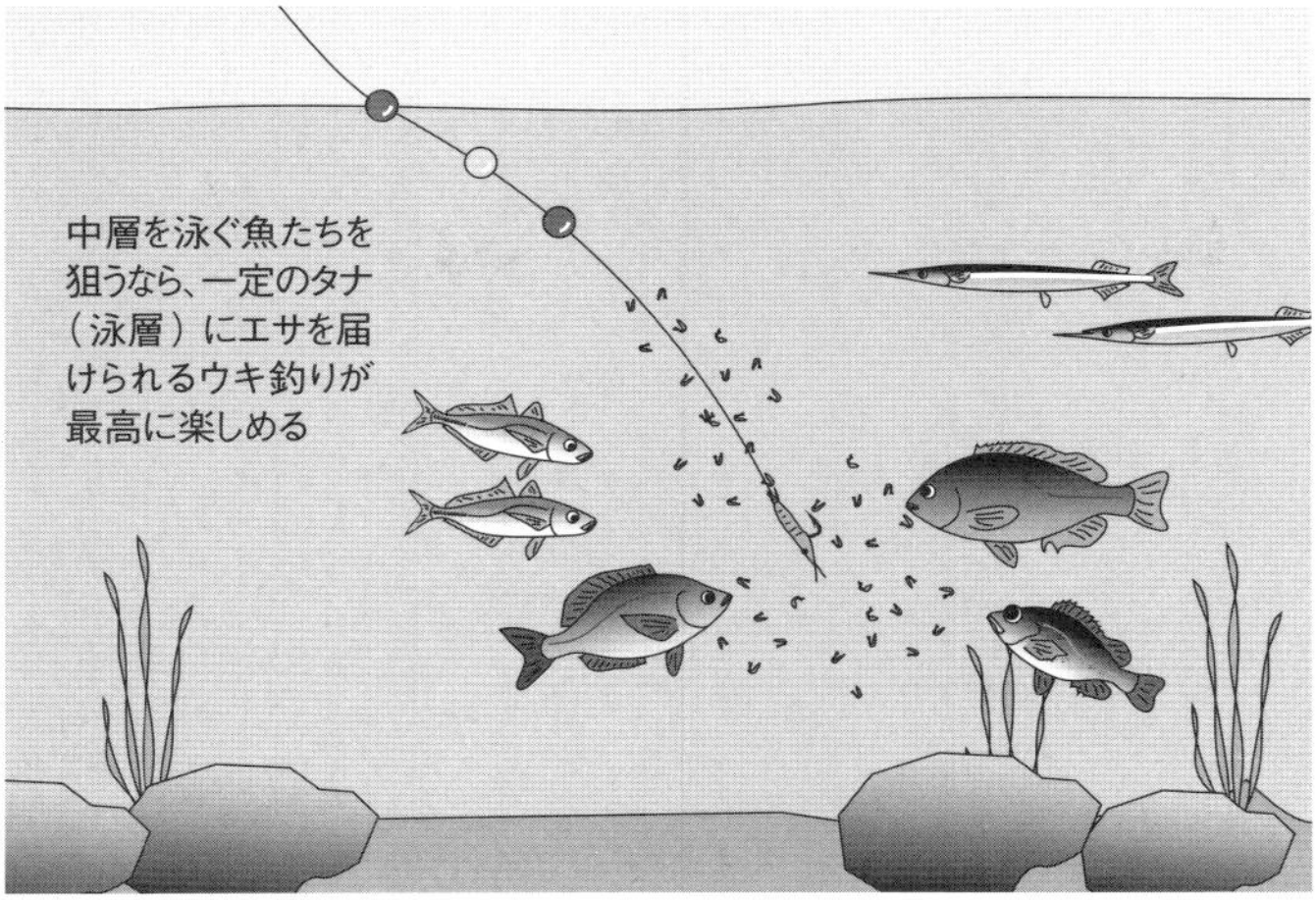
中層を泳ぐ魚たちを狙うなら、一定のタナ（泳層）にエサを届けられるウキ釣りが最高に楽しめる

繊細な竿、繊細な仕掛けで釣ると、体長20cm程度のウミタナゴでも最高にスリリングな引きを楽しめる。だまされたと思って、ぜひとも体験していただきたい

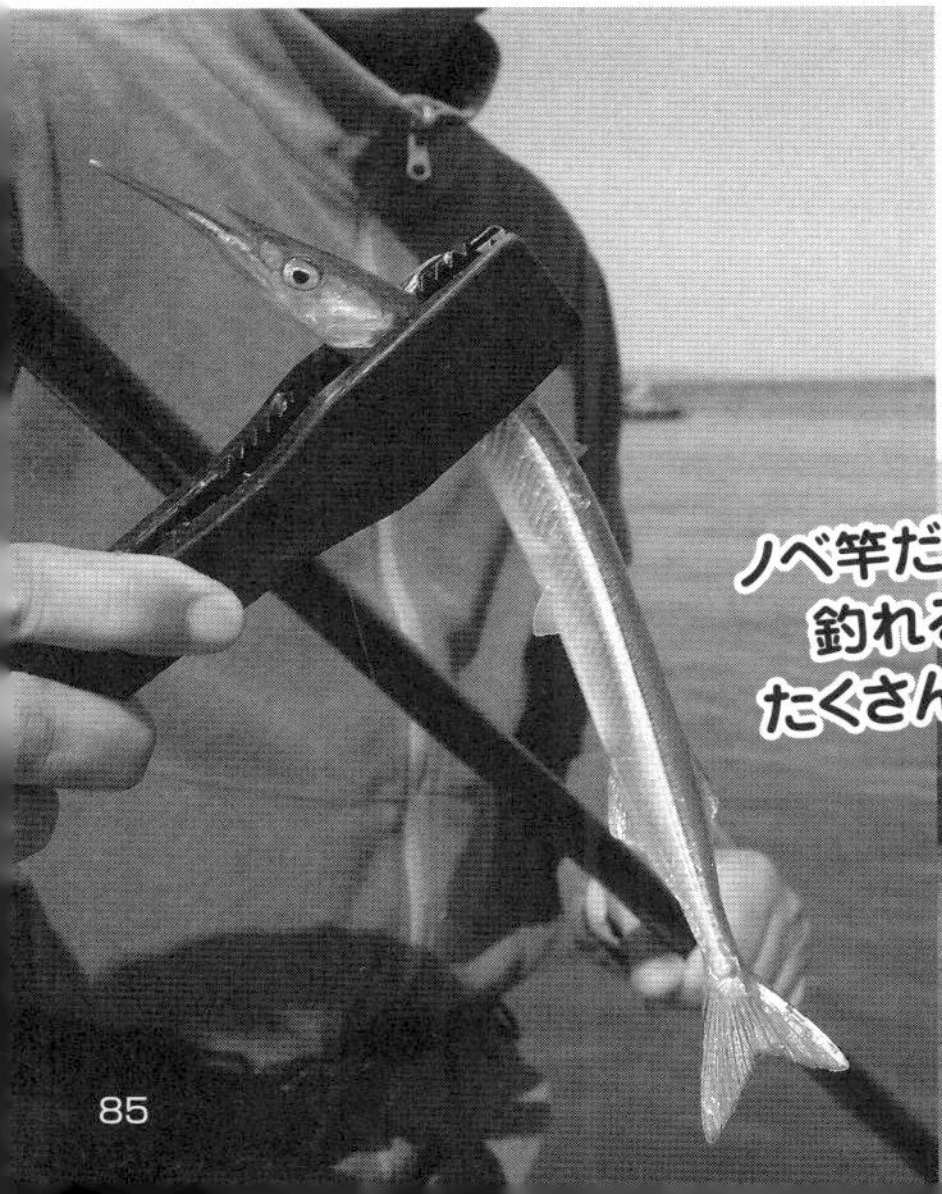

サヨリのような上層を泳ぐ魚も、ウキ釣りならではの好ターゲット。魚のアタリが目に見えるウキ釣りは、初心者にとっても「釣った感」が満たされやすい

ノベ竿だからこそ釣れる魚がたくさんいるぞ！

ノベ竿で釣れる限界の大物ともいえる40cm級のメジナ。誰もが無視する小さな堤防での遭遇だった。こんな一尾をノベ竿で釣れば、一生の思い出になるのだ！

対象魚と季節　メジナやウミタナゴ、サヨリなどの人気魚を狙う！

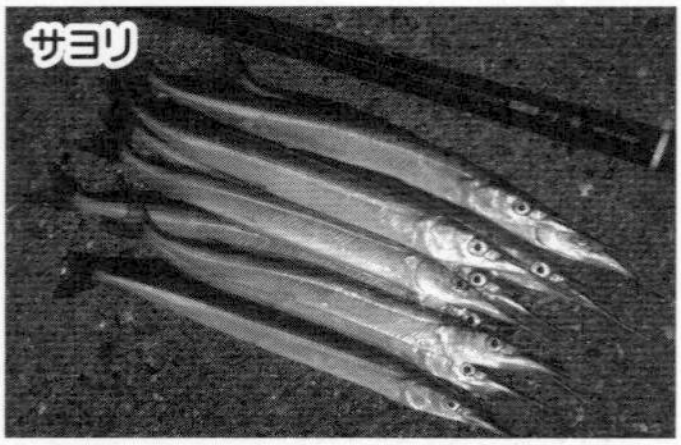

ノベ竿のウキ釣りでは、メジナやウミタナゴ、メバル、アジなどが人気だ。これらの魚たちは一年中狙えるが、ほかの釣りがシーズンオフとなりやすい冬から初春にかけてもよく釣れるのがうれしい。同様に、サヨリも冬場の低水温期に釣りやすい人気魚だ。エリアによっては、サバや小型のシマアジ、カンパチなども、ウキ釣りで狙うことができる

魚種	ハイシーズン	概要
メジナ	一年中	ノベ竿釣りにおける最強のターゲットのひとつで、20㎝クラスの小型サイズでも十分に引きを楽しめる。25 ～ 30㎝級ともなればファイトは強烈だ。ほぼ一年中狙え、食味がいいこともうれしい
ウミタナゴ	秋～春	ノベ竿のウキ釣りでの定番ターゲット。平均サイズは 15 ～ 20㎝だが、春のハイシーズンにはマダイと見間違えそうな 30㎝に迫る大型も釣れる。一年中釣れるが、とくに冬は食味がおいしくなる
メバル	一年中	夜行性の強い魚だが、寄せエサを効かせると日中でも十分に釣ることができる。引きが強く、食味もおいしい人気の魚だ
サヨリ	秋～春	見た目がサンマに似た美味魚。体長は 20 ～ 35㎝ほど。寄せエサをうまく効かせ続ければ、入れ食いも楽しめる
アジ	一年中	サビキ釣りでもおなじみの魚だが、ウキ釣りでは良型が狙える

釣り場　波静かな内湾の堤防や小磯が最高のフィールド

【堤防、岸壁】
ノベ竿のウキ釣りは、波静かな堤防や岸壁がお勧めの釣り場。潮通しのよい港なら、より高活性の群れが着いている可能性が高くなる。足場がよくて、コンビニなどが近い釣り場なら、家族連れでも気軽に楽しめるだろう

【内湾の小磯】
内湾の風波の影響を受けにくい小磯で足場のいい場所も、ノベ竿釣りでの理想のフィールドだ。足元の水深は２～３ｍもあればOK。外海に面した磯場は、少しでも荒れると波が迫り上がってくるのでお勧めできない

用語解説　小磯▶比較的波やうねりが穏やかで、地形もそれほど複雑ではない磯のこと。

初心者にも優しい軽快なノベ竿を選ぼう！

軽くて片手でも扱いやすい「渓流竿」が基本

ノベ竿にはいろいろな種類があるが、私が堤防でも小磯でも一番愛用しているのは、「長さ4.5mの渓流竿」。重さはわずか90gと非常に軽く（鶏卵の1.5個分ほど）、腕力のない女性や子供にも優しい竿だ。竿の重さは釣りやすさに直結する要素なので、片手で竿を持って扱えることのメリットは計り知れないものがある。釣具店で購入するときには、必ず竿を伸ばした状態で手に持ち、持ち重りしないものを選びたい。

長さについては、ある程度の広範囲を探ろうと考えはじめると5.3mぐらいが欲しくなるが、当然、竿が長くなればなるほど重くなってしまう。逆に、長さ3.6mぐらいの短い竿でも十分に楽しめる釣り場は多いので、最初は長さ4.5m前後の軽快な竿からスタートすることをお勧めする。また、多少重さは犠牲になるが、手元の部分が伸縮式になっている「ズームロッド」も意外と便利に使える。

竿の硬さ＝強さについてはいろいろな考え方があるが、万能に使えるのはある程度のパワーを持つ「硬調」の竿。これなら、足元の障害物をかわして魚を抜き上げることが可能だ。

竿の調子＝曲がり具合は、それほど厳密に考える必要はないが、「先調子」の竿は初心者でも扱いやすくて小物の数釣りに適し、「胴調子」の竿は大物の引きをうまく吸収してくれるメリットがあることを知識として覚えておこう。

万能竿や清流竿も検討してみたい

この釣りでは渓流竿以外に、「万能竿」と称する仕舞い寸法が長め（1mぐらい）のノベ竿も使える。これは主に河川でのコイやフナ釣り、そして海での五目釣りなどを想定した竿。同グレードの小継ぎの渓流竿よりも多少軽めになるので、あえて強い竿＝超硬タイプで大型メジナを狙う手もある。価格も比較的リーズナブルだ。

一方、小物を専門に狙うなら、河川のオイカワなどを釣るための「清流竿」が最高に楽しめる。この竿は渓流竿よりも軽量で、長さが4.5mの竿で60g、5.4mの竿でもたったの80gほどしかない。女性や子供でも圧倒的に扱いやすく、素材もかなり軟調なので、15～20㎝クラスのメジナやウミタナゴが相手でも、まるで大物とやりとりしているかのような痛快な気分を味わえる。また、渓流竿に比べてハリスを細くできるので、食い渋った魚に対応できることも大きなメリットだ。

用語解説　**仕舞い寸法**▶ノベ竿を収納したときの長さのこと。仕舞い寸法が短い竿は「小継ぎ」と呼ばれる。

ノベ竿の種類　軽量、かつ粘り強い竿が楽しく使える

【長さは 4.5 mが目安】
自重が軽く、細いハリスでも大物をあしらえる繊細さと粘り、足元のハエ根をかわせる腰の強さと調子、長さを兼ね備えた竿が理想。その意味で、長さ 4.5 mで「硬調」と明記されている渓流竿（左）がお勧めだ。清流竿（中）は軽量で、小物メインで狙うなら最高に楽しめる。30㎝超のメジナも視野に入れるなら、超硬の万能竿（右）がパワー的にも十分。財布に優しい価格もうれしい

【竿の価格と性能について】
ウキ釣りではそれほどの感度は必要ないので、数千円の竿でも十分に楽しめる。とはいえ、中級品以上の竿は長くても軽量で、竿ブレも少なくて扱いやすい。こうした竿は、釣りをより楽しくさせてくれることは間違いない

【「ズームロッド」という選択】
釣り場の状況によっては、長さ 4 m以下の短竿でも十分に楽しめる。そんな状況で便利なのが、手元部分を伸縮して長さを変えられる「ズームロッド」。ノーマルな竿よりも多少重くはなるが、状況に対応しやすくて便利だ

竿の調子　扱いやすさでは先調子、大物相手には胴調子が向く

【先調子〜 7：3 調子】
魚を掛けたときに、竿の先端寄りに曲がりの頂点がある竿。比較的、細かい操作がやりやすく、仕掛けに誘いも入れやすい。小型魚を手返しよく釣るのにも向く

【胴調子（6：4 調子）】
竿の真ん中近くに曲がりの頂点があるため、魚のパワーを竿全体で吸収してくれる。このため、比較的細いハリスを使っていても、かなりの大型とやりとりが可能だ

用語解説　ハエ根▶堤防や小磯などで、足元から広がっている根（岩礁帯や海藻帯など）のこと。

タックル　ノベ竿のウキ釣りをより快適に楽しむために……

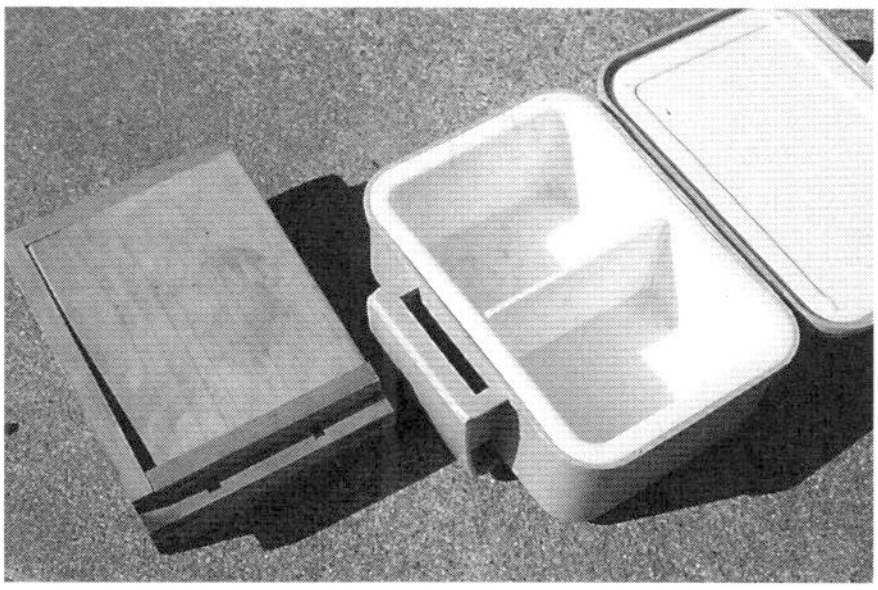

【エサ箱】

アミエビを入れるには水洗いが簡単なプラスチック製、ジャリメなどは蒸れにくい木製がお勧めだ。移動しながら釣り歩く場合は、首から提げられるタイプが便利。いずれも、乾燥を防ぐためにフタ付きを選ぼう

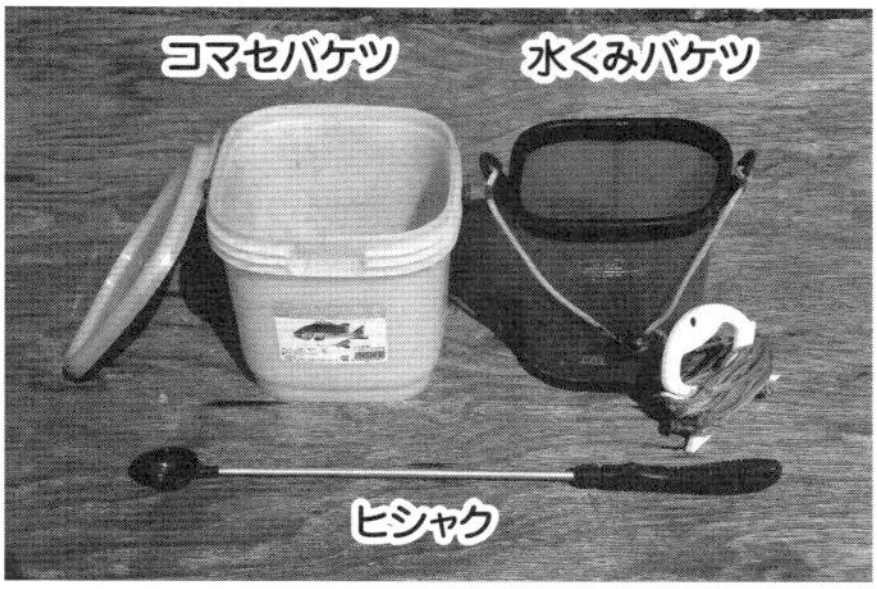

【コマセバケツ、ヒシャク、水くみバケツ】

寄せエサを使う場合の必需品。コマセバケツは移動することを想定してフタ付きのものを選ぶ。ヒシャクは、柄の長さが40cm程度のものでOKだ。水くみバケツは、長さ5m以上のロープが付いたものを選ぼう

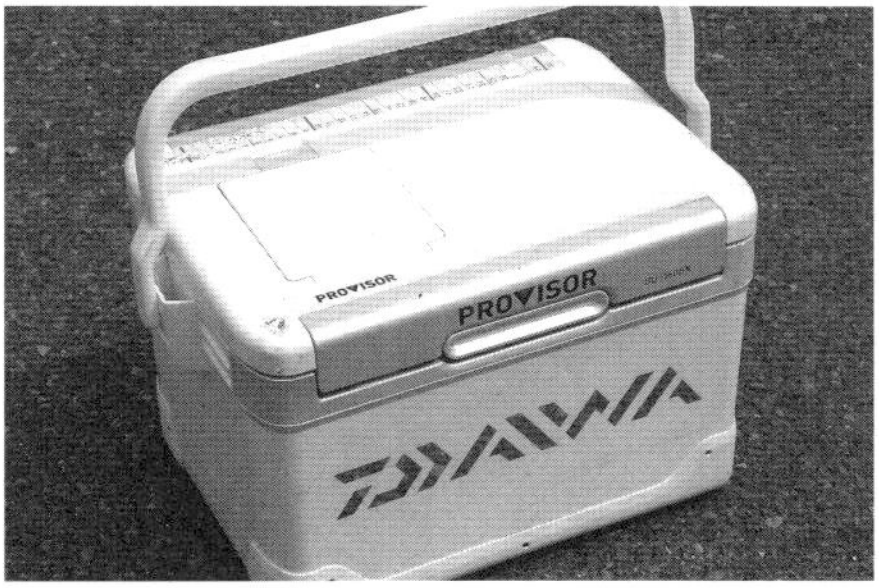

【クーラーボックス】

釣った魚を鮮度よく持ち帰るための必需品。ウキ釣りの場合、容量は10〜16リットル程度でOKだ。中には保冷剤か氷を入れて冷やしておく。フタの上にクッションを乗せればイスとしても重宝する

【玉網】

ノベ竿の釣りでは細いハリスを使用するので、大物の取り込みで玉網があると助かる。網の枠径は30〜40cm、柄の長さは足場の高さに応じて3〜4mもあればいいだろう。私はヘラブナ釣り用の玉網を愛用している

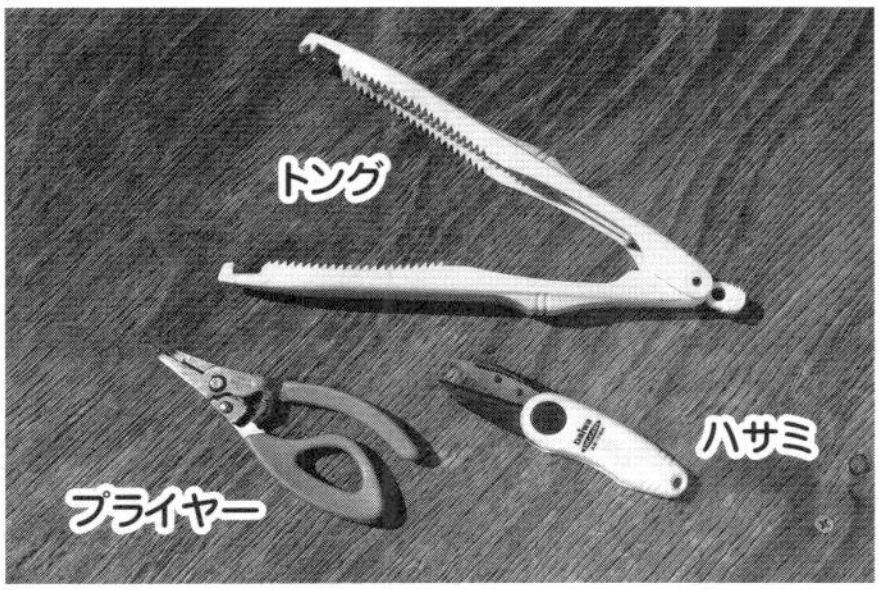

【ハサミ、プライヤー、トング】

オモリのセットや浮力調整、ラインのカットなどではフィッシング用のハサミを多用する。また、玉ウキのセットでヨウジを使うときや魚の口からハリを外すときにはプライヤーが活躍してくれる。魚をつかむトングもあると便利

ワンポイントADVICE

「偏光グラス」で釣果アップ!

水中のシモリウキの様子や魚の集まり具合を確認するには、「偏光グラス」があると便利。帽子をかぶって太陽光を遮れば、さらによく水中の様子がわかる(160ページ)。

釣具店では廉価品も売っているが、できるだけ品質のいいものがお勧め

用語解説　**玉網**▶魚を取り込むための網のこと。「タモ」、「タモ網」などともいう。

高感度の「玉ウキ仕掛け」で微妙なアタリを取ろう！

小学生でも簡単に作れる仕掛けで、目指せ「爆釣」！

メジナやウミタナゴといった五目釣りのターゲットたちはエサを食べるのがとても上手で、ウキにアタリがまったく出ないのにエサだけ取られてしまうことも少なくない。円錐ウキなどを使っている磯釣りのベテランたちに言わせれば、「今日はエサ取りが多いなぁ～」となるわけだ。

簡単に作れて、よく釣れる「玉ウキ仕掛け」

しかし、ここで紹介している「玉ウキ仕掛け」なら、どんな状況でも明確なアタリをキャッチできるので、隣のベテランを尻目に小学生が爆釣することも珍しくない。

この仕掛けの主要パーツであるウキは、直径10～12㎜の小粒の玉ウキ（シモリウキ）。価格が安くて素人っぽく見えるウキだが、円錐ウキなどよりも圧倒的に感度に優れ、しかも波に揉まれにくいのでとても使いやすいのだ。

ノベ竿の仕掛けでは、この玉ウキを3～4個ミチイトにセットし、一番上か二番目のウキが海面ギリギリに浮かぶように調整するのが特徴で「シモリ仕掛け」とも呼ばれている。「シモリ」というのは、ウキを沈ませて（シモらせて）釣る伝統的なスタイル。そのメリットとして、海面に多少の波やウネリがあってもウキがうまく同調して見やすいことがある。一般的な立ちウキだと、波の影響でつねに浮き沈みしてしまってアタリだか何だかわからないのだ。また、海面下のウキの動きで流れの方向を知ることもできるため、寄せエサを打つ位置を知るのにも便利だ。もちろん、ひとつひとつのウキの感度が格段に優れていることは、前述の通り。

なお、食い渋り時の魚を釣るための裏ワザとして、「ゼロ仕掛け」がある。小型の玉ウキを1個だけミチイトにセットし、ハリやハリスのサイズを2ランクほど落としたデリケートな仕掛けで、その威力は凄まじい。仕掛け全体が軽くなるために波や風があると扱いにくいものの、それまでの静かさがウソのように「スポーン！」とウキが沈む豪快なアタリを楽しめる。上層を泳ぐサヨリなどにも効果的な仕掛けだ。

いずれの仕掛けの場合も、付けエサは「アミエビ」が基本。また、アミエビで食いが悪いときは、動きのよさでアピールできる「ジャリメ」を使うと効果的だ。寄せエサは、冷凍のアミコマセのブロックを海水で薄めた「水コマセ」が基本。多少遠くに投げたい場合は、粉エサを混ぜるのもありだ。

用語解説　**立ちウキ**▶棒状のウキ。単体だと水面に寝た状態で浮かぶため、オモリで調整して立たせる必要がある。

仕掛けの構成　一番簡単に作れて、感度も抜群の「玉ウキ仕掛け」

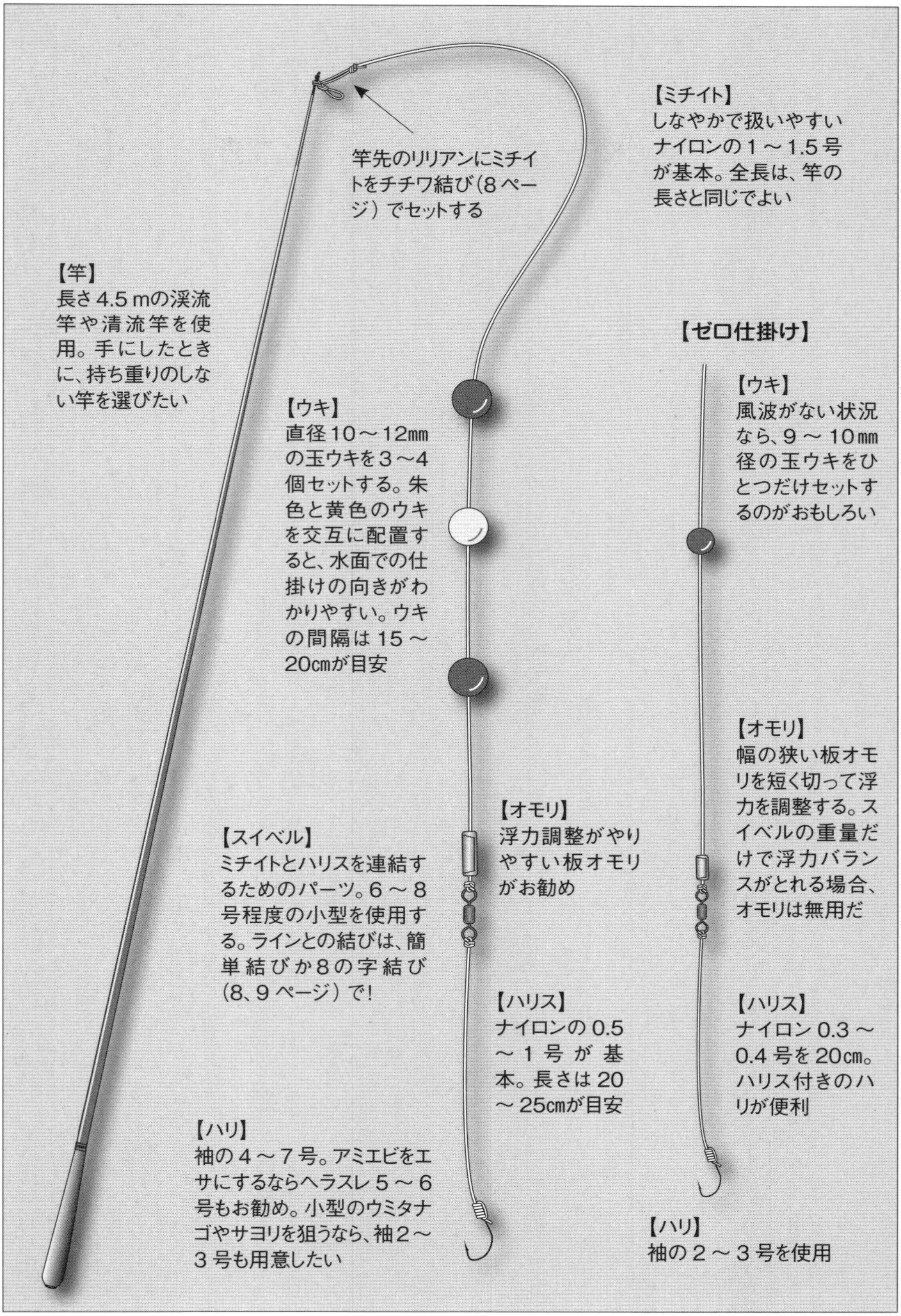
竿先のリリアンにミチイトをチチワ結び（8ページ）でセットする
【ミチイト】
しなやかで扱いやすいナイロンの1～1.5号が基本。全長は、竿の長さと同じでよい
【竿】
長さ4.5mの渓流竿や清流竿を使用。手にしたときに、持ち重りのしない竿を選びたい
【ウキ】
直径10～12㎜の玉ウキを3～4個セットする。朱色と黄色のウキを交互に配置すると、水面での仕掛けの向きがわかりやすい。ウキの間隔は15～20㎝が目安
【スイベル】
ミチイトとハリスを連結するためのパーツ。6～8号程度の小型を使用する。ラインとの結びは、簡単結びか8の字結び（8、9ページ）で！
【オモリ】
浮力調整がやりやすい板オモリがお勧め
【ハリス】
ナイロンの0.5～1号が基本。長さは20～25㎝が目安
【ハリ】
袖の4～7号。アミエビをエサにするならヘラスレ5～6号もお勧め。小型のウミタナゴやサヨリを狙うなら、袖2～3号も用意したい
【ゼロ仕掛け】
【ウキ】
風波がない状況なら、9～10㎜径の玉ウキをひとつだけセットするのがおもしろい
【オモリ】
幅の狭い板オモリを短く切って浮力を調整する。スイベルの重量だけで浮力バランスがとれる場合、オモリは無用だ
【ハリス】
ナイロン0.3～0.4号を20㎝。ハリス付きのハリが便利
【ハリ】
袖の2～3号を使用

用語解説　スレバリ▶ハリ先の内側にある突起＝カエシがないタイプのハリのこと。刺さりが鋭いのが特徴だ。

パーツ類　すべてのパーツに意味がある。厳選することが重要だ!

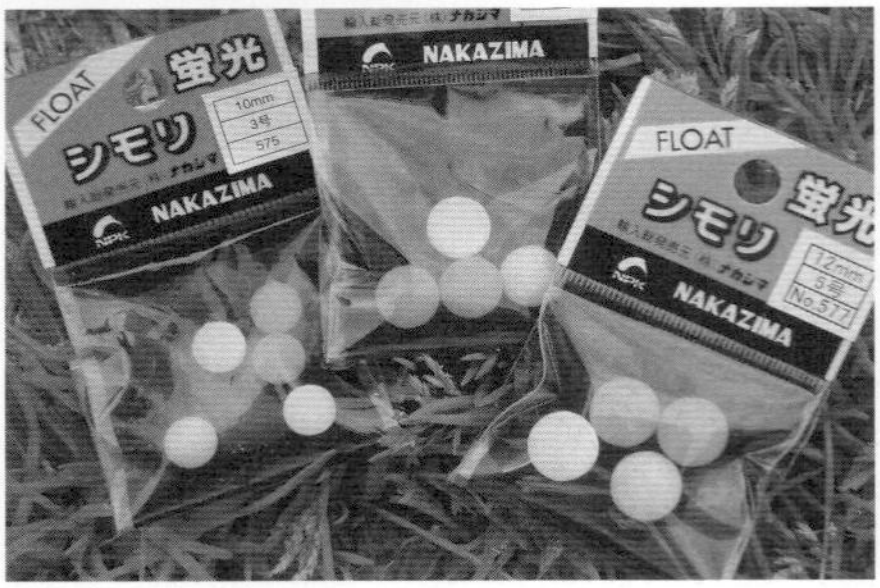

【玉ウキ】
ノベ竿の釣りでお勧めなのは、硬質発泡材質の「玉ウキ」。感度に優れ、浮力調整が簡単で、しかも値段が安い優れものだ。カラフルな蛍光色なら、視認性も抜群。サイズは直径 10 ～ 12㎜を水深などで使い分ける

【ハリ】
食い込みのいい袖バリが基本。また、アミエサを使う場合はヘラブナ釣り用のスレバリもお勧めだ。サイズは 4 ～ 7 号が基本で、ハリス付きのものが重宝する。左は、ゼロ仕掛けや小型サヨリ狙いなどで使用する袖 2 号

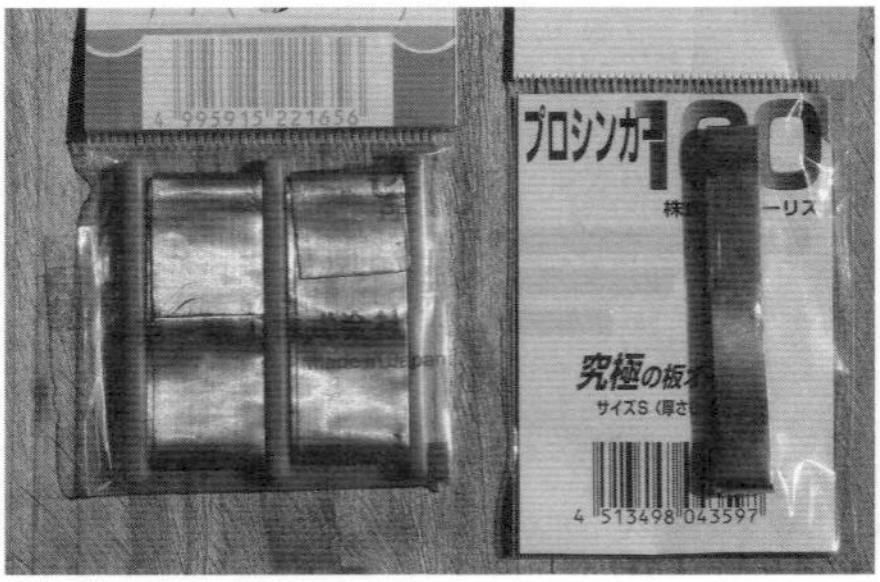

【オモリ】
ウキの浮力調整は板オモリがやりやすい。入手しやすいのは、幅 17㎜で厚み 0.25㎜のもの（左）。これは、長さ約 2㎝でガン玉の 2B サイズに相当する。右のような幅の狭いタイプは、ゼロ仕掛けで使いやすい

【ミチイト、ハリス】
ミチイトは柔軟性があって扱いやすいナイロン 1 号が基本。大物狙いなら 1.5 号でもよい。ハリスを自分で結ぶときは、フロロカーボンの 0.5 ～ 1 号を使い分ける。ゼロ仕掛けでは、ハリスを 0.3 ～ 0.4 号まで落とす

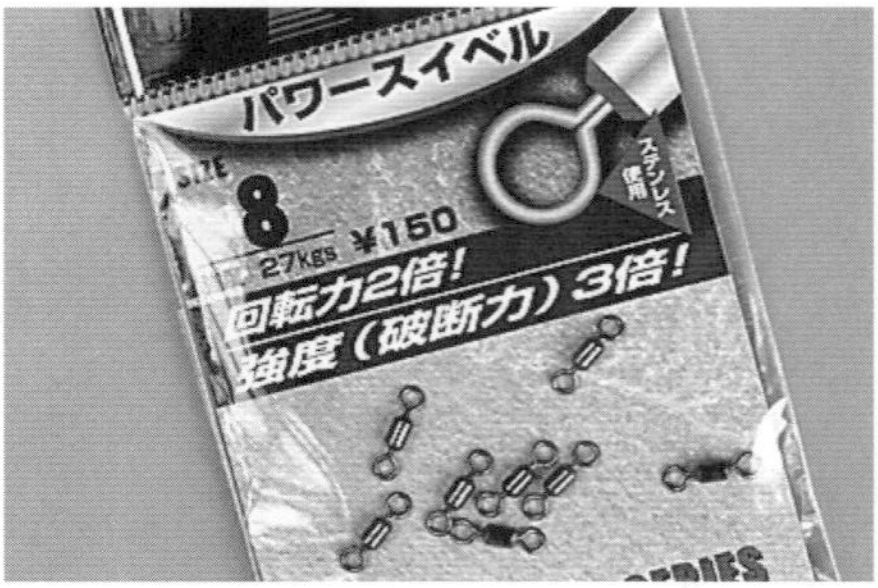

【スイベル（サルカン、ヨリモドシ）】
ミチイトとハリスを繋ぐためのパーツで、上下の環が回転することでイトよれを防いでくれる。また、ライン同士を直結するよりも強度が高くなる。サイズは 8 ～ 6 号程度の極小タイプを使うと、感度を損なわない

ワンポイントADVICE
仕掛けの収納方法

玉ウキ仕掛けは事前に家で 2 ～ 3 セット作っておくと、釣り場での準備がスムーズになる。仕掛けの収納は、市販の仕掛け巻きを利用すると便利だ。

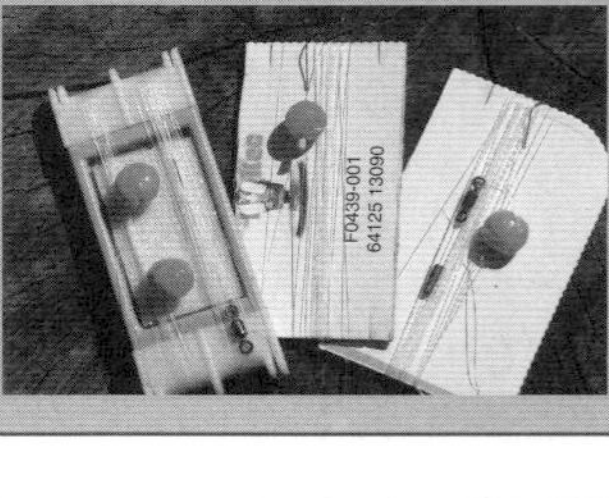

見た目を気にしなければ、段ボールをカットしたものでも代用できる

用語解説　スイベル▶ライン同士を接続するための金属パーツ。号数が大きいほどサイズは小さくなる。サルカンともいう。

仕掛け作り　ていねいに作業するかどうかで、釣果に差が付く

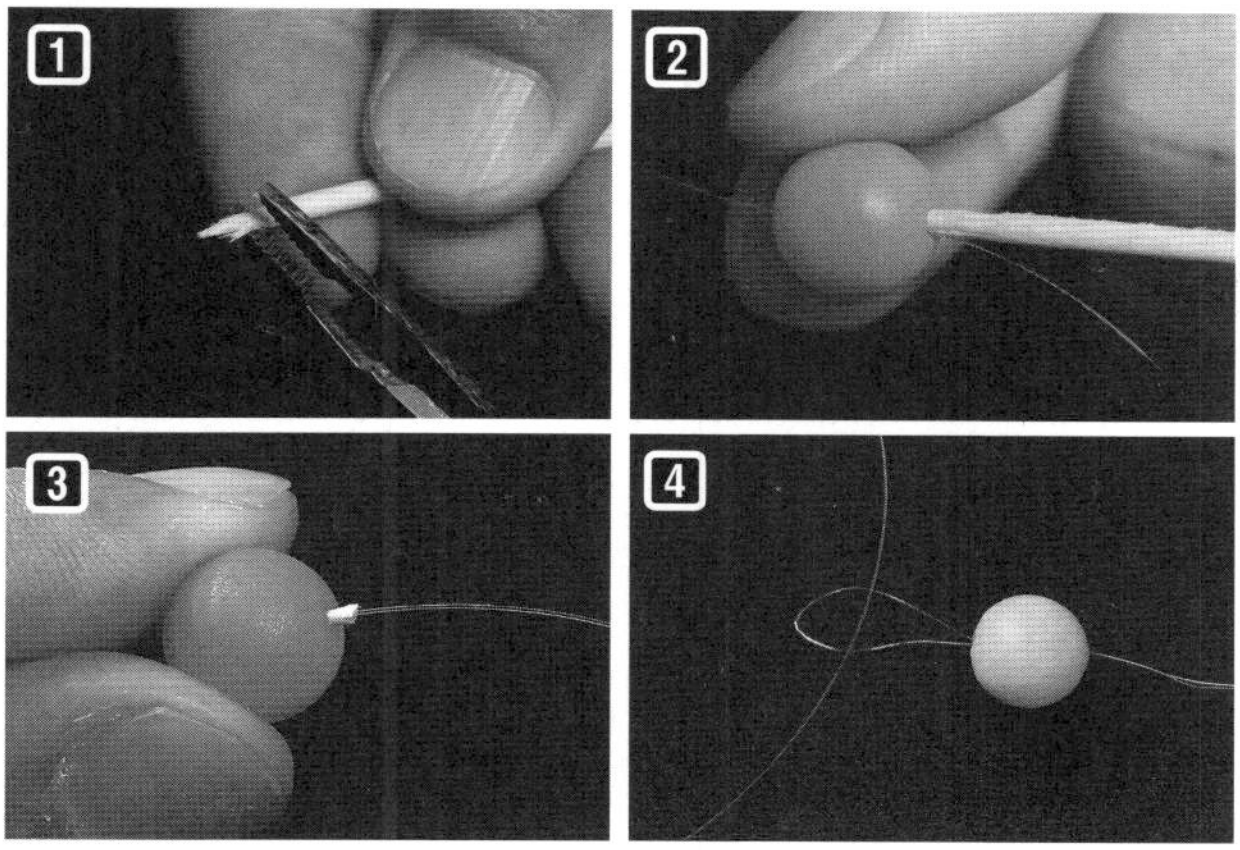

1
2
3
4

【玉ウキのセット方法】

玉ウキには中心に小さな穴が開いていて、そこにミチイトを通す仕組みだ。1まず、ウキを固定するためのツマヨウジの先端を、フィッシングプライヤーなどで軽くつぶし、唾液などで水分を与えて柔らかくする。マッチ棒の軸を細く削ったものでもよい。2玉ウキの穴にミチイトを通し、さらにヨウジの先を差し込む。この状態でウキを移動してみて、適度な抵抗で動けばOK。3ヨウジの余分を1～2mm残してプライヤーでカットしてセット完了。4ストッパー付きの玉ウキは再使用しにくいが、セットはとても簡単

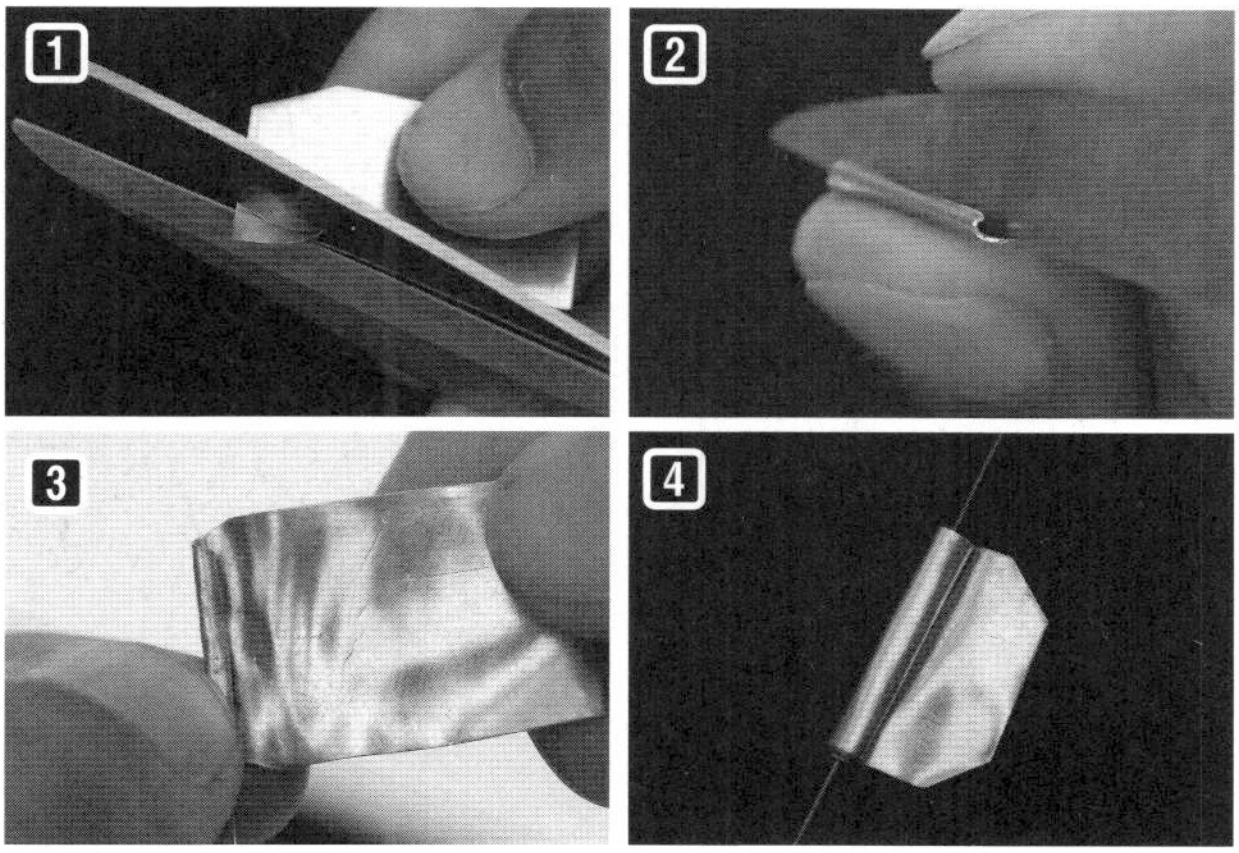

1
2
3
4

【板オモリのセット方法】

板オモリは、とりあえず長さ3～5cmほどにカットしてミチイトに巻き付けておくとよい。1まず、カットした板オモリのカドをさらに斜めに小さく切る。2オモリの端をハサミのエッジなどを利用して小さく折り込む。3折り込んだ部分にミチイトをはさみ、爪先で密に巻き込んでいく。4巻き終わる前に、もう一度カドを少しだけカットして台形にしておく。最後まで巻き込まず、このままの状態で釣り場に持ち込み、ウキの浮力調整をしながら数ミリずつカットして、最後にきれいに巻き付けるとよい（98ページ）

仕掛けの特徴　感度に優れ、アタリが取りやすい

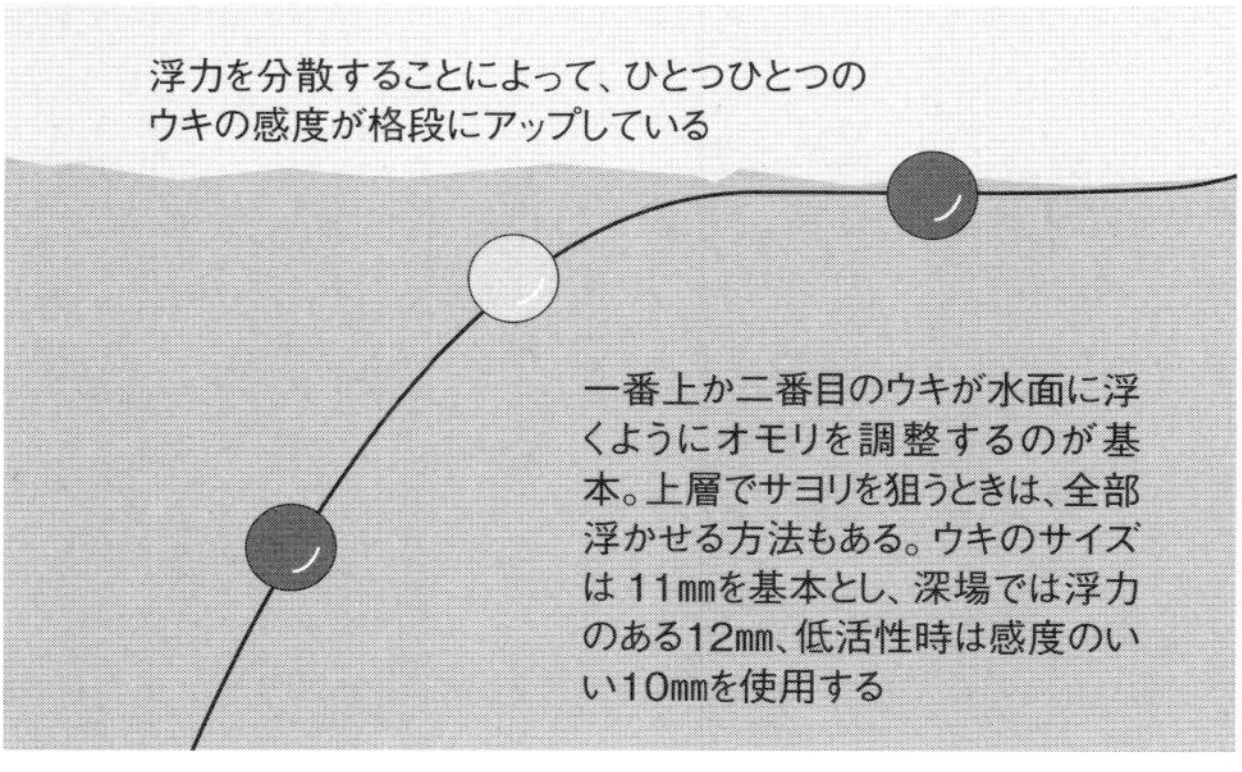

浮力を分散することによって、ひとつひとつのウキの感度が格段にアップしている
一番上か二番目のウキが水面に浮くようにオモリを調整するのが基本。上層でサヨリを狙うときは、全部浮かせる方法もある。ウキのサイズは11mmを基本とし、深場では浮力のある12mm、低活性時は感度のいい10mmを使用する

球状の物体は、その直径をわずかに小さくするだけで体積は大幅に減少する。たとえば、直径10mmの玉ウキ3個を合計した体積は、15mmの玉ウキ1個よりも小さいのだ。材質が同じウキの体積は浮力と正比例するため、小型の玉ウキでは3～4連にすることで浮力をキープしているわけだが、結果的に個々のウキは微妙な前アタリも感知できるほどに高感度になっている。エサ取り名人のウミタナゴや小メジナも、この仕掛けなら確実にアタリがウキの動きに出てくれるのだ

用語解説　**前アタリ▶**魚が口先でエサを突っついているような微妙なアタリ。完全にエサを食い込むのは「本アタリ」だ。

使用するエサ　付けエサはアミエビかイソメ、寄せエサはアミコマセ

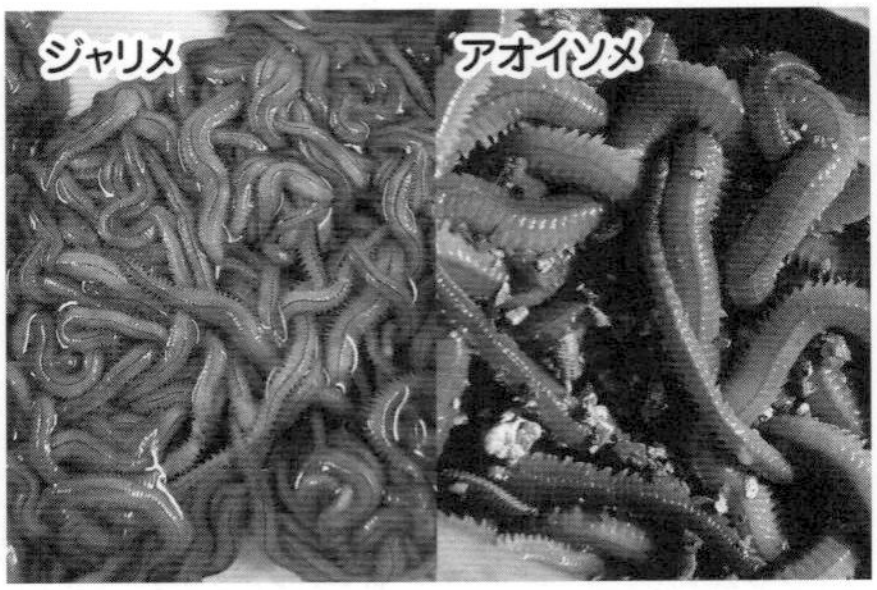

【アミエビ】
オキアミより小粒で軟らかく、魚の反応も抜群の好エサ。ノベ竿のウキ釣りでは、とりあえずこれを１パック用意すれば半日～１日楽しめる。ただし、エサ持ちが悪いので、マメにエサの状態をチェックすることが大切

【アオイソメ、ジャリメ】

海釣りでの万能エサ。私はシルエットが細めのジャリメを使うことが多いが、アオイソメでもよい。どちらもクネクネとよく動いて魚にアピールするので、アミエビではなかなか食い込まない魚にも効果的だ

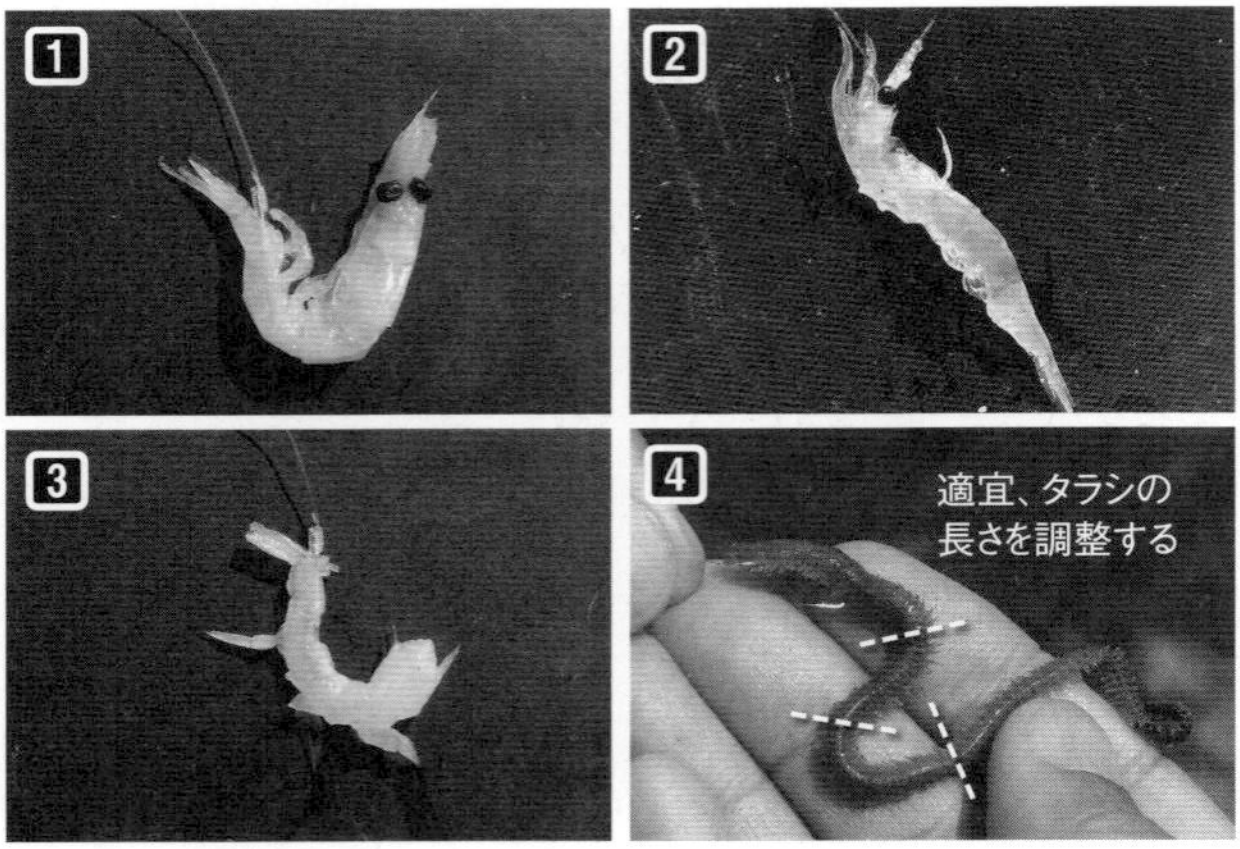

【付けエサの装餌方法】
1アミエビは、尻尾の内側からハリを刺し通すのが基本。アミエビ自体が小さいエサなので、これで魚はスムーズに吸い込んでくれる。2頭側からハリを刺して真っ直ぐにすると、沈下時の姿勢に変化を与えることができる。何かの理由でアタリが止まったときに効果的。3ゼロ仕掛けを使う状況では、アミエビの頭を取り去って小さくエサ付けするのも有効だ。4イソメ類は上端にハリを刺し通す。ジャリメの場合は１匹掛けが基本だが、太いアオイソメではタラシを３～５㎝ほどでカットする。また、サヨリ狙いでは１㎝ほどのタラシでよい

【寄せエサの使い方】

1冷凍アミコマセは、1kgのブロックがあれば半日楽しめる。2これをコマセバケツに入れて海水を満たす。3徐々にコマセが解けてくるので、その上ずみをヒシャクで撒いていくのが基本。これがいわゆる「水コマセ」で、海水がなくなったら注ぎ足しながら使えばよい。4広範囲にコマセを撒きたいとき、あるいは短時間で集魚効果を求めるなら、海水を入れずにそのまま使ったり、粉エサ（113 ページ）を混ぜる手段もある。ただし、魚たちがコマセの捕食に夢中になってしまうと、付けエサにはなかなか食わなくなることがある

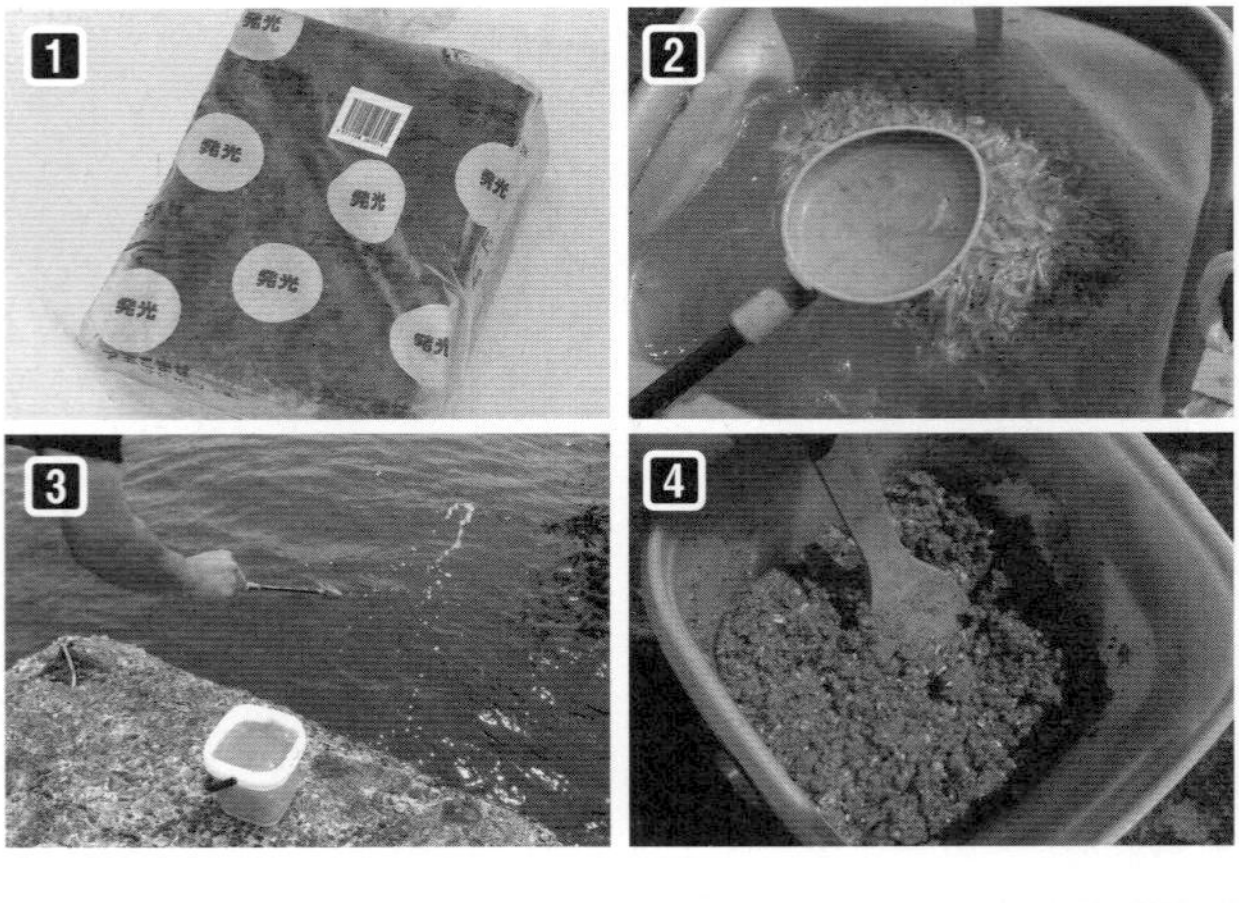

用語解説　**エサ持ち▶**水中でエサが原形を留めている状態。軟らかいエサだと、エサ持ちが悪くなる傾向がある。

ノベ竿のウキ釣りをフルに楽しめる釣り場の条件

波静かで足場の低い堤防や小磯がメインステージ

この釣りの舞台となるのは、チョイ投げなどでもお勧めした「堤防」がメイン。ノベ竿のウキ釣りの対象魚が多く、足場も安全でアプローチも容易だから、家族連れやカップル、仲間同士で楽しむにもピッタリだ。また、内湾に面した波静かな「小磯」も格好の釣り場になる。

魚の警戒心を解く障害物や濁りをチェック！

ノベ竿はラインの出し入れができないので、足場から海面までの高さが1～1.5mほど、足元の水深が2～5mぐらいの場所が釣りやすい。ただし、足場の低い釣り場は、波やウネリがあると非常に危険。そんな状況では、絶対に竿を出さないようにしたい。

海底の状況は、単にフラットな砂底よりも、多少なりとも岩盤が点在して、魚が身を隠せるような海藻が繁茂しているポイントが理想だ。こうした場所ではメジナやウミタナゴ、メバルなどのほか、アジやサヨリなどの回遊も期待できる。

そして、もうひとつ欲しい条件が「適度に潮が濁っていること」。ノベ竿の射程距離は足元周辺に限られているので、潮が澄み過ぎていると魚が警戒して釣りにくいのだ。波やうねりで海面が白く泡立った状態（サラシ）もいいが、足場の低い釣り場では危険を伴うため、やっぱり濁りの入っているエリアを探すべきだろう。ただし、曇天時や地形が入り組んで魚が隠れる場所が多い釣り場では、潮が澄んでいても魚が大胆にエサを食ってくることが多い。その意味で、岩礁に囲まれた堤防や内湾に面した波静かな小磯は、ノベ竿釣りの絶好のフィールドといえる。岩礁まわりの魚たちは比較的活性が高いので、潮が澄んでいても問題なく釣れるケースが多いのだ。また、潮はある程度流れているほうが魚の活性が上がりやすいものの、あまりに流れが速過ぎるとノベ竿では逆に釣りにくくなる。

なお、ウキ釣りでは主に中層を狙っていくことになるが、魚はどこのタナ（泳層）にも散らばっているわけではない。天候や流れ、濁り、水温などの要素によって、魚のいる層も変化するのだ。また、魚種によって好むタナが違う傾向もある。たとえば、アジは底層を好むし、サヨリは上層付近を回遊するといった具合だ。例外になるパターンも少なくないが、最初は基本に忠実にタナを探ってみたい。

用語解説　ウネリ▶波長の長い海面の上下動のこと。風波と違い、現地では無風でも遠方の低気圧の影響で発生する。

釣れるポイント　足場がよく、岩礁や海藻が点在する場所が狙い目

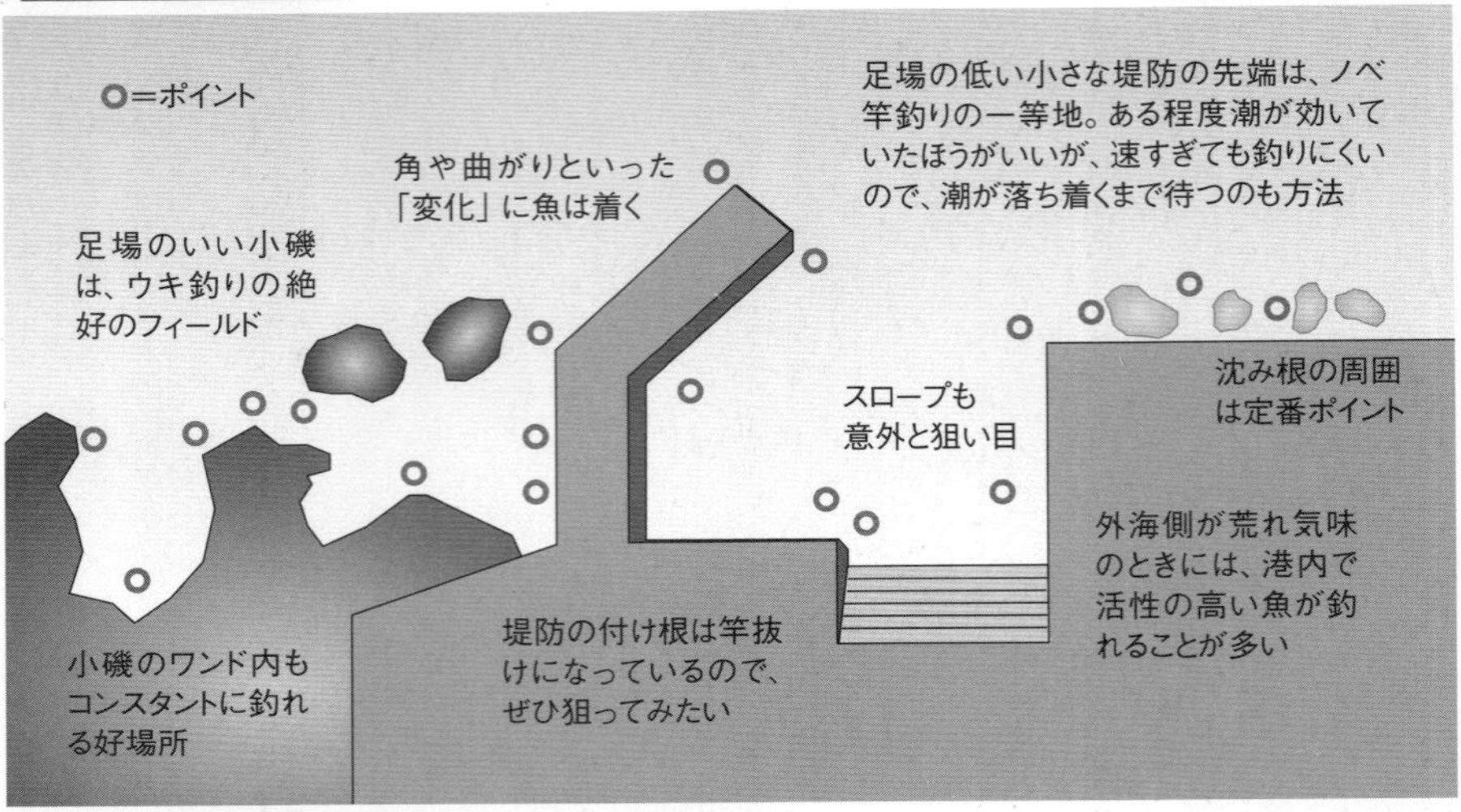

足場がいい堤防や小磯などで、魚が身を隠せる海藻や捨て石などが点在している場所を狙ってみたい。足場から海面までの距離が 1 ～ 1.5 mほど、足元の水深が 2 ～5mぐらいの場所がノベ竿では釣りやすいだろう。寄せエサを撒いて 5 ～ 15 分ほどで魚が集まってくればそこで釣ればいいし、30 分以上粘ってもダメそうなら違う場所を探してみたい。なお、本項では寄せエサで魚を集めて釣る方法を解説しているが、ウミタナゴ狙いなどでは寄せエサを使わずに、魚がいる場所を探し歩きながら釣る方法も人気だ。その場合は、渚釣りのようにエサ箱やビクなどを身につけて（37 ページ）、軽快なスタイルで楽しんでみたい

●ウキ釣りで狙う「タナ＝泳層」の考え方

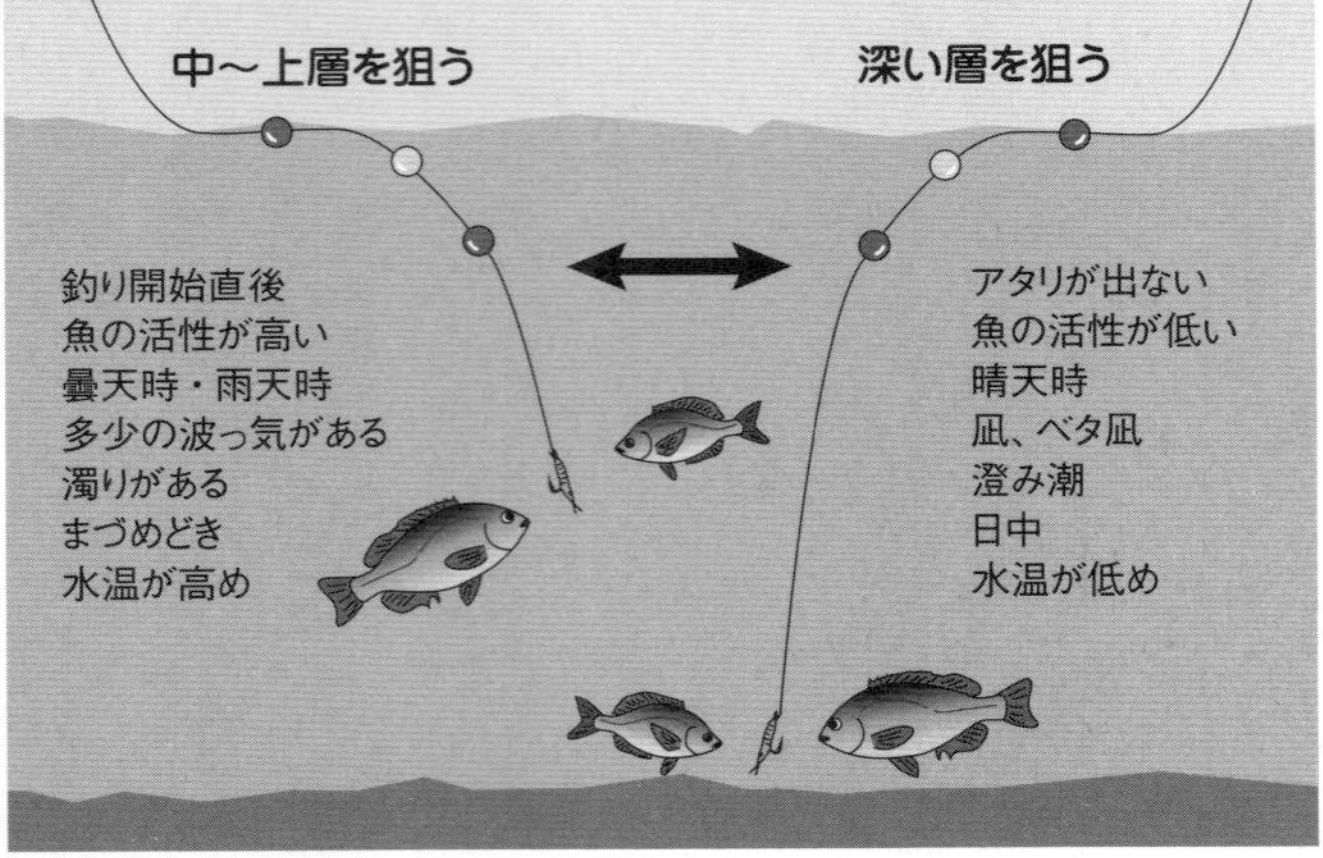

釣り場の水深によっても異なるが、魚がいるタナの考え方はイラストの通り。一般に、魚が警戒する要素がある状況ではタナが深くなりやすく、その逆では浅くなる傾向がある。また、アジは底層、メジナやウミタナゴは中層、サヨリは上層を好むといったように、魚種によるタナの違いもある。とはいえ、以上はあくまでもセオリー。状況によっては上層でアジやメジナが爆釣したり、サヨリが底層で釣れることも珍しくない。状況によっては柔軟に対応することも、釣りの上達につながる

用語解説　凪（なぎ）▶波やうねりがなく、海面が穏やかな状態。完全に凪いでいる状態は「ベタ凪」だ。

実際のウキ釣りの流れと必釣のためのコツ

ノベ竿ならではの刺激的なファイトを楽しもう！

釣る場所が決まったら、まずは釣りがしやすいように道具類の配置を整え、寄せエサとなる水コマセを作る。コマセが溶けてきたら、仕掛けの準備をしながらコマセを少しずつ足元に撒いてみよう。状況がいいときなら5～10分ほどで魚の群れが集まってきて、偏光グラスを通して視認できることも多い。魚が見えなくても、少しずつ断続的に寄せエサを効かせ続けることで、いずれ魚が集まってくるはずだ。

仕掛けと寄せエサの流れをシンクロさせる

仕掛けが準備できたら、最初に一番上か二番目の玉ウキが水面ギリギリに浮かぶようにする。板オモリを少しずつカットしながら調整してみたい。ウキ下の長さは、とりあえず1～1.5mほどにすればOKだ。

釣り方の基本は、仕掛けを潮に乗せて自然に流れるようにしてやること。こうすれば、自動的に寄せエサの動きと仕掛けの動きがうまくシンクロしてくれる。仕掛けが流れていく動きに合わせて竿先を追従させてやれば、付けエサも自然に流れて魚に違和感を与えにくい。竿いっぱいまで仕掛けが流れたら、再度、仕掛けを投げ直す。このとき、エサやハリスなどのチェックをすることが大切だ。半分ふやけたようなエサを使っていては、思うような結果を得られない。また、仕掛けを再投入するタイミングで寄せエサを撒くことにすれば、釣りにリズムがついて魚も集まりやすくなる。

なかなかアタリが出ない場合は、ウキ下を小刻みに変えてみよう。状況によってはかなりタナがシビアになることがあり、ほんの10㎝ほどのウキ下の違いで途端にアタリが出始めることもある。それでもダメなら、ゼロ仕掛けの出番だ。

ウキに出るアタリのパターンはいろいろだが、玉ウキ仕掛けは魚に違和感を与えにくいので、ウキが海中に十分に沈んだところで竿を立ててアワせればよい。それで、なかなかハリ掛かりしない場合は、アワセのタイミングを早くしたり、もっと遅くしてみたりといろいろ工夫してみたい。

アワセが決まって魚がハリ掛かりしたら、落ち着いて竿をしっかりと立てる。相手が大型だと竿先が水面に突き刺さりそうになるが、そのまま竿の角度をキープしていれば、じきに魚が浮いてくる。ノベ竿ならではのスリリングなやりとりを楽しもう！

用語解説 **竿抜け**▶だれも竿を出さないこと。つまりは、だれもが素通りするような「穴場」を指す。

釣り座のセット　釣りの流れをさまたげないレイアウトを整える

ポイントに着いたら、まずは釣り座のレイアウトを整えよう。自分の正面に寄せエサを入れたコマセバケツを、その隣に水くみバケツを置く。バケツのロープは邪魔にならないようにまとめておくと、足を引っ掛けるなどのトラブルを防げる。座って釣る場合はクーラーボックスをイス代わりにすればいいし、立って釣るときは背後の邪魔にならない場所に置けばよい。手の届くところに、エサ箱や手拭きタオル、そして玉網を並べておけば、スムーズに釣りを楽しむことができる

仕掛けの調整　オモリをカットしながら、ウキの浮力を調整する

93ページの要領でセットしたオモリは、あらかじめ長めに巻いておくと、仕掛けを海中に投入したときにジワジワとウキの全部が沈んでいくはず。❶そこで1個か2個のウキが水面に浮くように、オモリを数ミリずつハサミでカットしながら調整していく。❷調整が完了したらオモリを全部巻き、表面を爪先でこすって滑らかにしておくとハリスが絡みにくくなる。オモリを切り過ぎてしまった場合は、小さく切ったオモリを中にはさんで巻き直せばよい

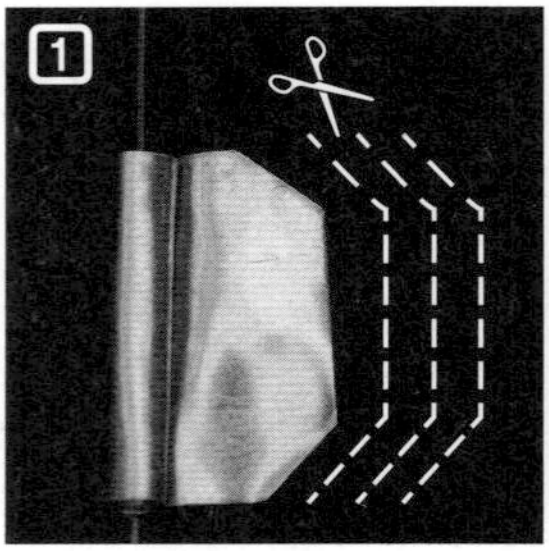

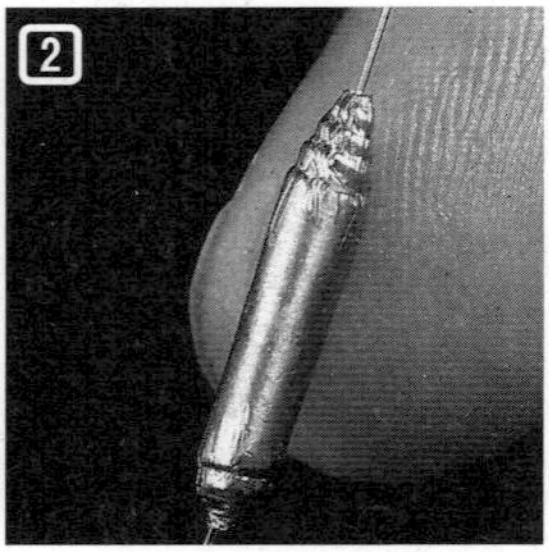

ウキ下の調整　魚の泳層にエサを届けることが大切

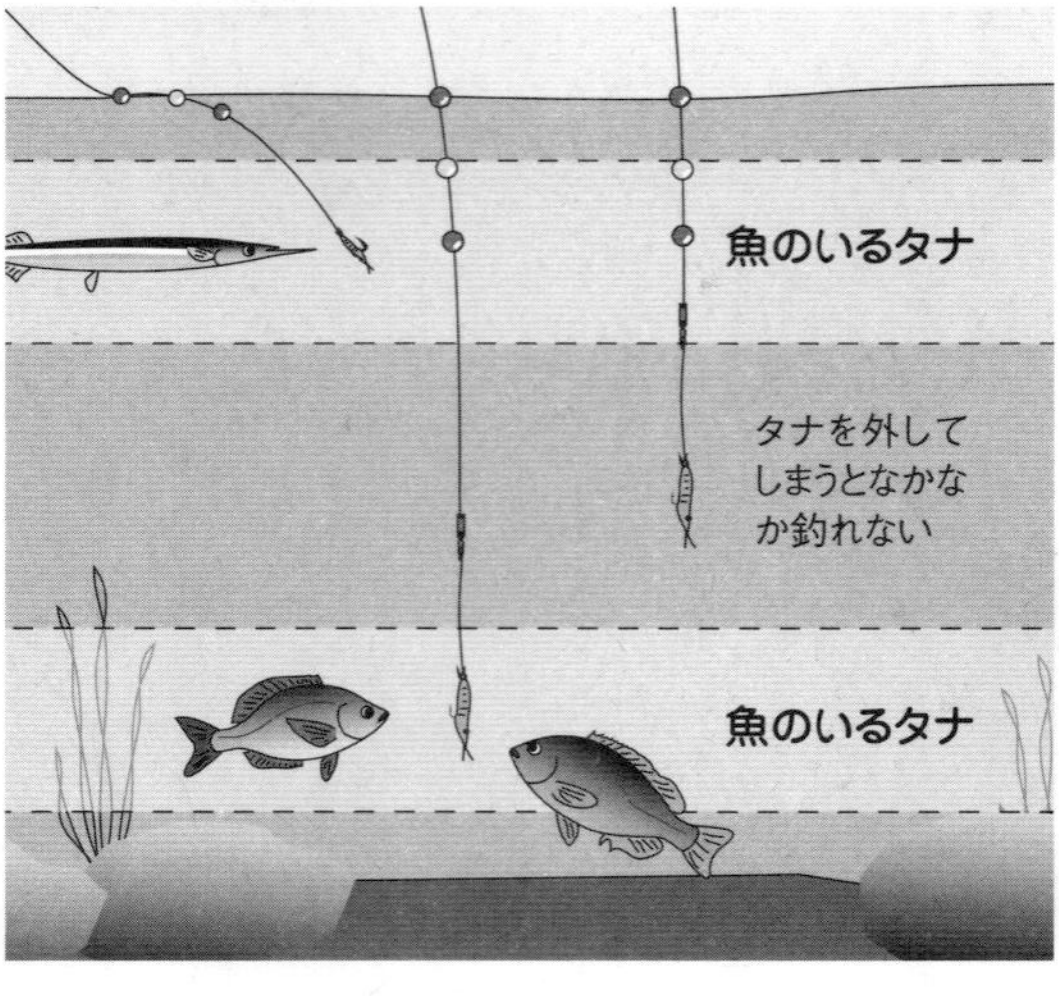

96ページでも解説しているが、ウキ釣りでは魚が泳ぐタナに付けエサが届くようにウキ下、つまりウキと付けエサとの距離を調整することが大切だ。調整方法は、写真のようにミチイトをつまんでウキをゆっくり移動させればよい。通常、スタート時のウキ下が1～1.5mだったら、徐々にウキ下を長くしていくのがセオリー。逆に、寄せエサの影響で魚が浮いていたり、サヨリ狙いならウキ下を短くしていく。アタリが出始めたら、そのタナを集中して狙おう!

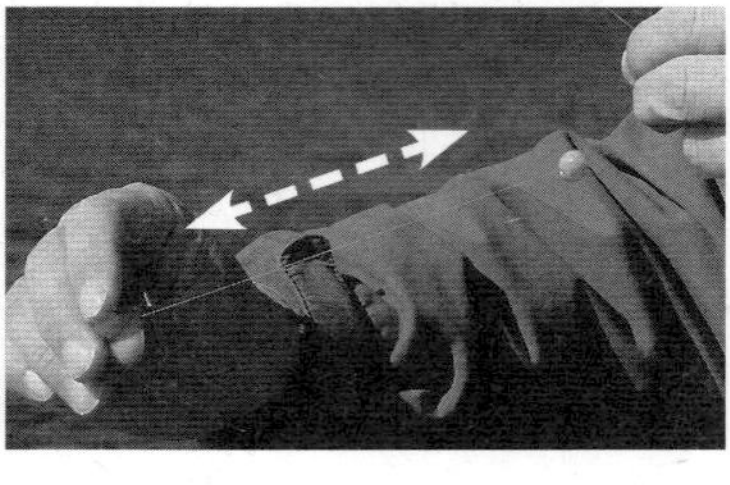

用語解説　**釣り座**▶釣りをする場所のこと。座って釣る場合だけでなく、立って釣りをするときにもいう。

仕掛けの投入　竿の反動を利用してソフトに投入してみたい

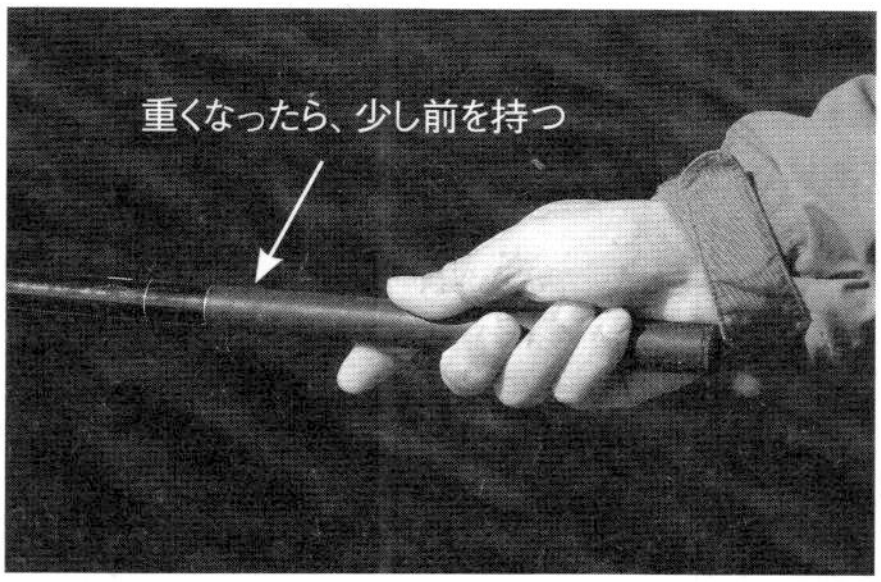

【竿の持ち方】
渚釣りでは両手で竿を持つのが基本だったが（46ページ）、短くて軽いノベ竿を使うウキ釣りでは、このように片手で持っても疲労は少ない。それでも重く感じるときは、グリップの多少前方を持つと楽になる

【仕掛けの投入は「送り込み」で】
利き手で竿を持ち、反対の手で仕掛けのオモリ部分を持って構える。ラインを張り気味にして竿先を下げた状態から、竿を軽く振り上げると同時にオモリを放す。これで、仕掛けを狙った方向に投入できるはずだ

仕掛けの流し方　寄せエサとシンクロするように流すのが基本

仕掛けは潮の動きの上流側に投入し、そのまま潮に乗せて自然に流れるようにする。寄せエサは、仕掛けの投入地点に効かせていくことで、自動的に寄せエサの動きと仕掛けの動きが同調してくれる。寄せエサは一度に大量に撒かずに、少しずつ一定の間隔で撒くのがコツだ。なお、ノベ竿のウキ釣りの場合、潮が川のように流れると釣りにくくなるので、適度に流れている場所を探すか、あるいは少し時間を置いて潮が緩んでくるのを待つのも方法だ

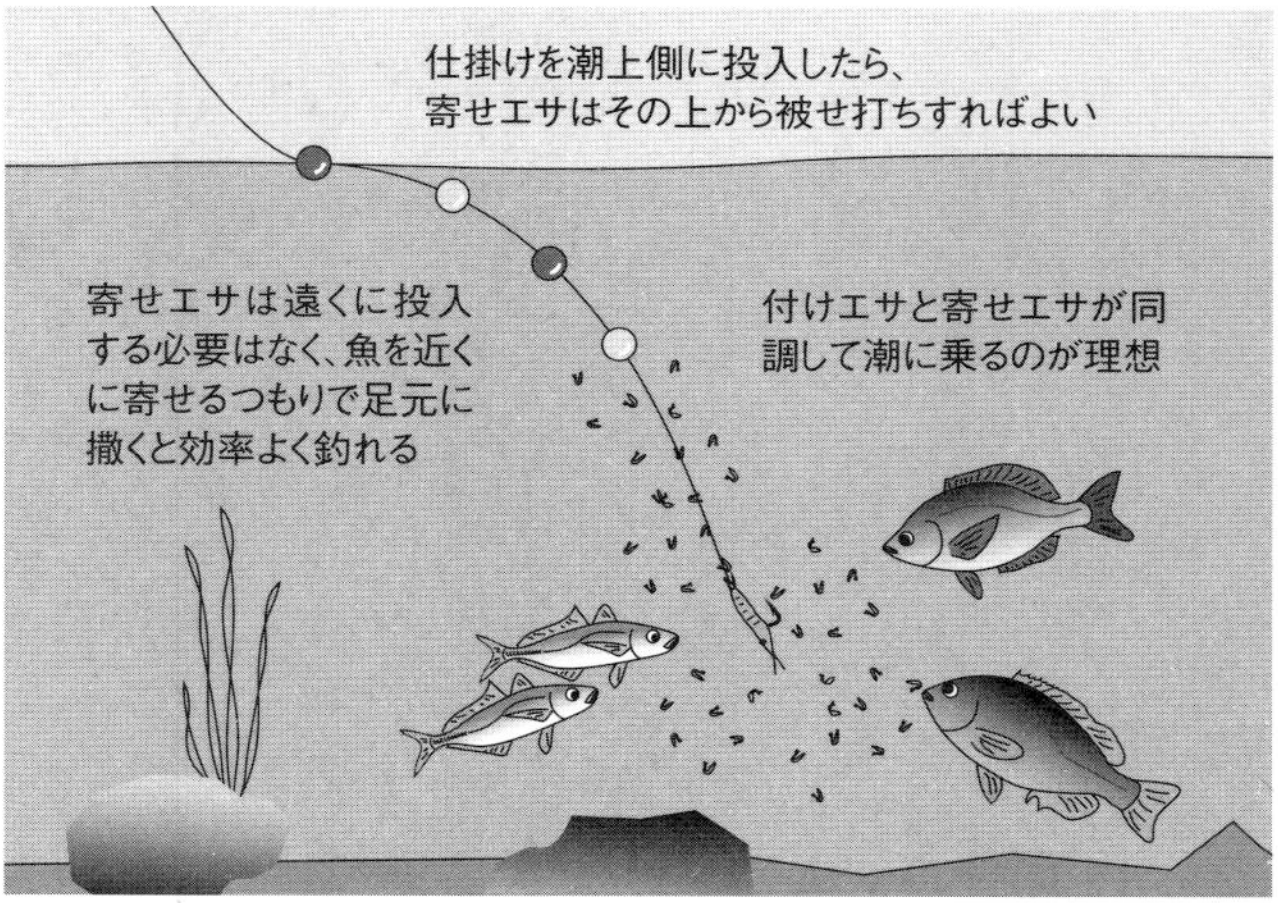

仕掛けの投入後は、その流れていく動きに合わせて竿先で追いかけていけば、付けエサも自然に流れて魚に違和感を与えにくい。ただし、状況によっては軽い誘いも有効になる。この場合は、仕掛けを追いかけている竿先をときどき止めて、ラインを軽く張る程度でOK。急激な誘いは無用だ。なお、ゼロ仕掛けを流れのなかで使うとウキがジワジワと沈んでしまうことがあるが、その状態になると完全に浮力がゼロになる。アタリはちょっとわかりにくいが、魚が違和感なくエサを口にするのでミチイトを軽く張り気味にしていると、向こうアワセでハリ掛かりすることも多い。ぜひ、使いこなしてみよう!

用語解説　向こうアワセ▶意図的にアワセを入れることなく、勝手に魚がハリ掛かりすること。

アタリのパターン　アタリの状態で、アワセのタイミングを変える

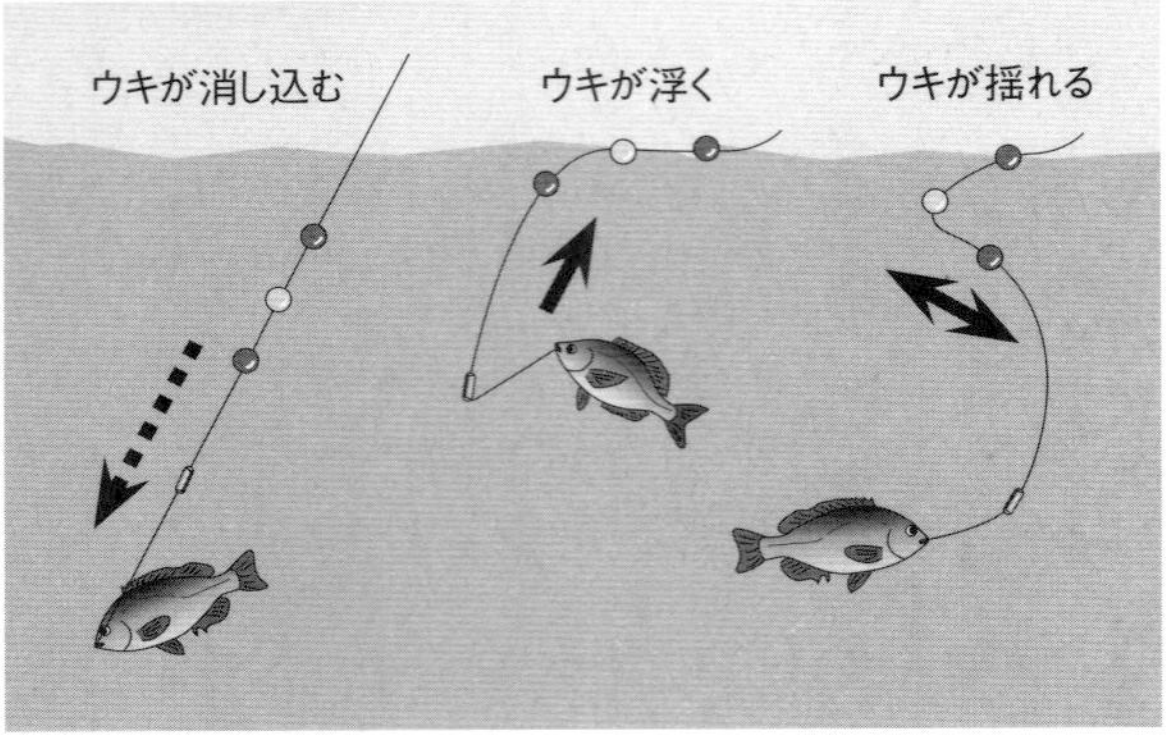
ウキが消し込む
ウキが浮く
ウキが揺れる

玉ウキに出るアタリで典型的なのは、ジワジワと海面下に沈んでいくパターン。メジナやウミタナゴ、メバルなどのアタリに多く、この場合はウキが10～20cm程度沈んだタイミングで竿を立てればよい。沈んでいたウキが浮いてきたり、揺れるようなアタリは、魚がエサを食い上げているので、これも積極的にアワセを入れていく。ただし、ウキ下が長過ぎるときにも同様の動きをするので、適宜、ウキ下を短くしてみよう。水面でウキがピョコピョコと動いたり、ウキのまわりで波紋が起きるアタリはアジかサヨリに多いので、この場合は早めのタイミングでアワセを入れるのが基本だ

アワセとやりとり　竿の角度をキープして、フルに弾力を活かす！

アワセの方法は、タイミングよく軽く竿を立てるだけでOK。激しいアワセは魚を驚かせるし、とくにゼロ仕掛けを使っている場合はハリス切れの原因にもなる。うまくアワセが決まったら、竿の弾力をフルに利用するためにしっかり竿を立てることが大切だ。相手が大型だと竿が大きく引き込まれそうになるが、そのまま竿の角度をキープしていれば、じきに魚が疲労して浮いてくる。逆に、竿を立てるのが遅れると、一気に伸されてハリスを切られてしまうので注意したい

ノベ竿ならではの
ファイトが最高！

網の重みで
柄を伸ばす

【大型は玉網で確実に】

相手が大型の場合は、無理しないで玉網を使うのが確実。玉網の柄をスルスルと伸ばして海面に網の半分ほどを入れ、魚を迎え入れたら柄を縮めて取り込もう！

【小型は抜き上げで！】
魚が水面まで浮いたら、小型魚の場合は腕を真上に上げてタイミングよく抜き上げる。細ハリスを使っていても、20cm級までは抜くことが可能だ

用語解説　**食い上げ**▶魚がエサを食った後に、上方に向かって泳ぐこと。

Cooking Recipe ～釣った魚をおいしく食べよう～

【ウミタナゴの刺身】

20㎝級のウミタナゴが釣れたら、ぜひ試してみたいのが刺身。淡いピンク色がかった半透明の身は美しく、想像以上に濃厚なウマミは一度食べると病みつきになる。とくに冬場に釣れる「寒タナゴ」は、上質の脂がのっていて絶品だ。刺身のほかに、皮を引かずに熱湯をかけて氷水で急冷した「皮霜造り」もお勧め。皮と皮の下の脂のウマミが味わえ、刺身とはまた違った魅力がある。いずれも鮮度のよさが大切なので、よく冷やしたクーラーボックスで持ち帰りたい

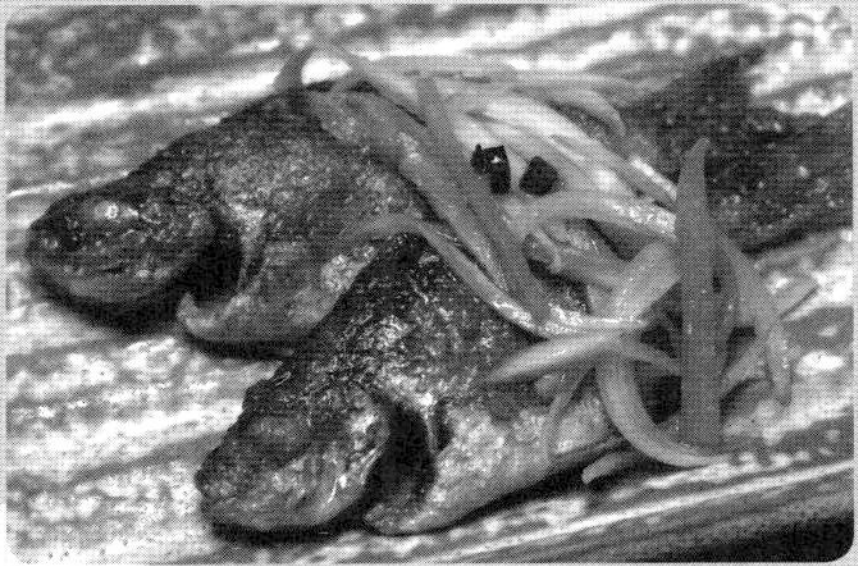

【ウミタナゴの南蛮漬け】

小さなウミタナゴを数釣りした時にお勧め。下ごしらえをしてから軽く下味をつけて片栗粉をはたき、じっくりと揚げる。醤油、酢、ミリン、唐辛子などで作った南蛮酢に漬ければ完成。できたても寝かせたものも両方美味

【サヨリの寿司】

サヨリは刺身でもおいしいが、軽く塩を振ってしばらく置いた後、昆布と酢に漬けて酢締めにしてもさっぱりといただける。大葉、刻んだ甘酢漬け生姜をあしらって手まり寿司にすれば、オシャレで可愛い一品に

【メジナの漬け丼】

刺身を醤油とミリンのタレに浸した「漬け」は、適度に身が締まり、生より保存が利く。ご飯にのせて大葉やゴマなどを散らせば、お腹も満たされる一品になる。アラでとったダシ汁をかけてお茶漬け風にしても絶品

【メバルのブイヤベース】

漁師料理が由来のブイヤベースは、数種の海の幸を合わせることで深い味わいが楽しめる。メバルをソテーしてから、トマト、ニンニク、サフラン、白ワイン、塩コショウで味付けし、アサリなど好みの具を加えて煮込む

《おいしい海遊び入門❹》

筆で「アナジャコ」釣りに挑戦！

通常、干潟での遊びといえばアサリやハマグリなどの潮干狩りが定番だが、我が家では「アナジャコ釣り」が人気だ。アナジャコは体長10㎝ほどのザリガニに似た甲殻類で、全国各地の干潟に棲息している。しかし、日頃は干潟に掘った深い巣穴の中に棲んでいるため、普通の方法で採取するのは難しい。そこで、誰が始めたのか「筆」を使って釣り上げるというユニークな方法が考案されて、それが全国的に広まっている。子供はもちろん、オトナでも夢中になれる遊びなので、ぜひ挑戦してみてはいかがだろうか？

アナジャコが潜む干潟には小さな巣穴が点在しているので、それを目安に「釣り場」を選ぶ。季節的には、潮干狩り同様に昼の潮が大きく引く春〜夏がシーズン。とくに、干潮時に大きく潮が引く「大潮〜中潮」の干潮前後がアナジャコ釣りのチャンスタイムだ。

アナジャコを釣り上げるための筆は、先端の太さが1.5㎝ほどのものが使いやすい。100円ショップやホームセンターで安売りしている筆やハケなどでもOKなので5〜10本ほど用意しよう。また、アナジャコの巣穴を覆っている泥を薄くはぎ取るために、スコップかシャベルも用意したい。

実際の釣り方としては、アナジャコの巣穴が密集している場所の表面をスコップで薄く削るように掘り、巣穴が大きく現れたら中に筆を差し込んでいく。差し込む深さは15〜20㎝ほど。穴にアナジャコがいれば筆を押し出そうとするため、その動きが筆に現れる。筆がゆっくりと持ち上がってきたら筆の柄を静かに持ち、アナジャコの腕が見えたら筆を持つ反対側の手の指でしっかりつかまえる。うまく腕をつかめたら、ゆっくりと引き出そう！

アナジャコは身に多少クセがあるものの、意外とおいしく食べられる。料理方法としては、唐揚げや天ぷらが定番。殻が軟らかいので、そのままパリパリと食べることができる。ソテーや汁物なども試してみる価値ありだ。

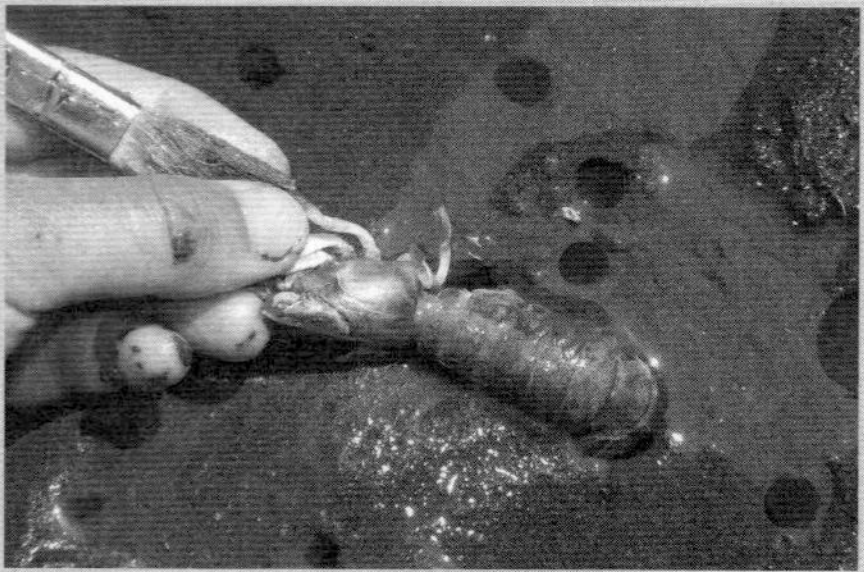

アナジャコの筆釣りは、相手との駆け引きで徐々に熱くなる。本物の釣りにも通じるおもしろさがあるのだ

STEP 6

アジやイワシの入れ食いに、子供もオトナも無我夢中！

サビキ釣りでおいしい魚を爆釣！

アジやイワシ、サバなどの「青魚」は、食味がおいしく健康にもいいヘルシーな魚。ベテランも競って狙うほどのこれらの人気魚を一番カンタンに釣る方法が「サビキ釣り」だ。初心者でもすぐにマスターできるから、ぜひチャレンジしてみよう！

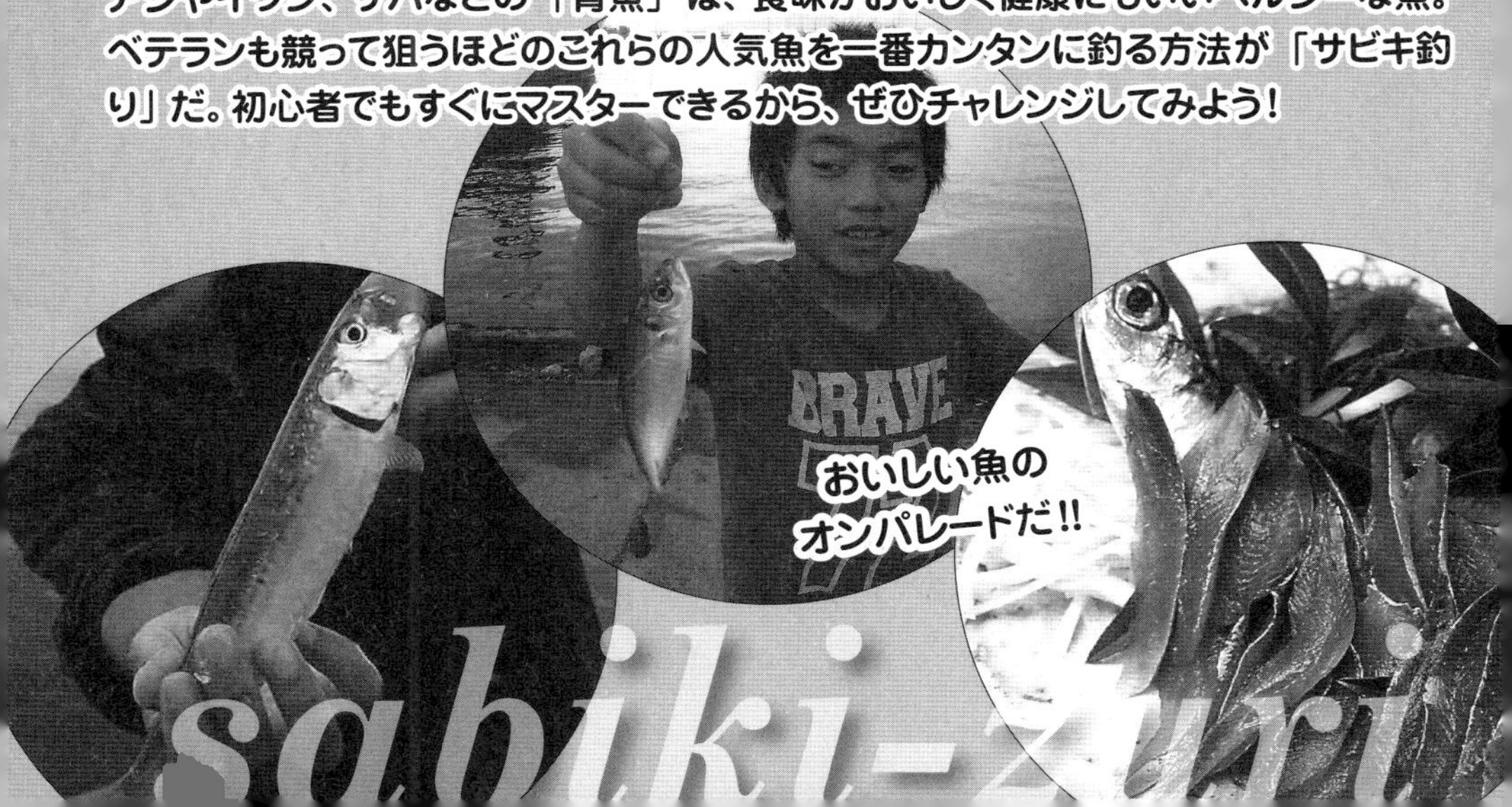

sabiki-zuri

アジやイワシが舞い踊る！サビキ釣りを楽しもう

擬餌バリと寄せエサのコンビネーションで、目指せ爆釣！

ウチの家族は全員、魚を食べるのが大好きだ。自分たちで釣ってきた魚はもちろん、知り合いの漁師にいただく魚もおいしく味わっている。魚の種類はさまざまだが、我が家の人気は、なんといってもアジやイワシ、サバなどの大衆魚。マダイやヒラメなども美味なのだが、日々の食卓ではやっぱり小型の青魚が口に合うのである。そして、そんな話をいろいろな人にしてみると、ほぼ全員が「やっぱりヒラメよりも、イワシやサバだよね」と同意してくれるのだ（笑）。

食べておいしい魚が、短時間で入れ食いに！

こうした、おいしい大衆魚たちを手軽に釣る方法として人気なのが「サビキ釣り」だ。これは、集魚効果の高い寄せエサ（コマセ）を仕掛けの近くに拡散させて魚の群れを寄せ集め、それを「サビキ」と呼ばれる擬餌《ぎじ》バリで釣り上げる方法。ハリにエサをつけなくても魚が勝手にハリ掛かりしてくれるから、子供でも初心者でも楽しめるお手軽な釣りだ。

サビキ釣りの主な対象魚は、アジやイワシ、サバのほか、カマス、サッパ、コノシロなど。さらに、私が北海道でサビキ釣りを試してみたらサンマやシシャモ、チカ、ニシンなどが入れ食いだったし、沖縄ではムロアジやグルクンなどが爆釣だった。ほかにも、本来はウキ釣りで狙うことの多いウミタナゴやメジナ、メバルなどの人気魚も釣れる。

サビキ釣りのターゲットはつねに大きな群れで回遊しているので、状況がいいと短時間で大漁に恵まれることも多い。そのときばかりは、オトナも子供もビギナーもベテランも無我夢中。アジやイワシでも一度に4～5尾ハリ掛かりすると、竿が大きく絞り込まれて強烈な引きを味わえる。25㎝級の大型マイワシなどは、リールのスプールを逆回転させるほどのファイトを楽しませてくれるのだ。

もちろん、釣った魚を鮮度よく持ち帰れば、タイにも負けないおいしい料理を味わえることも大きな魅力。イワシの刺身、アジのフライ、サバの味噌煮、カマスの開き、オイルサーディンなど、想像するだけでもお腹が減ってくる。

釣って楽しく、食べてもおいしい大衆魚たち。釣り場も、アプローチが容易で足場の安全な堤防や海釣り施設でOKだから、初心者の方々には最高にお勧めできる釣りのひとつといえる。さっそく、その詳細をみていこう！

用語解説　青魚▶背中が青い回遊魚の通称。サバやイワシ、アジ、サンマなどが代表。青物（あおもの）ともいう。

概要と魅力　「寄せエサ」の威力で魚の群れを引き寄せる

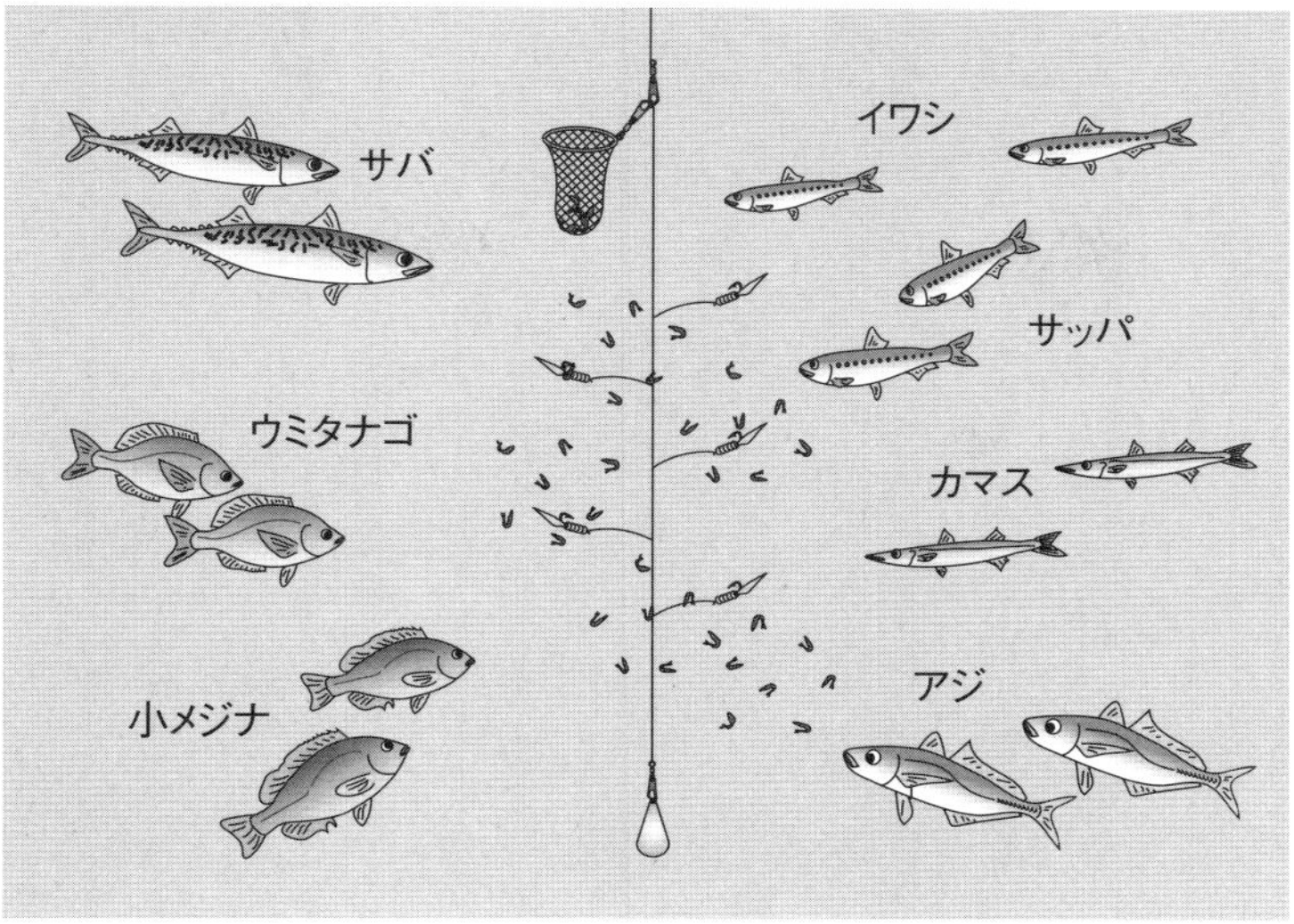

サビキ釣りは、仕掛けにセットしたコマセカゴに、集魚効果に優れた寄せエサ（コマセ）を充填し、それを海中で拡散させることによって魚を集める仕組みだ。寄せエサに群がる魚たちは、サビキバリを本物のエサと間違えて食ってくる。つねに寄せエサを効かせ続けることで魚の群れがポイントから離れなくなり、いつまでも釣れ続くというわけだ

写真は、25cmオーバーのマイワシ。たかがイワシといえども、これぐらいのビッグサイズが一度に何尾もハリ掛かりすると、想像を超える強烈なファイトを楽しめるのだ

手軽な釣りではあるが、狙っているタナ（泳層）やサビキの選び方、手返しの速度などによって、釣果に差が出ることがある。だからこそ、ベテランにとってもおもしろい釣りなのだ

サビキで釣れる青魚たちは、どれも最高に美味。さらには、健康にも効能があるとされる成分を大量に含むため、女性にもこの釣りのファンは数多い

ビギナーはもちろん
ベテランさえも熱くなれる！

対象魚と季節　アジ、イワシなどの青魚のほか、メジナやウミタナゴもOK!

サビキ釣りのメインターゲットになるのが、アジやイワシ、サバ、サッパ。いずれも一年中釣ることができるが、水温が上昇する初夏〜秋にかけてはさらに釣りやすくなる。秋に接岸してくるカマスも、サビキ釣りの好対象魚。いずれも大きな群れで回遊していることから、一度群れを寄せてしまえば入れ食いが続くことも珍しくない。ほかに、ウミタナゴやメジナなども釣れる

魚種	ハイシーズン	概要
アジ	初夏〜初冬	食卓でもおなじみの人気ターゲット。シーズン初期は唐揚げサイズの小アジの数釣りが楽しめ、夏〜秋は脂の乗った良型が狙える
イワシ類	春〜初冬	鮮魚店でよく見かけるマイワシのほか、カタクチイワシ（シコイワシ）、ウルメイワシなども釣れる。いずれも、ほぼ一年中狙える
サバ	初夏〜初冬	小型でも強烈なファイトを楽しませてくれるうれしいターゲット。ただし、引きが強すぎて周囲の人とオマツリすることも少なくない
サッパ	初夏〜秋	瀬戸内エリアでは「ママカリ」として人気のおいしい魚
カマス	夏〜初冬	普通のサビキ釣りのスタイルでも釣れるが、寄せエサを使わずに仕掛けを投げてルアーのように引いてくる「投げサビキ」も楽しい
ウミタナゴ、メジナ、ほか	一年中	サビキ仕掛けで釣れるのは、青魚ばかりではない。ウキ釣りで人気のウミタナゴやメジナ、メバルなども釣れるのだ

釣り場　手軽にアプローチできて安全な堤防や海釣り施設が◎

【堤防、岸壁】
比較的足場がよく、アプローチも容易な釣り場。水深のある大規模な港の岸壁などは、港内の奥までアジやイワシが回遊してくる。よく釣れるポイントは毎年決まっていることが多いので、最寄りの釣具店で確認しよう

【海釣り施設】
比較的潮通しのいいエリアに造られているため、アジやイワシ、サバ、サッパなどがコンスタントに回遊してくる。レストランや清潔なトイレ、手洗い場を完備している施設も多い。利用料は１日で数百円〜 1,000 円前後

用語解説　**オマツリ▶**ほかの釣り人と仕掛けが絡まってしまうこと。自分の仕掛けが絡むのは「手前マツリ」という。

初心者が使いやすい サビキ釣りのタックル選び

「ノベ竿」と「リール竿」を釣り場の状況で使い分ける

海釣り施設ではサビキ釣りを楽しむ人が多いので、専用のレンタルタックル（竿やリール）がとても充実している。初めてサビキ釣りを楽しむなら、それを利用するのも手っ取り早いだろう。とはいえ、レンタル品は雑な扱いでも破損しにくいように、感度よりも頑丈さを優先している場合が多い。レンタル品で物足りなくなったら、ぜひ、自分がよく出掛ける釣り場にマッチしたタックルを入手してみたい。

足場の高さにマッチした長さの竿が快適！

通常のサビキ釣りに使う竿は、小さな港の足場の低い堤防などなら、「ノベ竿」が軽量で使いやすい。リール竿と違ってライントラブルが少なく、手返しも早くなるのでサビキ釣りにはピッタリだ。渚釣り用の竿ほど長い必要はなく、ウキ釣り（88ページ）で使うような長さ4.5m前後の渓流竿か万能竿が軽量で扱いやすいだろう。

一方、大規模港の岸壁や足場が高い堤防では、5.3mほどの長いノベ竿を駆使するベテランも多い。ただし、混雑している釣り場だと長い竿が邪魔になるケースが少なくないので、初心者には小型スピニングリールをセットした長さ3～4m前後の万能リール竿をお勧めする。価格もリーズナブルだ。

また、海釣り施設などで釣り座の直下が深くなっていて、足元までアジやイワシなどが回遊してくるポイントでは、長さ1.8mほどの短めのルアーロッドもお勧めだ。レンタル品のゴツいタックルよりも、断然、快適に釣りを楽しめる。

いずれの場合も、ラインはナイロンの2号がトラブルが少なく使いやすい。ブラクリ釣り用にナイロンラインをリールに巻いていれば、それを流用すればOKだ。

これらのタックル以外に用意したい装備としては、寄せエサを入れるためのコマセバケツ、仕掛けのコマセカゴに寄せエサを詰めるためのスプーンかお箸、水くみバケツ、タオルなどがある。海釣り施設の場合、バケツ類もレンタルしている場合があるので受付で確認してみよう。また、釣った魚をつかむためのトングもあると手がヌルヌルにならない。

そして、サビキ釣りの必需品とも言えるのが、クーラーボックス。イワシやサバをはじめとして、サビキ釣りの対象魚は傷みが早いので、おいしく食べるためには保冷剤や氷で十分に冷やしたクーラーボックスで持ち帰りたい。

用語解説　**万能リール竿**▶とくに対象魚を限定しないリール竿のこと。堤防や海釣り施設では、よく使われている。

タックル　軽量なノベ竿が快適だが、深場ではリール竿が活躍！

【ノベ竿】

足場の低い堤防で楽しむなら、硬調の「渓流竿」（右）や淡水の鯉釣りや堤防の釣りを想定した「万能竿」（左）が快適に使える。長さは 4 ～ 5.3 mを釣り場の規模に応じて使い分ける。竿先のリリアンにナイロン 2 号のミチイトをチチワ結びでセットし、サビキ仕掛けを延ばしてセットした状態で、オモリがちょうど竿尻の位置にくるように、ミチイトの長さを調整するのが基本

【リール竿】

足場の高い堤防や海釣り施設などでは、ミチイトを出し入れできる「万能リール竿」（左）が便利。長さは 3 ～ 4 mほどが使いやすい。ただし、足元狙いが可能な釣り場なら、1.8 mほどの短めのバスロッド（右）を使うことによって、より快適な釣りが楽しめる（128 ページ）。リールは小型スピニングリールをセット。ミチイトはナイロンの 2 号を 100 mほど巻いておけばよい

ワンポイントADVICE

量販店の「セット品」を利用する

チョイ釣りの項でも述べたように、家族で釣りを楽しむために全員分のタックルをそろえるのは出費がかさんでしまう。そこで、さしあたって利用してみたいのが、釣具量販店で格安販売されている「サビキ釣りセット」。以前はワゴンセール品というと粗悪なものが多かったが、近年ではかなり品質が向上しているのだ。竿とリールとラインがセットで数千円だが、問題なく活躍してくれる。

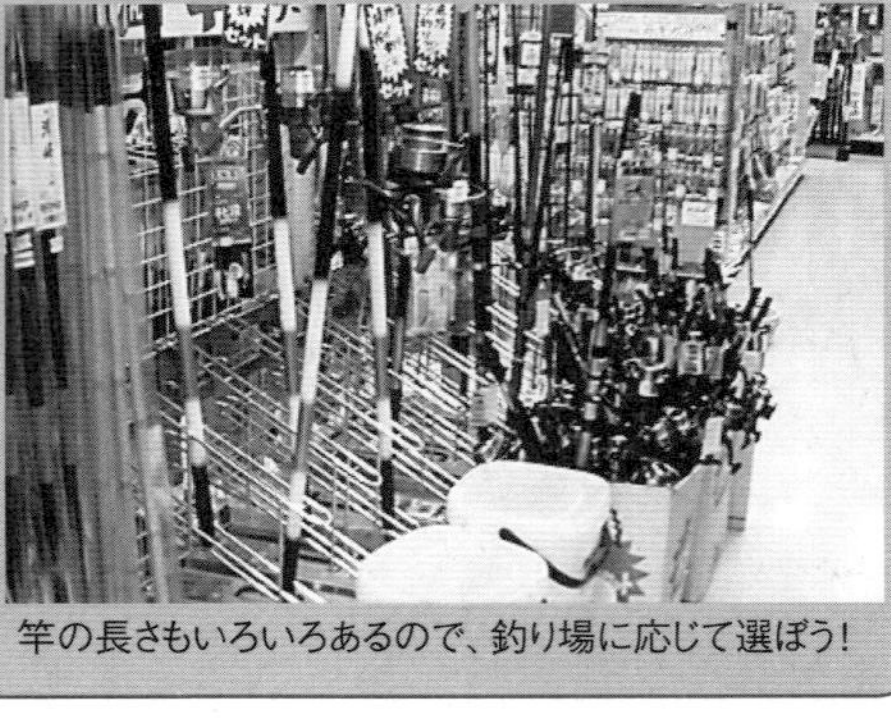

竿の長さもいろいろあるので、釣り場に応じて選ぼう！

用語解説　竿尻（さおじり）▶竿の握り部分の一番末端。リール竿の場合は、「グリップエンド」ともいう。

装備　寄せエサを扱うアイテムとクーラーボックスは必需品

【コマセバケツ】
コマセを入れておくバケツは水洗いが簡単なプラスチック製がお勧め。フタ付きタイプなら、移動時にも便利だ。左のバケツは後述するトリックサビキ釣り用で、アミコマセを仕掛けにこすりつけるための台が付いている

【スプーン、小型ヒシャク】
コマセカゴにコマセを詰めるために使用すると、手を汚さないですむ。割り箸や菜箸を使っているベテランもいる。ただし、魚の食いが立っているときには、素手で直接コマセを詰めるのが手っ取り早い

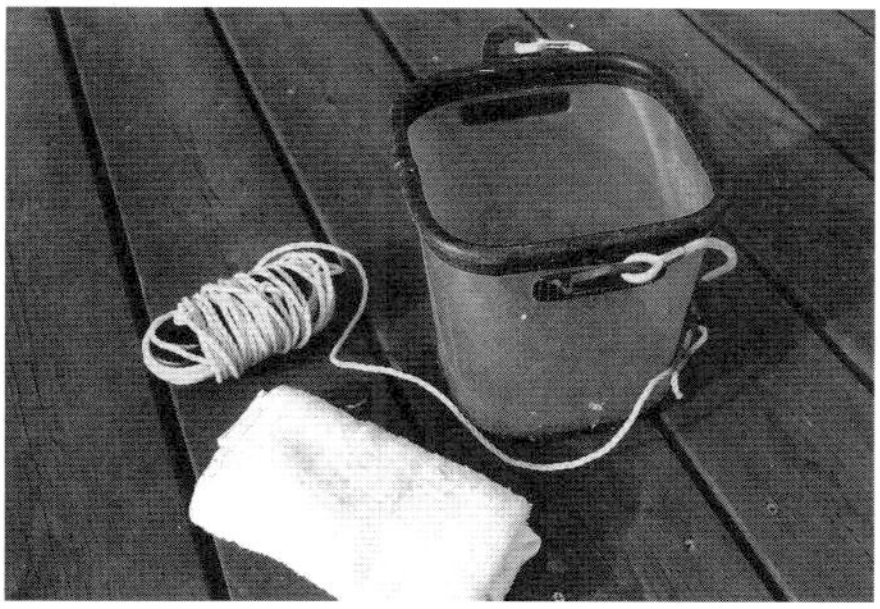

【水くみバケツ、手拭きタオル】
バケツは、コマセや魚のウロコなどで汚れた手や釣り場をきれいに洗うための必需品。折りたたみタイプもある。長さ５mほどの丈夫なロープが付いたものを選ぼう。手を拭くためのタオルは２枚ほど用意しておきたい

【クーラーボックス】
とくにイワシやサバなどは鮮度が落ちやすいので、おいしく食べるためには釣り上げてすぐに氷で冷やしたクーラーボックスに収納したい。サイズは最低10リットルは必要。16リットルあれば、飲み物なども入れられる

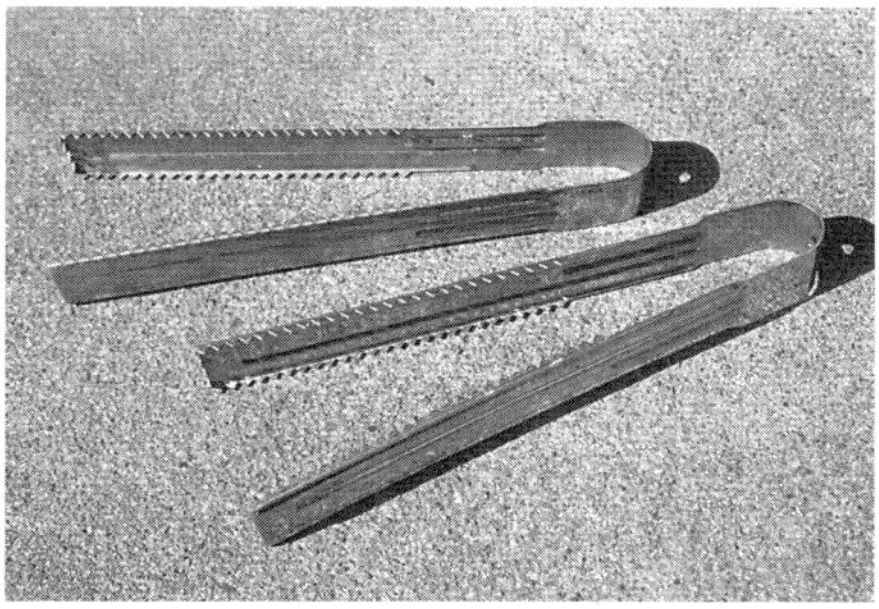

【トング（魚バサミ）】
通常は必要ないが、これがあると魚を暴れさせることなく素早くクーラーボックスに収納できるので便利。魚のウロコや粘膜で手が汚れることもない

ワンポイントADVICE

「竿掛け」があると超便利！

サビキ釣りでは、コマセを詰めたり、魚を外すときなど両手を使う作業が多いので、竿を置くための竿掛けがあると便利だ。

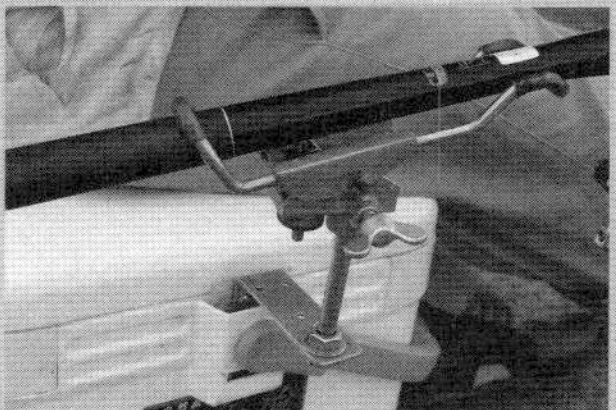

これはクーラーボックスに取り付けるタイプ。堤防に置けるタイプもある

用語解説　**食いが立つ**▶魚がよく釣れること。あるいは、その状況を指す。

用意したいサビキ仕掛けとコマセカゴの種類

「スキンサビキ」と「魚皮サビキ」があればOK！

この釣りに使用する「サビキ」というのは、ハリにスキンや魚皮などを装飾した擬餌バリのこと。これを3㎝前後の短いハリスで5〜7本ほど連ねるようにセットしたものが「サビキ仕掛け」だ。釣具店では、さまざまなバリエーションのサビキ仕掛けが売られていてる。

サビキ仕掛けは、2〜3種類用意しよう！

サビキバリの種類は、小さくカットした薄いゴムシートをあしらった「スキンサビキ」、そして同じく小さく切った魚の皮で装飾した「魚皮サビキ」に大別される。

スキンサビキは、寄せエサとして使用するアミエビを模しているので、魚たちも違和感なく食ってきやすい。通常は、この仕掛けを使えばいいだろう。魚皮サビキは、小さなシラス（イワシの稚魚）を模しているとされ、状況によっては爆発的な威力を発揮する。いずれも、カラーの違いがあるので、予備も含めて数種類用意しておくとよい。

ハリのサイズは、釣れる魚の大きさに合わせるのが基本的な考え方。たとえば体長15㎝ほどのアジやイワシなら、ハリのサイズは5号が目安。大型のアジやサバが回遊していれば6〜7号、小型が多ければ4号といった具合だ。ただし、食い渋り時には、大型狙いでもシルエットが小さく見える小型のハリが有効になることも覚えておきたい。

その意味で、意外な武器になるのが、淡水のワカサギ釣り用の「極小フラッシャーサビキ」。ハリのサイズは2〜3号、ハリスの太さも0.3号前後と海釣りに使うには超デリケートだが、この繊細さが目のいい魚も欺《あざむ》いてくれるのだ。

寄せエサを充填するための「コマセカゴ」もいろいろなタイプがある。表層狙いではコマセの出がいい網袋タイプ、中〜底層狙いならコマセの放出をコントロールしやすいプラカゴタイプがお勧め。西日本エリアの釣り場では、サビキ仕掛けの下端にセットするオモリの付いたカゴも人気だ。

上カゴタイプを使う場合、仕掛けの下端には「ナス型オモリ」をセットする。オモリの重さは、釣り場の水深に応じて2〜8号程度を使い分けるのが基本だ。

コマセとして使うのは、抜群の集魚能力を持つ冷凍の「アミブロック」が定番。また、コマセを増量したり、さらに集魚効果を高めるために、専用の粉エサを混ぜる方法もある。

用語解説 **プラカゴ**▶プラスチック製のコマセカゴの略。コマセが出る窓が開閉式になっていて、任意に調整できる。

仕掛け　サビキの種類やハリのサイズを数パターン持参したい

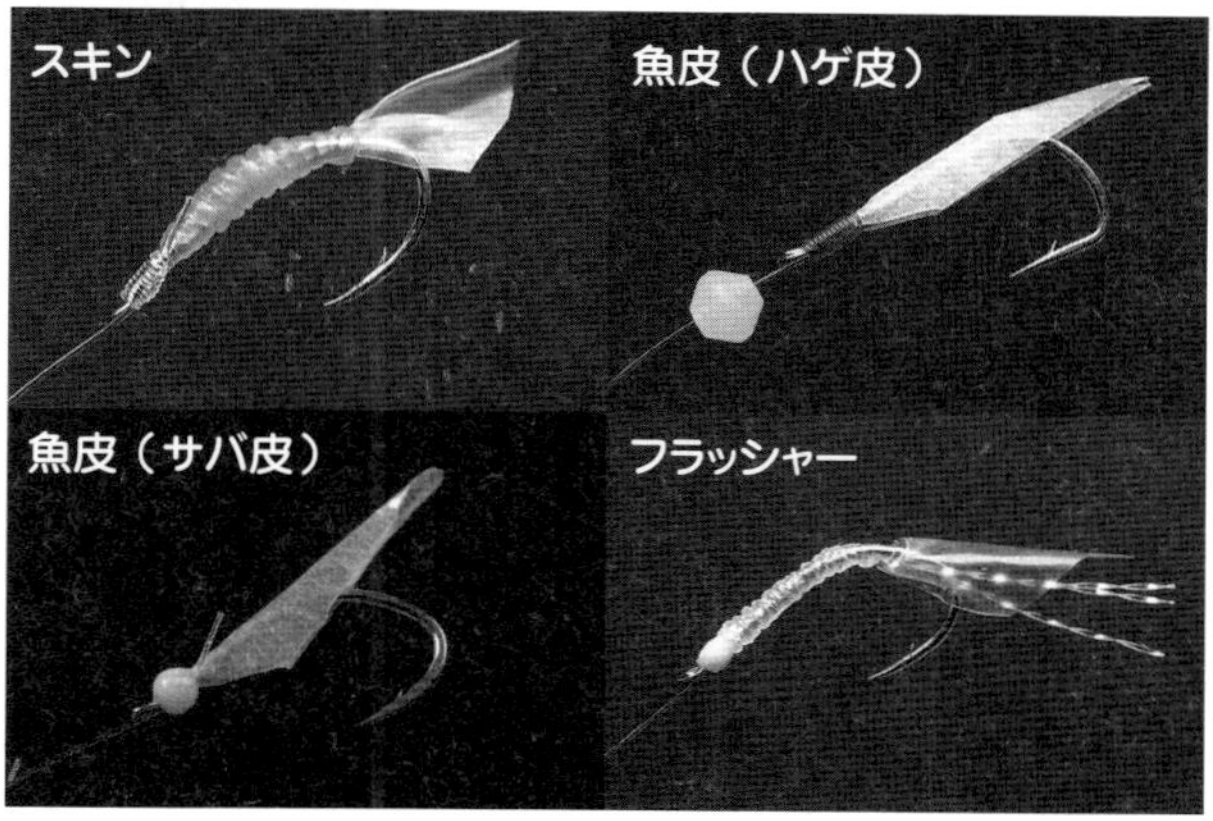

【主なサビキの種類】
サビキバリは、魚の活性や海の状況に合わせて種類を使い分けるのが理想だ。そのなかで主力となるのが「スキンサビキ」と「魚皮サビキ」。スキンサビキはピンクカラーが定番で、釣り場や時間帯によっては夜光や白、緑、ケイムラ、フラッシャー入りにアタリが集中するときもある。魚皮サビキはハゲ皮がポピュラーだが、サバ皮に好反応を示すことも少なくない。また、ハリスに蛍光玉などをあしらったタイプもある。いずれも、できれば数種類の仕掛けを用意しておくのがいいだろう

【一般的なサビキ仕掛け】
ハリは魚のサイズに応じて4～7号程度を使い分ける。ハリスは0.8～1号を基準に、澄み潮時や日中は0.6号、魚が大きい場合は1.5号前後を選ぶ。釣り場近くの釣具店や海釣り公園などでは、実績のあるサビキ仕掛けを置いているので、最初はそれを利用すればよい

【ワカサギ釣り用の極小サビキ】
日中、晴天、澄み潮、ベタ凪という条件で、海底まで丸見えの状況では、魚たちもサビキ仕掛けに警戒してなかなか食ってこないことが多くなる。そこで威力を発揮してくれるのが、ワカサギ釣り用の極小サビキ。ハリのサイズは2～3号、ハリスは0.3号前後が目安だ

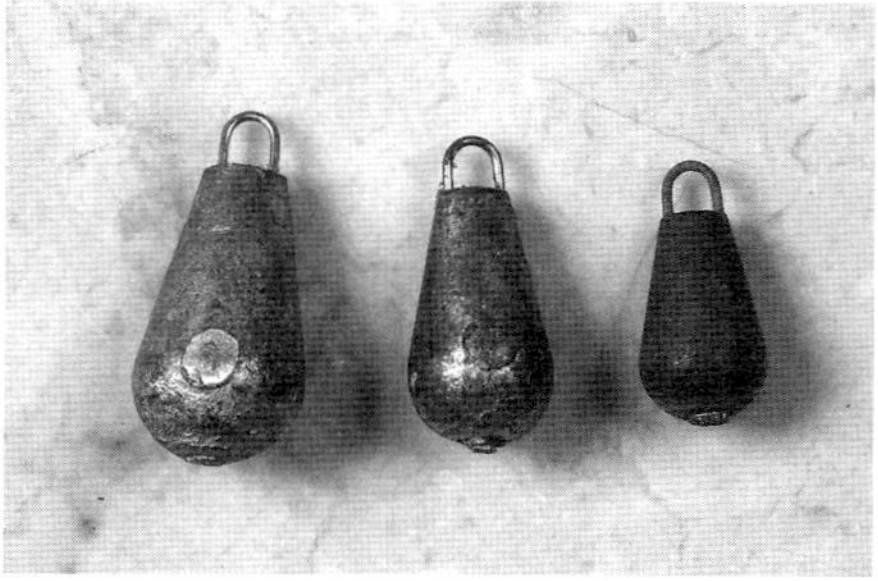

【ナス型オモリ】
サビキ仕掛けの上部にカゴを付ける場合、下端にセットするオモリはナス型の3～8号程度を水深や流れの速さなどによって使い分ける。後述するトリックサビキの場合は、2号程度の軽いオモリも使われる

【コマセカゴの種類】
コマセカゴは、仕掛けの上部にセットするタイプ（左）と下に付けるタイプ（中）があり、いずれも表層～中層狙いで使いやすい。深場を攻める釣り方では、沈下中のコマセの放出を制御しやすいプラカゴ（右）もお勧め

用語解説　フラッシャー▶光沢のある繊維質の人工素材。ハリに単独であしらったり、スキンと併用したタイプがある。

仕掛けの構成　使用する竿と仕掛けの長さのバランスを考慮したい

ワンポイントADVICE
仕掛けの長さについて

サビキ仕掛けは長いほど広い層を探れるが、長過ぎると扱いにくい。とくに短いルアーロッドを使う場合は1.2～1.4ｍ前後のものを選ぶといいだろう。

なお、ノベ竿の場合はミチイトとサビキ仕掛けを合わせた全長が、竿と同じになるように、ミチイト側で調整するとよい。

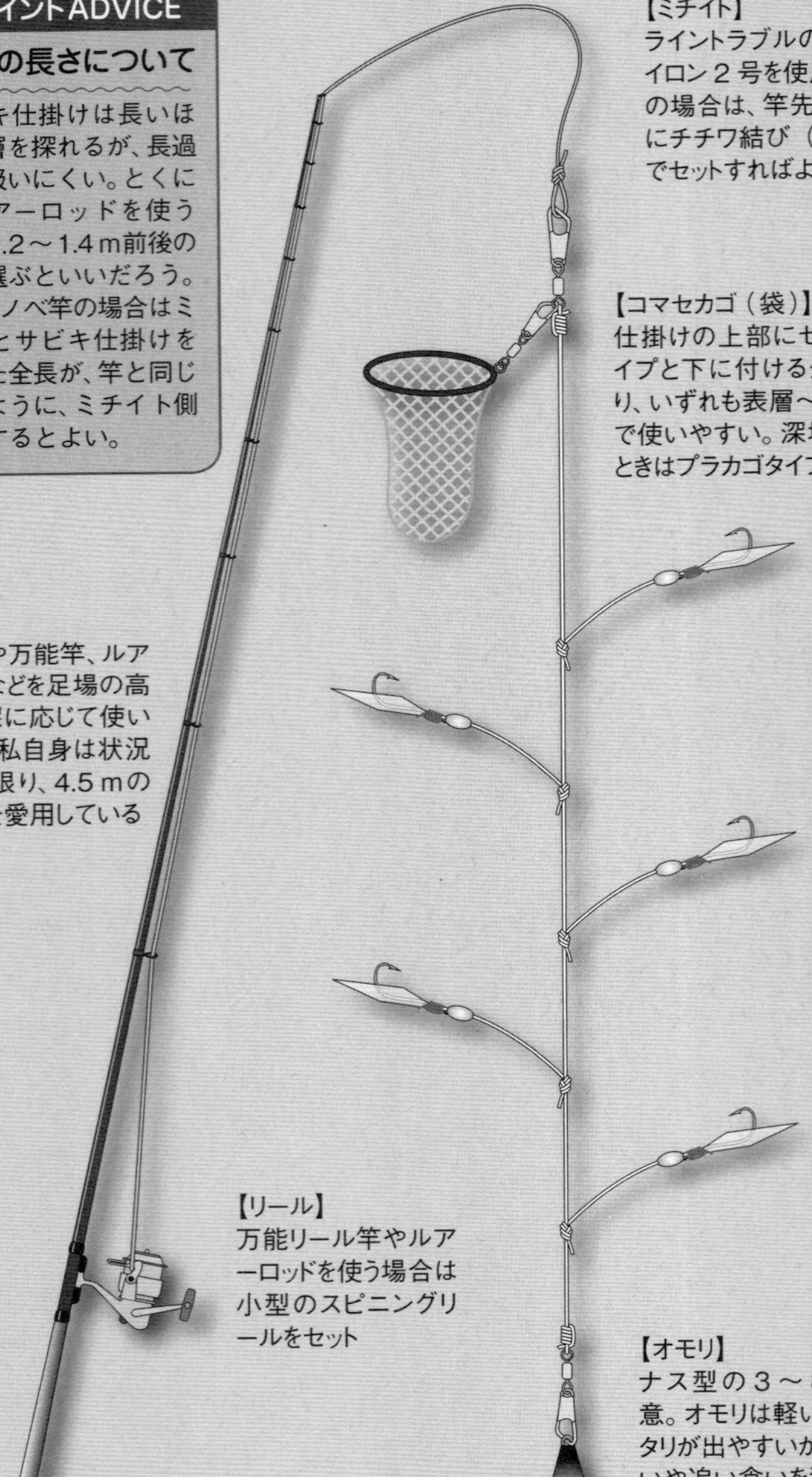

【ミチイト】
ライントラブルの少ないナイロン２号を使用。ノベ竿の場合は、竿先のリリアンにチチワ結び（８ページ）でセットすればよい

【コマセカゴ（袋）】

仕掛けの上部にセットするタイプと下に付けるタイプがあり、いずれも表層～中層狙いで使いやすい。深場を攻めるときはプラカゴタイプもお勧め

【サビキ仕掛け】

スキンサビキと魚皮サビキを状況に応じて使い分ける。ハリのサイズやハリスの太さも状況で使い分けるが、あらかじめ対象魚を想定して、無駄なく仕掛けを用意したい

【竿】

渓流竿や万能竿、ルアーロッドなどを足場の高さや水深に応じて使い分ける。私自身は状況が許す限り、4.5ｍの渓流竿を愛用している

【リール】

万能リール竿やルアーロッドを使う場合は小型のスピニングリールをセット

【オモリ】

ナス型の３～８号を用意。オモリは軽いほうがアタリが出やすいが、深場狙いや追い食いを狙うときは重めのオモリを使う

用語解説　**スナップ**▶ラインやオモリ、ルアーなどをワンタッチでセットするための金属パーツ。

セッティング　スナップを利用すれば、ワンタッチでセット完了！

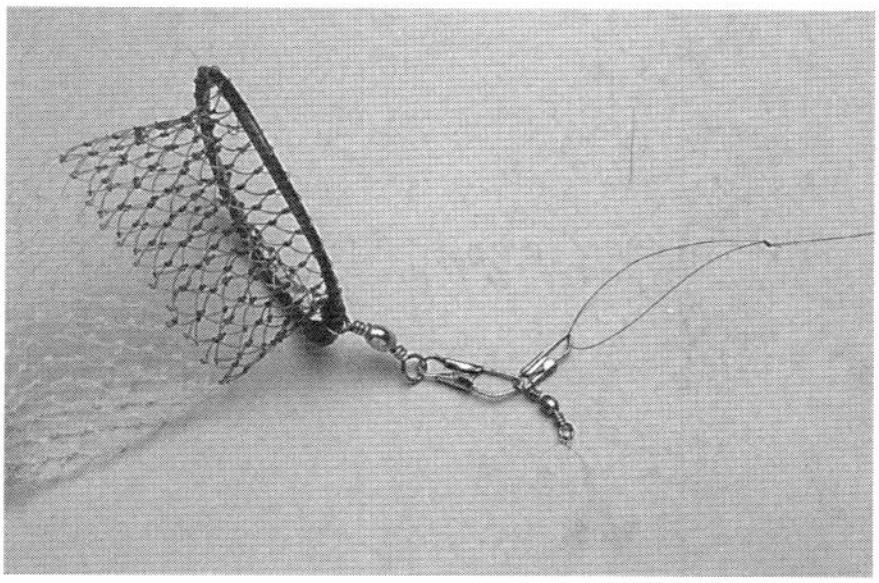

【仕掛けと上カゴのセット】
57 ページの要領でタックルをセットし、ミチイト先端に8の字結び（8 ページ）で輪を作る。そこに、サビキ仕掛けの上端に付いているスナップを引っ掛けてセット。コマセカゴもスナップを利用してセットすればよい

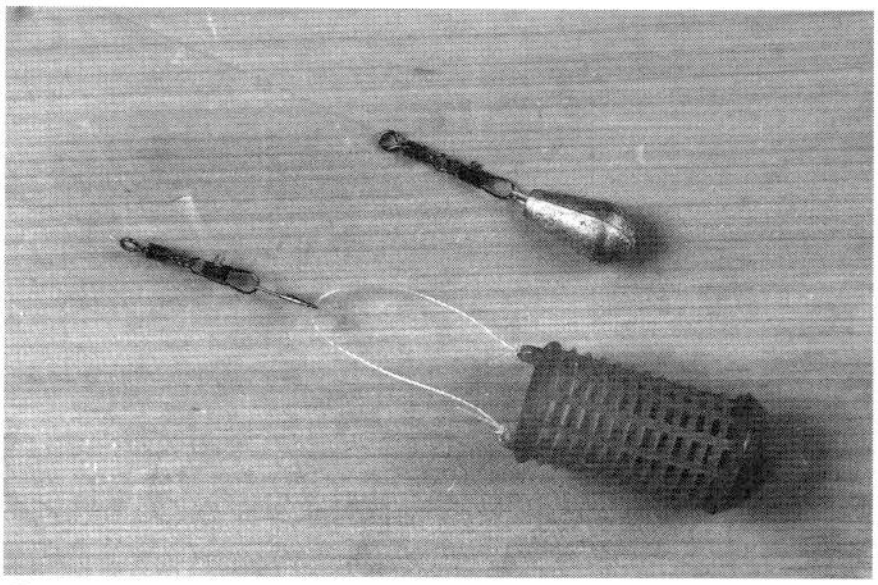

【オモリや下カゴのセット】
上カゴ仕掛けの場合は、サビキ仕掛けの一番下に付いているスナップにナス型オモリをセットする（上）。深場狙いや潮の速いときは、2個付けするのもアリだ。下カゴ式の場合も、スナップに直接引っ掛ければよい（下）

寄せエサ　冷凍アミを解凍して使用。適宜、粉エサを混ぜるのもOK

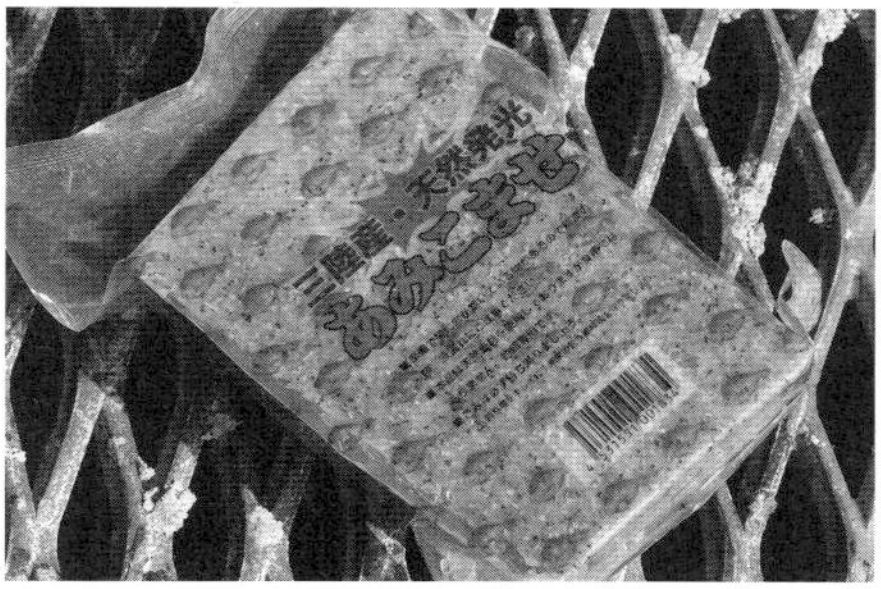

【冷凍アミブロック】
コマセは、冷凍アミブロックを解凍して使用するのが基本。通常、1kgのブロックで売られていて、半日釣りを楽しむとして１～２個あれば十分だ。ちなみに、水中でぼんやりと光るタイプは、まづめどきに効果的とされる

【粉エサ】
解凍したアミコマセに混ぜて使用できる粉エサも販売されている。集魚効果は抜群で、コマセの増量にも使えるので一袋用意しておくと便利。サビキ専用タイプやアジ用などの粉エサでOKだ

ワンポイントADVICE

「トリック仕掛け」も持参しよう

サビキのような擬餌バリではないのだが、ぜひとも用意してみたいのが「トリック仕掛け（トリックサビキ）」。これは、装飾のない空バリに、解凍したアミエビを 109 ページの専用バケツなどを利用して直接擦り付けて釣る奇抜な仕掛けだ。本物のエサを使うだけに、どんな種類のサビキを使っても釣れないときでも、この仕掛けをコマセの煙幕に紛れ込ませれば、かなりの確率で魚が食ってくる。

サビキでダメでも、トリック仕掛けなら釣れることが多い

用語解説　**粉エサ**▶魚が好む味や匂いを配合した粉末状のエサの総称。アミコマセや海水と混ぜて使う。

サビキ釣りのフィールドと有望なポイントの選び方

海釣り施設や水深のある大規模港が期待度大

そもそも、アジやイワシ、サバなどは全国的にポピュラーなターゲットなので、釣り場選びにはさほど困らないだろう。

青魚たちは「潮通しのいい」場所が大好き！

前述したように、ファミリーや仲間同士で一番手軽に楽しめる釣り場は、なんといっても「海釣り施設」。アクセスが便利で、安全にも配慮しているだけに、子供連れでも安心して釣りを楽しめる。また、比較的潮通しのいい場所に位置していることが多いので、アジやイワシなどの青魚たちがコンスタントに回遊してくるのがうれしい。さらに、レストランやレストルーム、清潔なトイレ、手洗い場なども完備している施設が多いし、サビキ仕掛けや寄せエサの購入、ライフジャケットや竿のレンタルも利用できるので、施設によっては手ぶらで出かけても釣りが楽しめる。利用料金は数百円～1000円前後となるが、一日ゆったり釣りを楽しめることを考えると格安の料金だと思う。

一方、休日の海釣り施設は混雑していてちょっと苦手、という人には比較的スペースが広い大規模港の岸壁がお勧め。水深のある港なら、港内までアジやイワシが回遊してくるので、外海が多少荒れ気味の日でも安心して楽しめる。場所によっては車が横付けできるし、近所にコンビニがあれば家族連れでも食事やトイレに困らない。ただし、釣り場が立ち入り禁止になっているかどうかの確認は忘れずに。

そしてもちろん、全国各地にある堤防でもサビキ釣りを楽しめる。外海に面した潮通しのいい堤防はもちろん、内湾の規模の小さな堤防にもアジやイワシが回遊してくることは多いので、ぜひ、チャレンジしてみたい。

サビキ釣りのターゲットたちが回遊してくるポイントは、堤防の先端や岸壁のカドなど、基本的に潮通しがよくてエサとなるプランクトンが発生しやすい場所だ。また、普段からコマセが効いている釣り場では、港内奥の岸壁などでも楽しめることが多い。とくに、突堤や堤防の曲がり角付近、障害物がある場所などは、回遊してきた魚の群れが留まりやすいので長く釣れ続く傾向がある。ポイントがよくわからなければ、釣れている人に挨拶して近くに釣り座を構えるのも一手。海釣り施設の場合は、受付け時に最近好調なポイントを教えてもらうのがいいだろう。

釣れるポイント　潮通しのいい場所や潮に変化が発生する場所を狙う

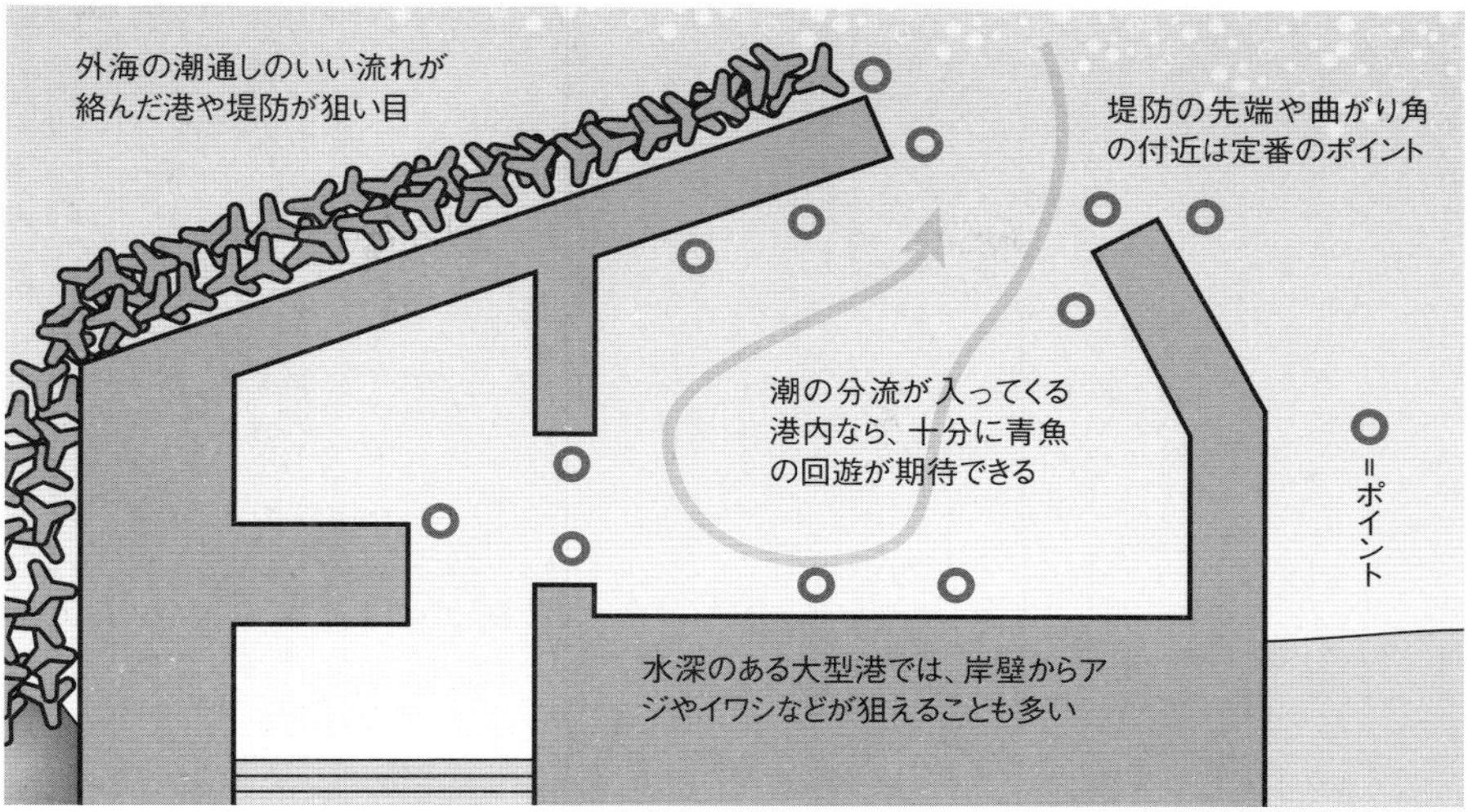
外海の潮通しのいい流れが
絡んだ港や堤防が狙い目
堤防の先端や曲がり角
の付近は定番のポイント
潮の分流が入ってくる
港内なら、十分に青魚
の回遊が期待できる
＝ポイント
水深のある大型港では、岸壁からア
ジやイワシなどが狙えることも多い

回遊魚である青魚たちは、基本的に潮通しのいい場所や潮に変化が発生しやすい場所に回遊してくる。岸壁のカドや堤防の先端、曲がり角付近、港内の突堤などは、とくに狙い目だ。ただし、あまりに潮が速い場所は、寄せエサがすぐに流れてしまって釣りにくいので、時間帯をずらすなどの工夫も必要。人気の釣り場で、いつもコマセが効いているようなポイントなら、港内の奥まったような場所でも定期的な回遊が期待できる

寄せエサを効かせて自分の足元に魚を集めることができるサビキ釣りでは、実績ポイントではない場所でも爆釣することが珍しくない。寄せエサの集魚能力を信頼して、自分なりのポイントを探すのも楽しみのひとつだ

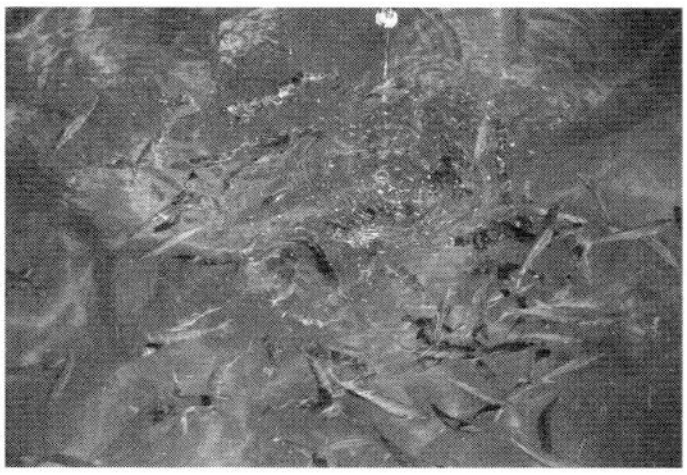

海釣り施設なら
どこでも釣れる！

【海釣り施設のポイント】
施設の構造にもよるが、サビキ釣りで実績が高いのは足元の水深があって、潮通しのいい場所。とはいえ、栈橋タイプの施設ならどこでも潮通しがいいので、ポイント選びにそれほど神経を使う必要はないだろう。どうしても不安なら、受付で実績ポイントを聞いておくのもよい。その日の潮の流れ具合や魚の活性などによって釣れる場所は結構変わるが、寄せエサを効かせていれば必ず魚が集まってくると信じて釣ることも大切だ

用語解説　**栈橋**▶本来は船舶が着岸するための橋状の係留施設だが、海釣り施設に見られる橋状の釣り場も指す。

サビキ釣りのダンドリと実践テクニック

手返しよく釣るためには、釣り座のレイアウトも大切

ポイントに到着したら、混雑時には隣の人に迷惑にならない間隔をとって釣り座を決めよう。そのとき、両隣にあいさつしておくとお互い気分よく釣りを楽しめる。

釣り座を決めたら、手返しよく釣るためのレイアウトを整える。コマセバケツを正面に置き、海水を入れた水くみバケツは自分の左側に、手拭きタオルは足元の左側に置くとよい。クーラーボックスは、自分が座るためのイス代わりにしてもいいし、背後に邪魔にならないように置くのもよい。

仕掛けの投入から取り込みまでをスムーズに！

準備が整ったら、いよいよ釣りの開始だ。その日の状況によって魚の回遊してくるタイミングは違ってくるが、最初は魚の群れを自分の近くに集めて活性を上げるために、手返しよく寄せエサを効かせ続けることを意識したい。

まず、コマセカゴに寄せエサを詰めたら、仕掛けを静かに竿下に投入する。通常、イワシやサッパなどの泳層は上層～中層、アジは底層が基本のタナになるので、とりあえず狙いの魚がいると思われる水深を狙ってみよう。仕掛けがタナに到達したら、竿を数回シャクってコマセを振り出し、その位置でアタリを待つ。最初のうちは、3分程度の間隔で仕掛けを入れ直して積極的に寄せエサを効かせていきたい。

仕掛けの誘いはとくに必要なく、むしろ誘いを入れるとサビキバリを警戒されることもある。ただし、一時的に食いが止まったときには、竿先を軽く上下してやるだけで再度食い始めることも多いので、状況を見ながら対応しよう。

魚がハリ掛かりすると、竿先に明確にアタリを感じるので軽く竿を立て、ノベ竿の場合はそのまま魚を抜き上げる。リール竿の場合はリールを巻いて、竿先からオモリまでの距離が竿とほぼ同じ長さになったら抜き上げよう。魚の活性が高いときは、最初のアタリで数秒待っていると2尾、3尾と追い食いしてくるが、あまり魚を遊ばせ過ぎると仕掛けがオマツリする原因になるのでほどほどに。

釣り上げた魚は、すみやかに冷えたクーラーボックスに収納。このとき、仕掛けを張った状態で作業するとラインの絡みを防げる。魚を収納したら、再度、コマセを充填して、いま釣れたタナと同じタナを狙って仕掛けを投入。リズミカルに手返しすることで、確実に釣果を伸ばせるはずだ。

用語解説　**手返し**▶仕掛けの投入から魚を釣り上げて、再度投入するまでのローテーション。

基本テクニック　仕掛けの投入から取り込みまでの流れ

1 釣り座のレイアウトと寄せエサの解凍

釣る場所を決めたら、クーラーボックスやバケツ類、タオルなどを使いやすい位置に配置しておく。冷凍アミブロックは、水くみバケツの海水に袋ごと浸けて解凍（円内写真）。その間に仕掛けの準備をしよう！

2 アミコマセをカゴに詰める

解凍したブロックを袋から出してコマセバケツに移し、スプーンや素手でコマセカゴに7～8分目ほど詰める。あまり詰めすぎると、海中でコマセの出が悪くなる。プラカゴを使う場合、最初は放出窓を全開にしておく

3 海中でコマセを拡散させてアタリを待つ

仕掛けを静かに投入し、狙いのタナに到着したら竿先を数回振ってコマセを拡散させ、同じ位置でアタリを待つ。軽く竿を上下させる誘いが有効なこともあるが、むしろ魚に警戒されることもあるので、過度な誘いは無用だ

4 アタリがあったら竿を起こす

サビキ釣りでのアタリは比較的明瞭で、竿先にブルブルとアタリを感じたら軽く竿を起こしてハリ掛かりさせる。強いアワセを入れると魚の群れを散らしかねないので、むしろ向こうアワセ的にハリ掛かりさせればOKだ

5 魚をスムーズに取り込む

魚がハリ掛かりしたら、すみやかに仕掛けを上げて魚を取り込む。大物と強引にやりとりするとハリスが切れることがあるが、あまりのんびりしていると仕掛けが手前マツリして難儀することになる。スムーズに取り込みたい

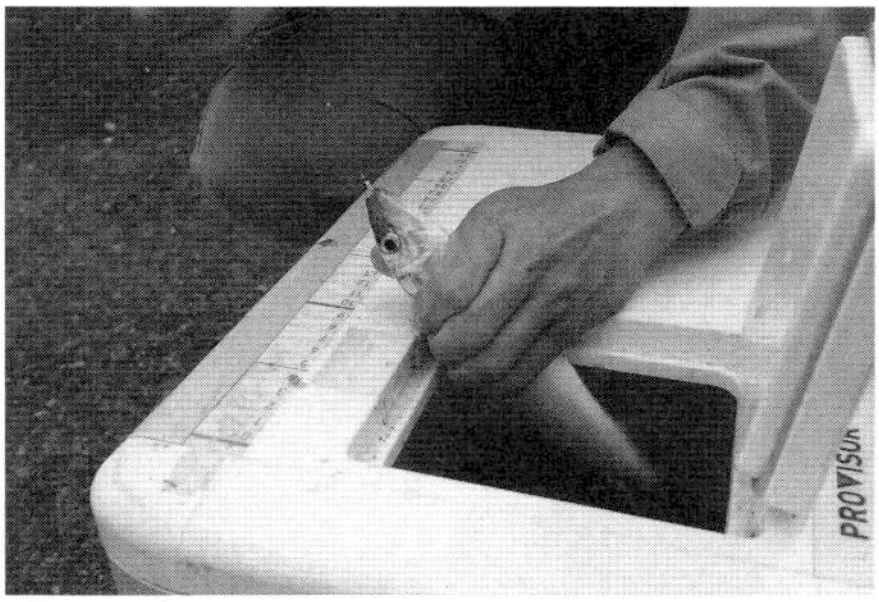

6 魚をクーラーボックスへ収納する

竿掛けなどに竿を置き、仕掛けが絡まないようにラインを張った状態で魚を外して、冷えたクーラーボックスに入れる。すべての魚を外したら、再びコマセカゴにアミコマセを充填し、2からの作業を繰り返していけばよい

用語解説　手前マツリ▶自分の仕掛けが絡みついてオマツリしてしまうこと。

タナの探り方　魚の種類や活性に合わせてアタリダナを探る

【釣れてる人のタナを参考に】
サビキ釣りで重要なのが、魚のいる泳層＝タナを狙うこと。釣れる人と釣れない人の差は、多くの場合これだったりするのだ。通常、アジのタナは海底付近、イワシやサッパなどは中層～上層のことが多いが、状況によってはすべての魚が底層で釣れたり、魚の活性が高いときには逆に上層で入れ食いになったりする。もしも、特定の人だけが爆釣していたら、その人のタナを参考にしてみよう。リールを巻き上げるときの回数で、狙っているタナがだいたい把握できるはずだ

【タナの探り方】

1たとえば、サビキ仕掛けの上のハリばかりに釣れてくる場合は、魚の群れのタナが上にあると判断し、次回の投入では仕掛けの長さの半分ほどタナを上にして反応を見てみる。2魚が上層近くを回遊しているときは、海水で薄めたアミコマセをヒシャクで海面に少しずつ撒きながら、群れの活性を上げてやるのも方法。その場合、仕掛けからコマセカゴを外して釣ると軽快に楽しめる。3上層～中層で反応がない場合は、海底を狙ってみる。深場のポイントでは、プラカゴを使えばコマセの制御もしやすい。魚の群れがある程度集まったら、プラカゴの窓を閉じ気味にして、コマセが少しずつ持続的に効くようにするのがコツだ

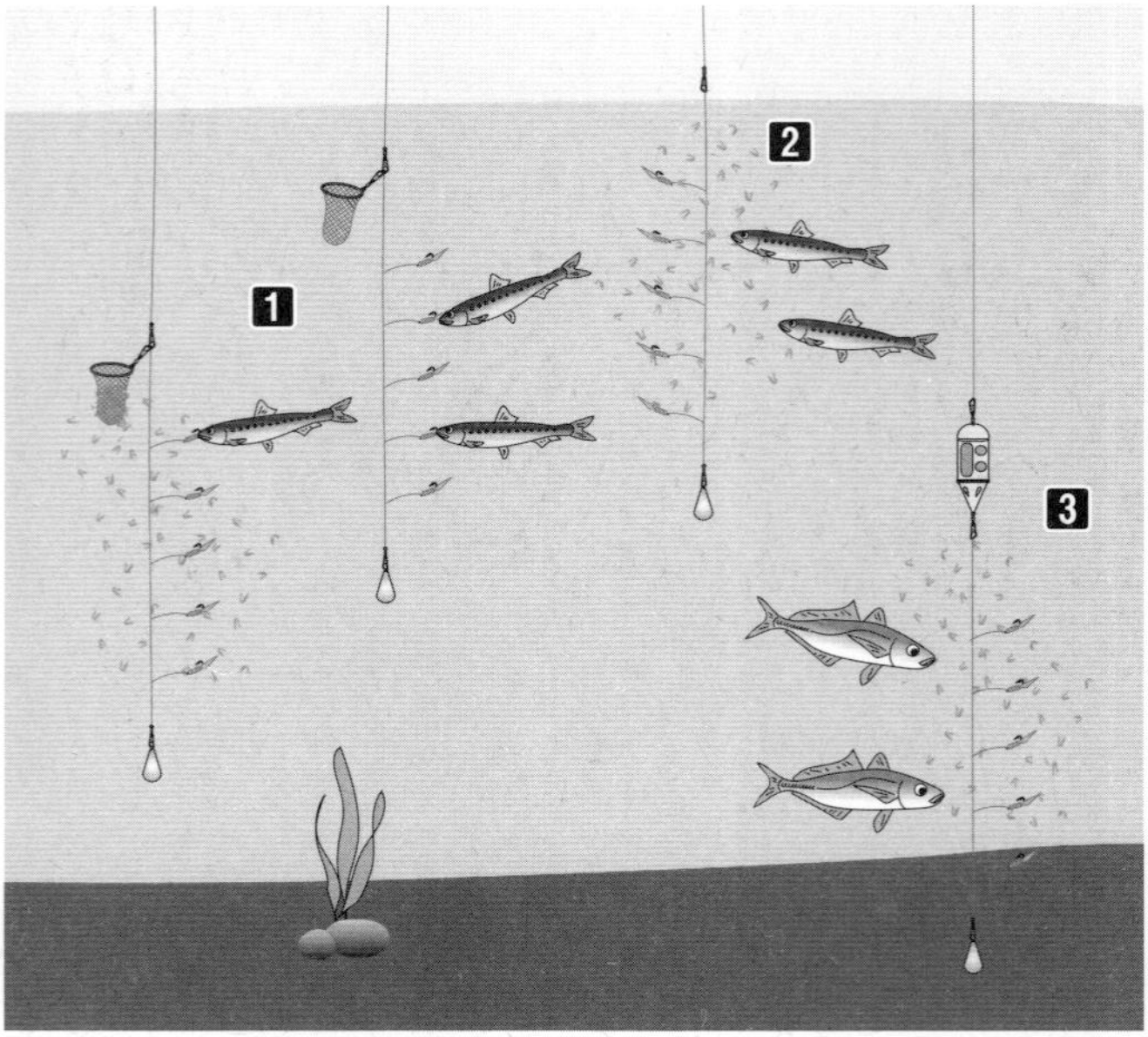

誰も狙わない
ヘチぎわが穴場なのだ

【一歩下がってヘチぎわを狙う】

イワシやカマスなどは堤防や岸壁のヘチぎわぎりぎりに沿って回遊することも多いので、沖めを狙ってアタリが出ないなら、むしろ堤防ぎわから一歩後退して足元を狙ってみるのも方法だ。堤防のカドやちょっとした突堤があれば、その周辺もていねいに探ってみるといいだろう

用語解説　突堤▶港内や海岸などに見られる、単独の小さな堤防のこと。意外と穴場になりやすい。

釣れないときの対策　誘い方や狙いのタナ、仕掛けを変えてみよう！

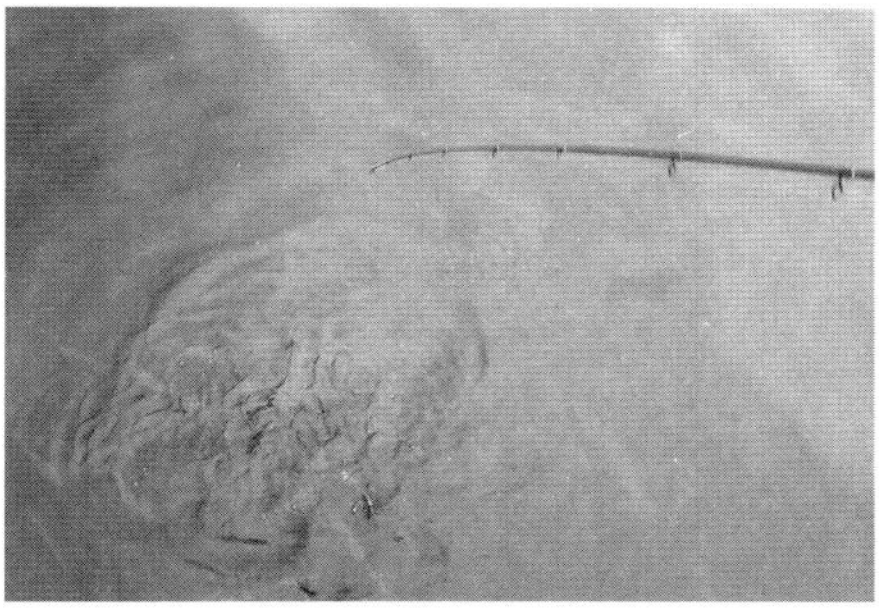

【誘いの方法を変える】
魚はいるのにサビキに全然反応しない場合は、仕掛けを交換する前に誘い方を変えてみよう。それまで誘いを入れていたならリズムを変えたり、動かさずに待つ。逆に、誘いを入れてなかった場合は、軽く誘ってみるとよい

【狙いダナを変える】
ほかの人と同じサビキを使っているのに自分だけダメなときは、タナを変えてみよう。タナがマッチしていれば、写真のように魚の上アゴにハリがガッチリと掛かってくる。釣れている人のタナを参考にしてみたい

【サビキ仕掛けをチェンジする】
誘い方やタナを変えても食わないときには、そこで初めてサビキを交換してみる。スキンから魚皮やフラッシャーなどのサビキに変えてみるほか、ハリのサイズを小さくしたり、ハリスを細くしてみるのも効果的だ

【時合いがくるまで粘り強く待つ】
状況がよければ簡単に釣れるサビキ釣りだが、相手は回遊魚だけに気ままな側面もある。どんな工夫をしても釣れないときは、回遊がくるまでじっくり待つのも手だ。潮の動きが変わった瞬間、爆釣が始まることも多い

【トリックサビキで釣る】

目の前にはイワシやアジの群れが回遊しているのに、極小サビキでも食いが悪いときには、最後の手段として「トリックサビキ」（113ページ）を試してみよう。使い方は、スリットの付いた専用の容器（109ページ）に解凍したアミエビのブロックを置き、テンションを掛けた仕掛けを数回通過させるだけ。これで、適量のアミエビがハリに付く仕組みだ。この場合、コマセカゴは外しておけばよい。さすがに本物のエサが付いているだけに、サビキを素通りしていた魚たちも反応してくれるはずだ

用語解説　**テンション**▶ラインや仕掛けなどの張り具合のこと。ラインを張ることは「テンションをかける」という。

裏ワザ 「投げサビキ」や「泳がせ釣り」も楽しいぞ！

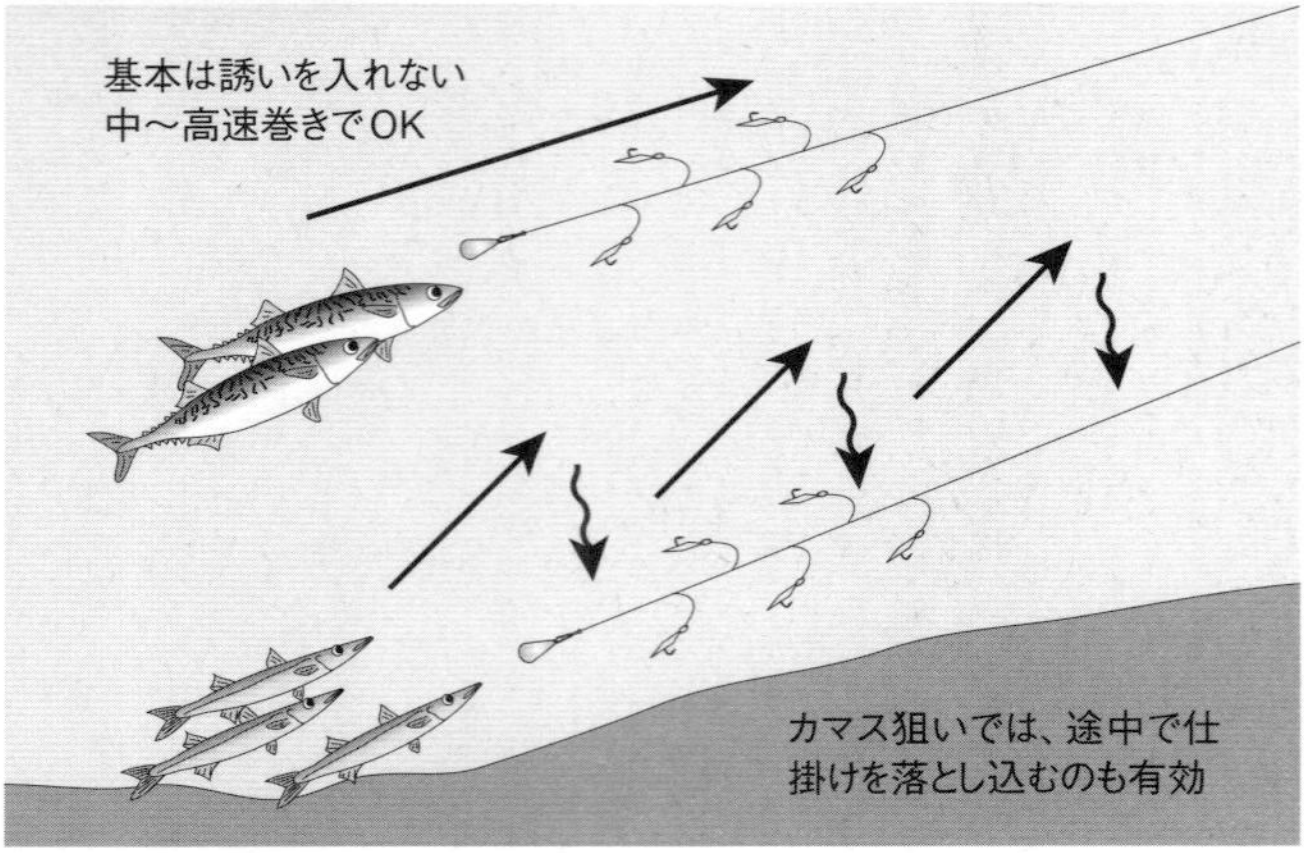
基本は誘いを入れない
中〜高速巻きでOK
カマス狙いでは、途中で仕掛けを落とし込むのも有効

【投げサビキ釣り】

サバやカマスは高速で泳ぐルアーでもよく釣れるように、サビキ仕掛けをルアーのように引いてくるだけでも果敢にアタックしてくる。いわゆる「投げサビキ」というテクニックだ。仕掛けのコマセカゴを外して沖に投入し、狙いのタナまで沈めたらリールを中〜高速巻きするだけなので、すぐにでもマスターできる。誘いは無用だが、カマスの場合は上下の動きにも反応するので、段階的に高速巻きをストップして仕掛けを落とし込むのも効果的だ

【チョイ泳がせ釣り】

本来の泳がせ釣りは、活きたイワシなどをエサにして大型のフィッシュイーターを狙う方法だが、このサビキ釣りでも応用できる。方法は簡単で、やや大きめのハリのサビキ仕掛けでイワシを釣り、そのまま海中で泳がせておくだけ。ハリ掛かりしたイワシは、群れの中で一尾だけ変な泳ぎをしているので、それを狙って周囲にいたサバやカマスたちが襲ってくるのだ。体長が 25㎝ぐらいのサバでも、その半分ぐらいの大きさのイワシを果敢に食ってくる。メチャクチャ興奮する釣りなので、チャンスがあればぜひ試してみていただきたい

チョイ泳がせは
メチャクチャ楽しいぞ!

ワンポイントADVICE

全国サビキ釣り事情

北海道の堤防では食卓でもおなじみのサンマが釣れる。しかも大量に。釣り方は普通のサビキ釣りスタイルで OK。ほかに、ニシンやシシャモなども釣れる北海道は、まさにサビキ釣り天国だ。東海エリアの定番ターゲットはタカベやキビナゴ。これも美味な魚だ。沖縄では海上イカダが点在していて、バーベキューしながらの釣りを楽しめる。そこで釣れるグルクン（タカサゴ）は激ウマだ！

北海道の港ではサンマの入れ食いが楽しめる。季節は夏〜秋がベスト

キビナゴは南方系の魚だが、近年では関東の堤防でも釣れるようになった。刺身で美味！

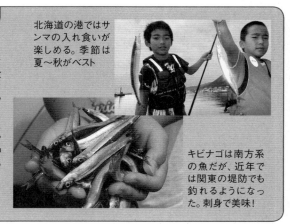

Cooking Recipe 〜釣った魚をおいしく食べよう〜

【イワシの刺身】

写真はウルメイワシの刺身だが、マイワシ、カタクチイワシでも鮮度のいいものは、ぜひ刺身で味わいたい。とにかく鮮度が落ちやすいので、たとえ冬場でも、釣ったらクーラーなどでキッチリ保冷して持ち帰り、スピーディーにさばくのが鉄則。三枚におろして皮を引いたら、切って大根などのツマの上に盛りつける。小型のウルメイワシやカタクチイワシは、手開きでさばいたほうが、手っ取り早い。濃厚な脂が口の中で溶け出すように、しっかりと冷やしてからいただきたい

【アジフライ】

パン粉のサクサクとした衣は、アジのジューシーな持ち味を引き立ててくれる。さばき方は腹開きでも背開きでもいいが、開く前にゼイゴを取るひと手間を忘れずに。好みでソースやタルタルソースなどを添えていただこう

【サバの竜田揚げ】

醤油・酒・おろしショウガの下味をつけて揚げた竜田揚げ。ショウガの効果で臭みが消え、なじみやすい醤油味とサックリした衣で食べやすく、箸が進む。サバ以外の魚でもおいしいので、いろいろ試してみよう

【サッパの焼きママカリ】

ウロコやエラ、腹ワタを取ったサッパを素焼きにし、醤油、酢、ダシ汁、ショウガ、赤唐辛子を合わせたタレに漬けたものが焼きママカリ。岡山の郷土料理でもある。数釣りしたときに保存もきくのでお勧めの料理だ

【イワシのつみれ鍋】

イワシの身はミンチにし、片栗粉、味噌、おろしショウガを加えて練る。土鍋に大根、ゴボウ、ニンジン、白菜、ネギ、豆腐など好みの具を入れて火を通し、イワシのミンチを団子状にして落として煮て、味噌で味を整える

《おいしい海遊び入門❺》

拾った海藻で「トコロテン」作り

トコロテンの原料って、何だかご存知だろうか？　その答えは、海の小磯などに生える通称「テングサ」と呼ばれるマクサやオオブサ、オニクサといった紅藻類の海藻だ。これを天日でよく乾燥させてから煮出し、その煮汁を固めたものがトコロテンになる。ダイエット食品として知られるトコロテンだが、海のミネラル分もたっぷり含まれていて体調を整えるのにも役立つといわれる。もちろん、子供のおやつとしても超ヘルシー。釣りが終わったら、海岸で少量のテングサを拾って持ち帰り、トコロテンやアンミツを作って味わうことも、海のありがたみを知る一環になるだろう。

テングサは日本各地の磯場に分布しており、長さは 10 ～ 30㎝ほど、色は赤紫色で、細かく枝分かれしているのが特徴だ。主に水深の浅い岩場に生えているが、地域によってはテングサの採取が禁止されているので、海岸に流れ着いたものを拾うのが無難。時期的には、春～初夏のテングサがトコロテンに向くとされる。採取したテングサは、真水でよく洗ってから風通しのいい場所でよく乾燥させ、再び洗っては干しを繰り返すこと約２週間ほど。だんだん色が抜けて薄黄色になってくると、トコロテンの成分を抽出できるようになる。完全に乾燥させたものは、ビニール袋などで湿気を防いで保存すれば３年くらいは味も風味も変わらない。

トコロテンの作り方は、まずテングサを真水に浸してよく洗い、テングサひとつかみに対して１リットル程度の水で煮る。沸騰したら火を弱め、さらに 10 ～ 20 分ほど煮て、汁が少し色づいてトロリとしてきたらフキンなどで煮汁をこす（汁は熱いのでヤケドに注意）。煮汁の粗熱が取れたら型に流し込み、冷蔵庫に入れる。数時間で固まるので包丁で細長い棒状に切り、トコロテン突きで押し出せば完成。大人は酢醤油をかけて、子供は黒蜜をかけたりフルーツの缶詰と混ぜたりするといいだろう。

ミネラルが豊富でヘルシーな海の幸。ひとつかみのテングサで、５～６人分のトコロテンができる

ワームなら
簡単に
釣れるよ！

STEP 7

1本のロッドとワームだけで楽しむ、超お手軽ルアーフィッシング

ライトルアー五目で爆釣する方法

現在、アジやメバル、カマス、サバといった小～中型のターゲットを軽量なタックルで狙う「ライトルアー釣り」が大人気だ。ここでは、初心者がより入門しやすいスタイルとして、「たった1本のロッドとワーム」だけで楽しむ方法を解説していこう！

ライトタックルで
大興奮のファイトを
楽しもう！
Lure fishing

Lure fishing

1本のタックルとワームだけで楽しもう！

ワームで釣れる魚は数多い。タックルはアジング用でOKだ

本書では、海釣りに興味を抱いた方々のために、だれでもすぐに体得できる釣り方ばかりを紹介してきた。その点、ルアーフィッシングは、「なんだか難しそう……」と考える人が少なくないと思う。たしかに、ルアー釣りでは専門用語が多いし、それ以前に「ルアー」という偽物のエサを使う時点で、初心者の方々にとってはかなりハードルが高い釣りになっているかも知れない。

しかし、ルアーというのは単純にリールのハンドルを巻いて、一定の速度で泳がせるだけでも魚がヒットしてくる不思議な威力を秘めている。実際、狙いの対象魚と使うルアーの選択さえ間違わなければ、ときとしてエサ釣りよりも効率よく、確実に魚と出会うことができるのだ。

とくに、本項で解説していく「ライトルアー五目」というスタイルなら、使用するタックルやルアーがシンプルで、テクニックもすぐにマスターできる。初心者がルアー釣りの醍醐味を知るにはピッタリなのだ！

メバル用ワームだけであらゆる魚を狙う！

初心者がルアー釣りをはじめるにあたって、最初にとまどうのが膨大な種類のルアーが存在することだろう。釣具店にいくとさまざまなルアーが売られていて、何をどうやって選べばいいのかわからない。ルアー釣り歴40年の私でさえも、その種類の多さに圧倒されるほどだ……。

そこで提案するのが、「ワーム」と呼ばれるルアーだけで楽しむ超シンプルなスタイル。ワームにもいろいろな種類があるのだが、後述するように「メバル用」のワームが一種類だけあればメバルはもちろん、ここで紹介している魚のすべてを狙うことができるのだ。価格も比較的リーズナブルなので、財布にやさしいのもうれしい。

ロッドやリールについては、チョイ投げのページで解説した「アジング用」のタックルが1セットだけあればOK。したがって、チョイ投げなどのエサ釣りをしている途中で、仕掛けだけをワームにチェンジしてルアー釣りを楽しむスタイルもありだ。当然、最初からルアー釣りだけ楽しむのならエサの準備も必要ないので、思い立ったらすぐに出掛けられるフットワークのよさもライトルアー五目ならではのメリット。そんな手軽で痛快なルアー釣りを紹介していこう！

用語解説　**ヒット▶**魚がルアーに食ってくること。ルアーのハリ（フック）に完全に掛かることは「フッキング」という。

概要と魅力　ワームが魚を惹きつける力は、本物のエサにも負けない!

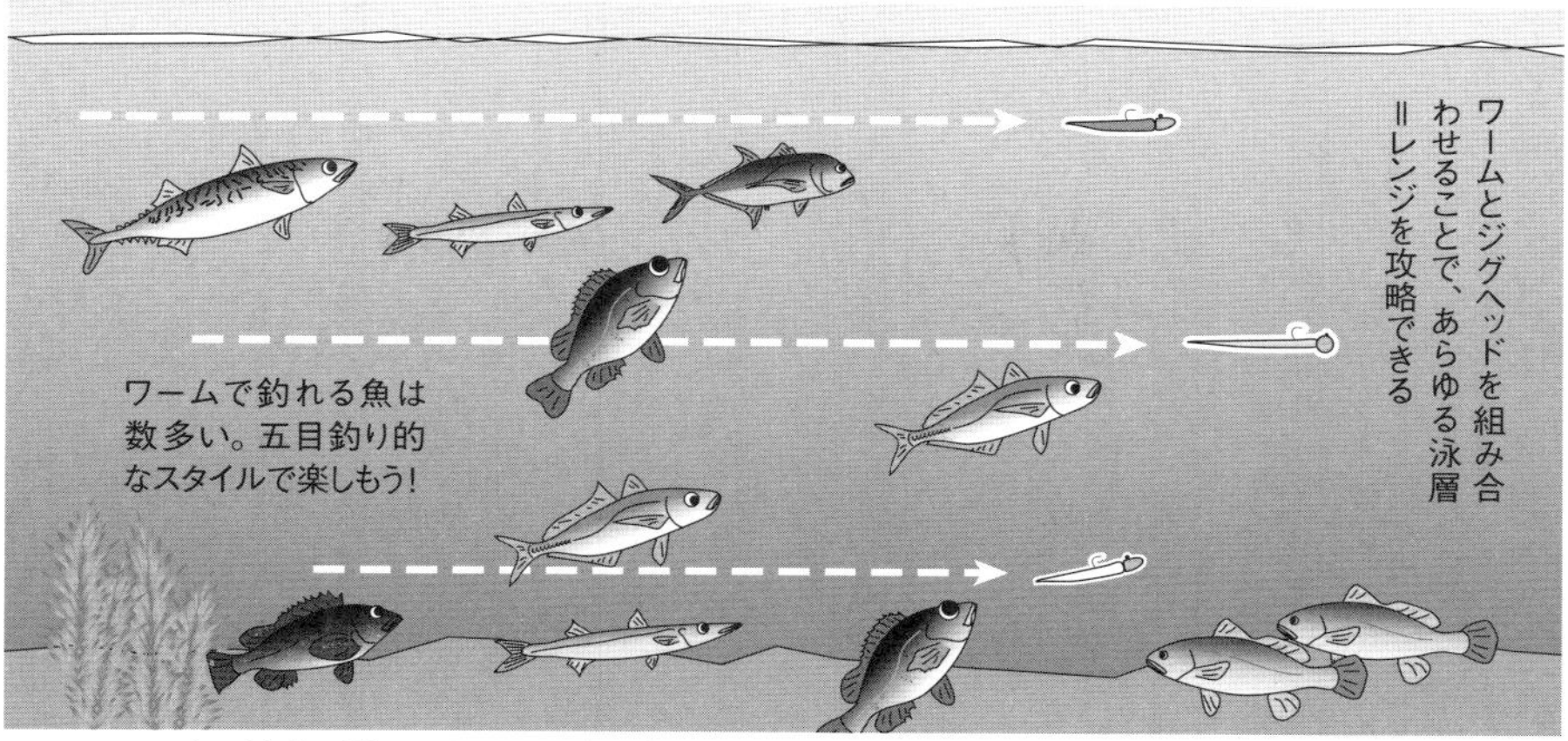
ワームとジグヘッドを組み合わせることで、あらゆる泳層=レンジを攻略できる
ワームで釣れる魚は数多い。五目釣り的なスタイルで楽しもう!

ワームは、一定の速度で引いてくるだけで魚が釣れるので、初心者でもとても使いやすいルアーだ。サイズが小さくて動きも地味ではあるが、人間の目では見えないような微妙な波動が、確実に魚にアピールしている。魚が好む匂いや味がついたタイプのワームなら、本物のエサに負けないぐらいの集魚効果も期待できるのだ。さらに、ワームは組み合わせるジグヘッドの重さやリトリーブの方法次第で、あらゆる泳層を探れることも大きなメリットになる

メバルや根魚はライトルアー五目の好ターゲット。足元でワームを上下させる単純な誘いでも釣れるから、ビギナーでもすぐに楽しめる

結構大きめのメバル、ワームでゲットだぜ!

ルアー釣りで重要なのは、「最初の一尾目をできるだけ早く釣ること」。これによって、ルアーに対する不信感が一気に解消する。そのためにもこのワームの釣りは超オススメだ!

ライトルアー五目で人気なのが「アジ」。サビキ釣りやウキ釣りと違って寄せエサの必要がないから、サクッと釣ってサクッと帰るというスマートな釣行も楽しめるのだ

対象魚と季節　ワームで狙える魚種は豊富で、ほぼ一年中楽しめる！

ワームで釣れる魚種は数多く、アジやメバル、カサゴ、ソイ、カマス、サバなど、釣って楽しく、食べておいしい魚ばかり。季節的にも多くの魚が一年中釣れるのがうれしい。ただし、ほかの釣り方同様に、地域によって、あるいは年ごとにシーズンが変化することも多い。釣行時には、ウエブなどで直近の情報を調べてから出掛けてみたい

魚種	ハイシーズン	概要
メバル	春、秋～冬	ライトルアー五目の人気者。夜行性が強いのでナイトゲームが有利になるが、メバルが多い場所では日中でも十分に楽しめる
アジ	一年中	ルアーでも大人気の魚で、とくに秋～冬の小型は初心者でも釣りやすい。メバル同様、夕まづめ～夜釣りが有利だが日中もOK！
カサゴ、ソイ	初夏～秋	ワームでは一番釣りやすいターゲットのひとつ。堤防や岸壁のボトムでも釣れるが、水深の浅いゴロタ場が最高のフィールドだ
サバ	初夏～秋	メタルジグで狙うことが多いが、小～中型はワームでも釣りやすい
カマス	夏～冬	大きな群れで回遊していて、ワームにも非常に反応がいい
イシモチ	夏～初冬	意外だがワームへの反応はとてもよい魚。濁り時が期待大
メッキ	初秋～冬	ギンガメアジなどのアジ科大型魚の幼魚。小さくても引きは強烈！

釣り場　足場の安全な堤防やゴロタ場などが絶好のフィールド

【堤防、岸壁】
メバルやアジ、カマス、サバなどは、こうした足場のいい堤防や岸壁で楽しむのがいい。比較的潮通しのいい場所で、魚たちのエサとなる小魚やカニ、フナムシなどが豊富なエリアが絶好の狙い目となる

【ゴロタ場】
チョイ釣りでも解説したように、水深の浅いゴロタ場は、ムラソイやカサゴといった根魚たちの宝庫。当然、ライトルアーゲームでも有望な釣り場となる。とくに初夏前後の高活性のムラソイは、ワームにも果敢に食ってくる

用語解説　**ボトム**▶海底、あるいは底層のタナのこと。

軽量かつ、感度に優れたアジングタックルで決まり！

チョイ投げ用のタックルやラインが、そのまま流用できる

私は仕事の都合で何十本ものルアーロッドを所有してはいるが、プライベートで使うロッドはそれほど多くはない。そして、本書で紹介している対象魚に限定すると、使うロッドは「アジングロッド」の1本だけだ。非常に軽く、感度にも優れ、後述する軽量なワーム（ジグヘッド）もじつに扱いやすい。それでいて、本来の対象魚であるアジはもちろん、メバルやカマス、サバ、イシモチといった海のライトルアー釣り全般に使える汎用性の高さもうれしい。さらには、体長60cmオーバーのスズキ（＝シーバス）の強烈な引きにも対応するパワーも兼ね備えているのだ。このロッドはチョイ投げなどのエサ釣りにも使えるので、ビギナーにとっては最高に使える「万能ロッド」といえる。価格は幅があるが、5000～1万円程度のものなら十分に楽しめるだろう。

これにセットするリールは、小型のスピニングタイプ。これもチョイ投げと共用可能だ。ラインは、チョイ投げ用にナイロンをリールに巻いていれば、それをそのまま使えばいい。アジやメバルなどを専門に狙うなら、ナイロンの4ポンド（1号）、あるいは軽量なジグヘッドでも沈めやすい比重のあるフロロカーボン3ポンドがお勧めだ。

2インチのワームと1～3gのジグヘッドを！

本書で提案している「ワーム」は軟質プラスチックでできていて、水中を引いてくるだけで細かな波動を出しながら魚を誘ってくれる有能なルアーだ。種類はさまざまだが、本項のスタイルでは「メバル用ワーム」だけ用意すればOK。

形状は、真っ直ぐなストレート系が状況を問わずに万能に使える。サイズは1.5～2インチ（約3～5cm）のものが多いが、2インチを入手しておけば爪先でカットして任意の長さで使うことが可能だ。カラーもいろいろあるが、私は視認性に優れるパールや夜光を含む白色系を愛用している。

このワームをセットする仕掛け（リグ）もさまざまな種類があるが、とりあえずメバル用やアジ用の「ジグヘッド」があればよい。重さは1～3gを用意しよう。

このほか、ルアー釣りを快適に楽しむアイテムとして、ラインカッターやプライヤー、トングなどを準備したい。水中を観察できる偏光グラスもあると便利だ。ゴロタ場で釣る場合は、滑りにくいシューズも忘れずに！

用語解説　リグ▶仕掛けのこと。主にワームを使う場合のシステムを指す。

タックル　アジング用タックルなら、あらゆるターゲットと遊べる！

【ロッドの選び方】
アジング用のロッドは、重さが 80 g前後と非常に軽量で、感度にも優れている万能ロッド。腕力のない子供や女性でも手軽に扱える。長さは 6.6 ～ 7フィート（2 m前後）で、10 g前後のルアーが投げられるライトアクションと呼ばれるタイプを選ぼう。価格は 5,000 円前後の普及品でも十分に使えるが、1万円コースなら素材やガイドの品質もよくなって、さらに使いやすくなる

【リールの選び方】
リールは、チョイ投げで紹介した小型スピニングタイプでOK。ルアー専用にする場合、スプールが浅溝タイプでナイロン 4 ポンドを 100 m巻けるのものがラインを無駄なく使いやすい。アジングロッドとのバランスもよい

【ラインの選び方】
ナイロンラインの 4 ポンド（1号）が万能だが、比重があって、軽いジグヘッドを沈めやすいフロロカーボンの 3 ポンドもお勧め。また、ゴロタ場で根魚を狙う場合は、ナイロンの 6 ～ 8 ポンド（1.5 ～ 2 号）が安心だ

ワンポイントADVICE

「汎用バスロッド」という選択肢

ライトルアー用のロッドとしては、幅広い使用を想定した「汎用タイプのバスロッド」という選択肢もある。15 g前後のルアーを投げられるタイプなら、8 ポンド（2号）の強めのラインも使えるので、ゴロタ場での根魚狙いや良型のサバやイシモチ釣り、そしてチョイ投げやブラクリ釣り、サビキ釣りなどのエサ釣りでも大活躍してくれる。価格的にもリーズナブルなものが多いので、最初はこちらのロッドを選ぶのもいいだろう。

ブラックバス用の汎用ロッドは、かなり万能に使える

用語解説　**ポンド▶**ラインの強さの単位。1 ポンド（453.6 g）は、0.4 号の太さのラインに相当する。

ルアー　メバル用のワームとジグヘッドを用意しよう！

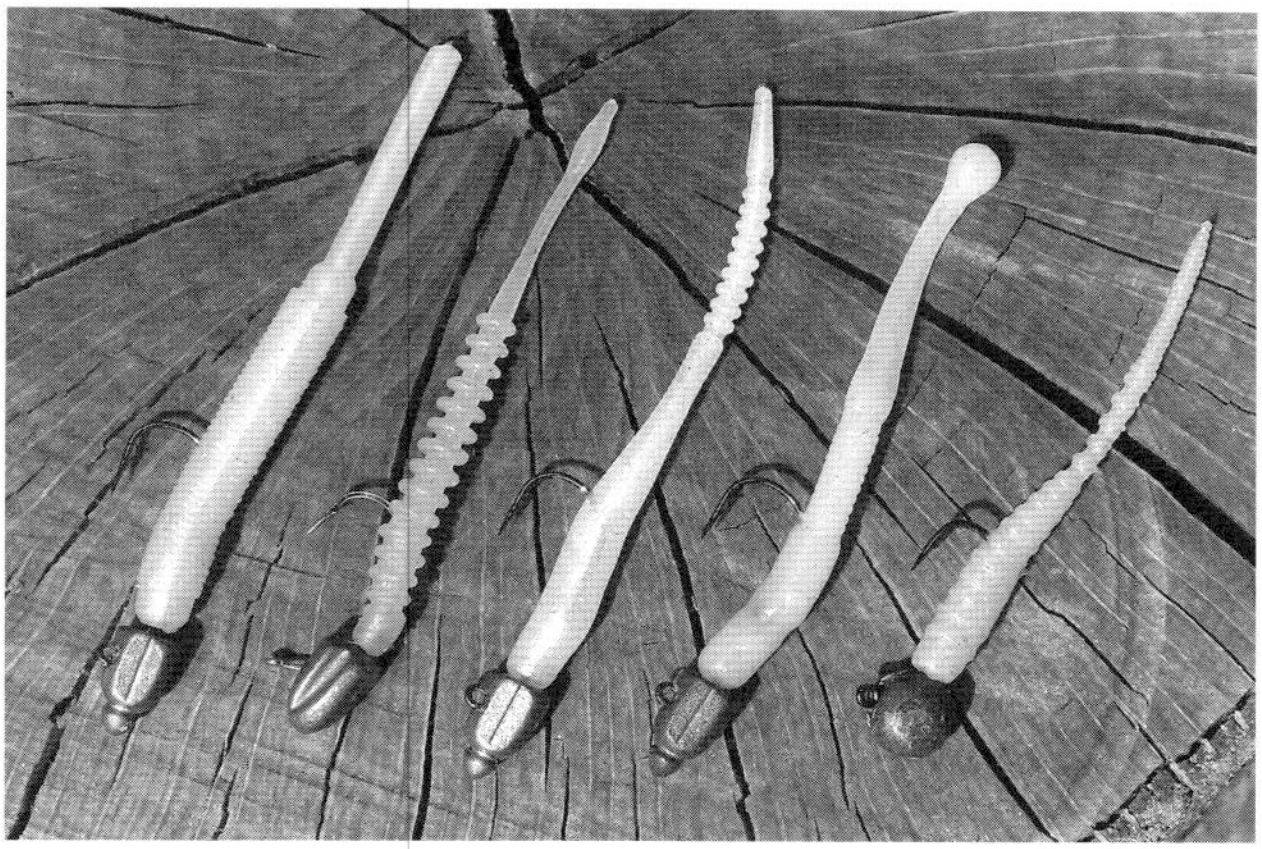

【ワームの選び方】

ワームにもいろいろな種類があるが、「メバル用」の1.5～2インチ（約3～5㎝）が万能に使える。形状はさまざまだが、私の好みは細かな波動を出しながら泳ぐストレート系。カラーはパールや夜光を含む白色系がメインで、気分転換用にピンクや黄色も使っている。似たような形状・カラーの「アジング用ワーム」でもOKだ。なお、ワームにはハリ（フック）が付いていないので、「ジグヘッド」と呼ばれるオモリ付きのフックにセットして使用する

【ジグヘッドの選び方】

ワームをセットするジグヘッドもメバル用でOK。重さは1～3gで、最初は重めのほうが扱いやすい。ヘッド（オモリ部分）の形状は、写真のような球状の「ラウンド型」と弾丸状の「バレット型」がある。ラウンド型は重さの割に沈下速度が速く、タダ巻きはもちろん、上下の動きも入れやすいのが特徴。バレット型は重心がやや後方にあるので、超スローのタダ巻きでも水平姿勢をキープしやすい。左右へ動くアクションも得意だ。最初から無理に使い分ける必要は全然ないが、知識として覚えておこう

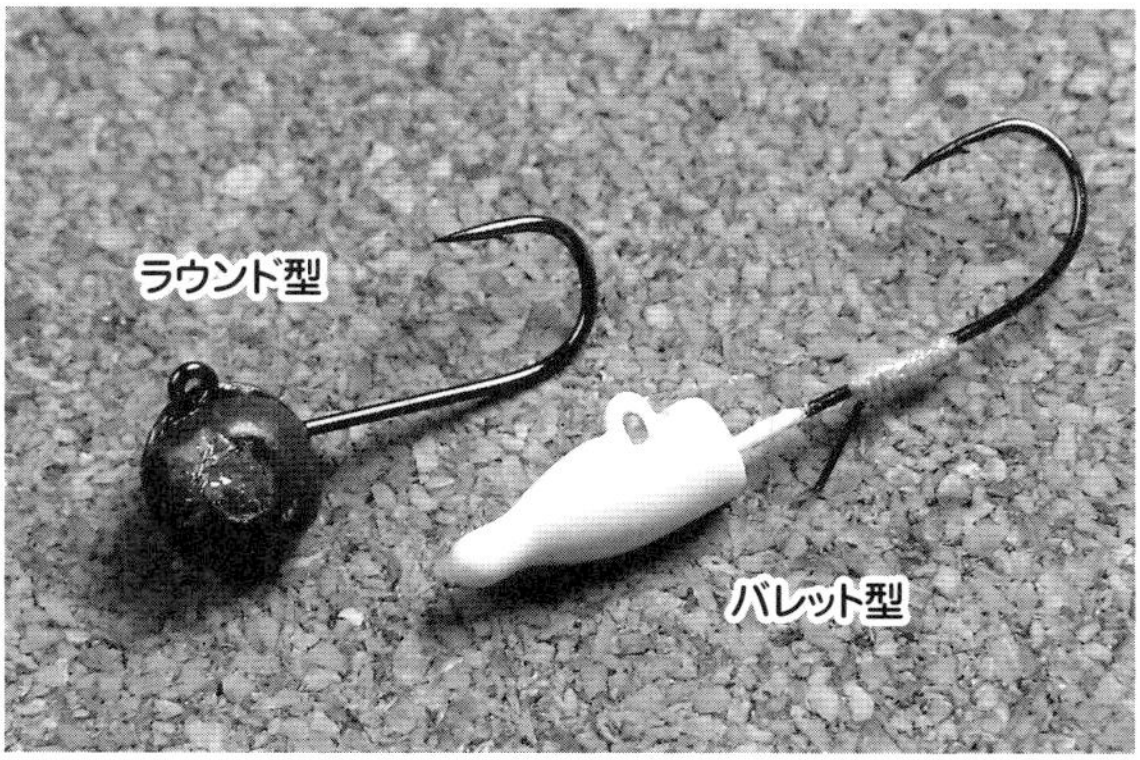

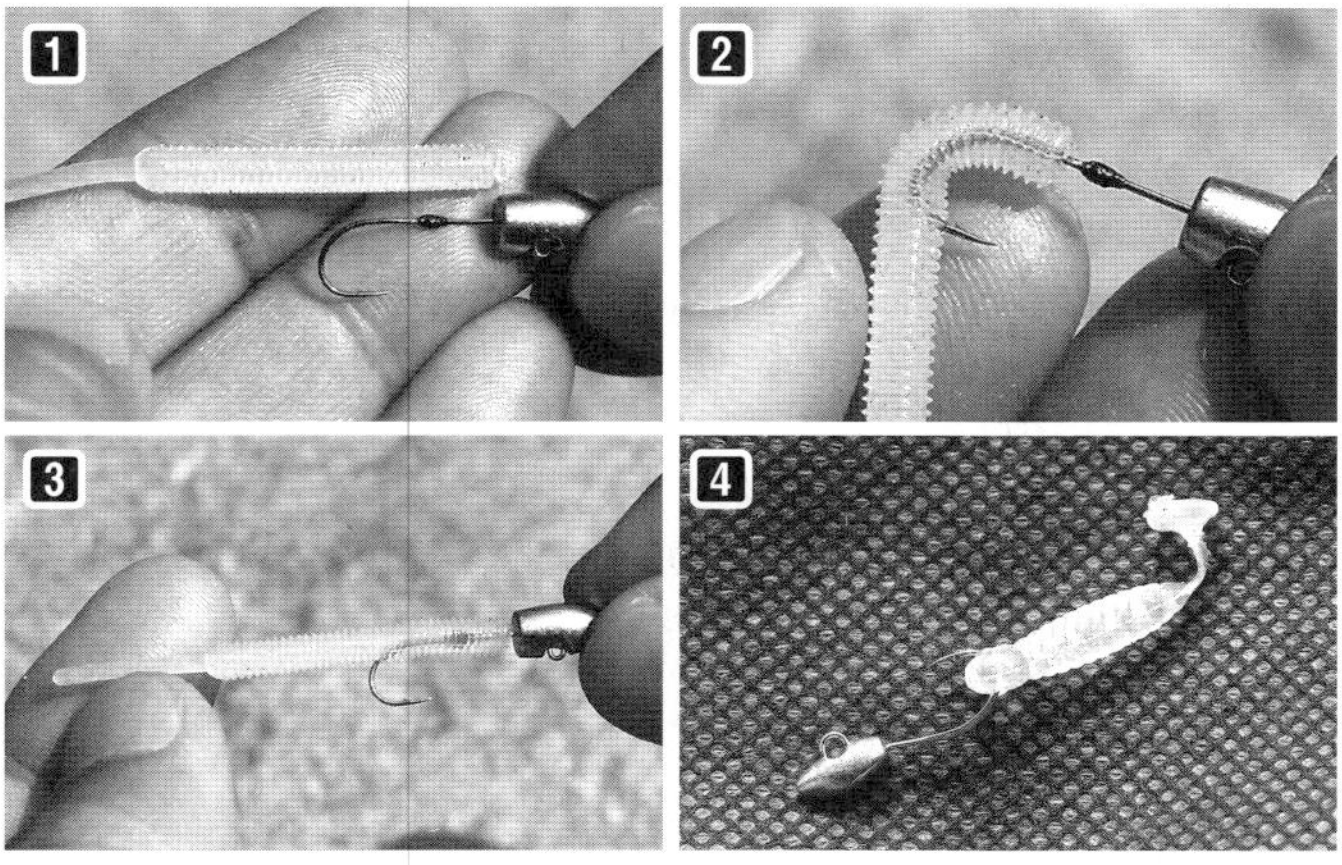

【ワームのセット方法】

1 ジグヘッドにワームをセットするときは、ワームが真っ直ぐになるように、あらかじめハリを抜き通す位置を決めておくのがコツ。**2** ワームの先端の中心からハリ先を入れて、確認した位置から抜き出す。**3** このように真っ直ぐにセットできればOK。ワームが曲がっているとリトリーブ中の泳ぎが不自然になって、ヒット率が格段に悪くなるので注意したい。**4** 小型のワームの場合は、このようにフックにチョン掛けにするだけの方法もある

 用語解説　リトリーブ▶ルアーを引いて泳がせること。速度や誘い方などで、いろいろなバリエーションがある。

仕掛けの構成　ナイロンかフロロカーボンラインをジグヘッドに直結！

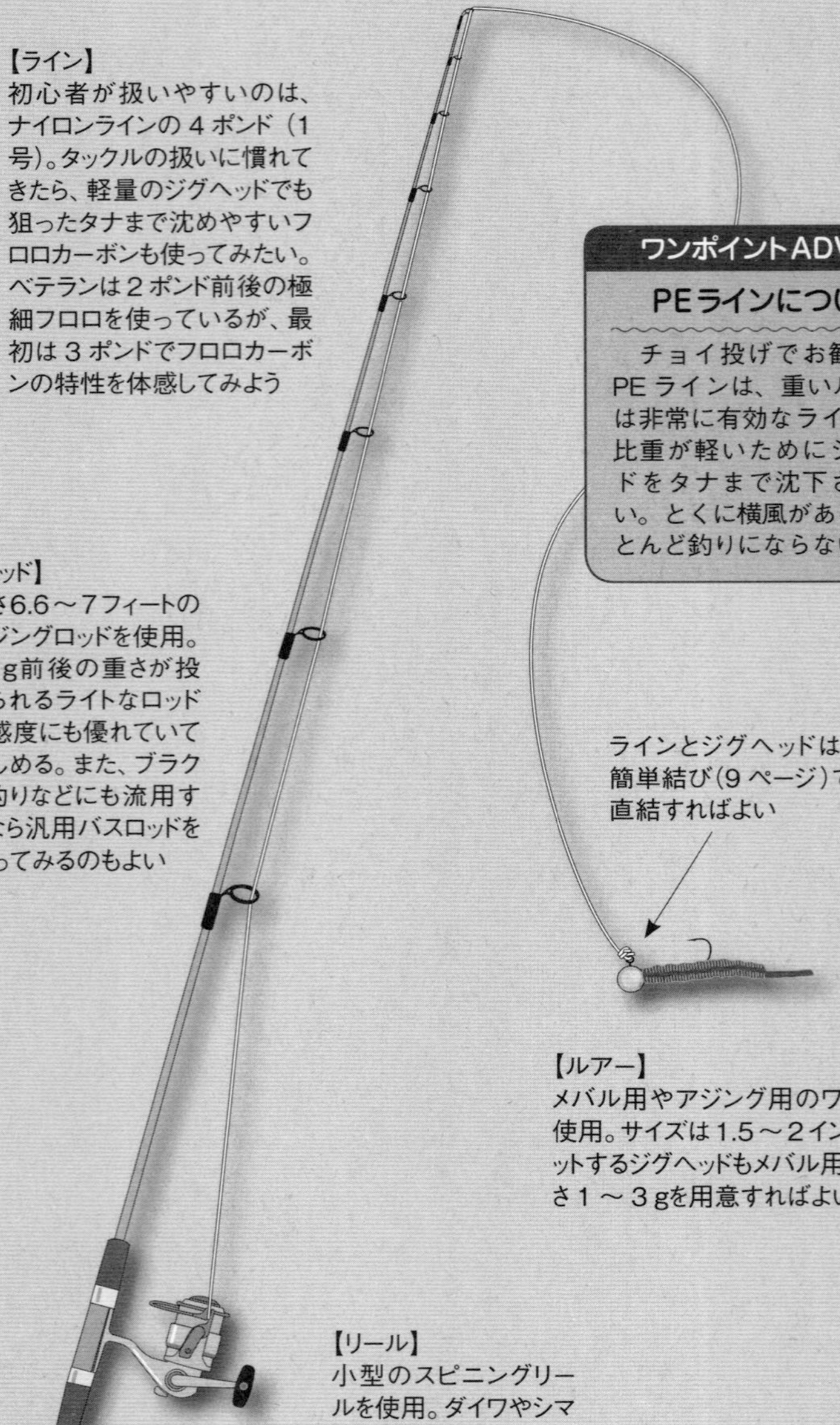

【ライン】
初心者が扱いやすいのは、ナイロンラインの４ポンド（1号）。タックルの扱いに慣れてきたら、軽量のジグヘッドでも狙ったタナまで沈めやすいフロロカーボンも使ってみたい。ベテランは２ポンド前後の極細フロロを使っているが、最初は３ポンドでフロロカーボンの特性を体感してみよう

【ロッド】

長さ6.6～7フィートのアジングロッドを使用。10ｇ前後の重さが投げられるライトなロッドが感度にも優れていて楽しめる。また、ブラクリ釣りなどにも流用するなら汎用バスロッドを使ってみるのもよい

ワンポイントADVICE

PEラインについて

チョイ投げでお勧めしたPEラインは、重いルアーでは非常に有効なラインだが、比重が軽いためにジグヘッドをタナまで沈下させにくい。とくに横風があると、ほとんど釣りにならない。

ラインとジグヘッドは、簡単結び（9ページ）で直結すればよい

【ルアー】

メバル用やアジング用のワームを使用。サイズは1.5～2インチ。セットするジグヘッドもメバル用で、重さ１～３gを用意すればよい

【リール】

小型のスピニングリールを使用。ダイワやシマノの製品なら2000番が大きさの目安だ

用語解説　**ランディング▶**寄せてきた魚を最後に取り込むこと。

装備類　ライトルアー五目釣りを快適にするためのアイテムたち

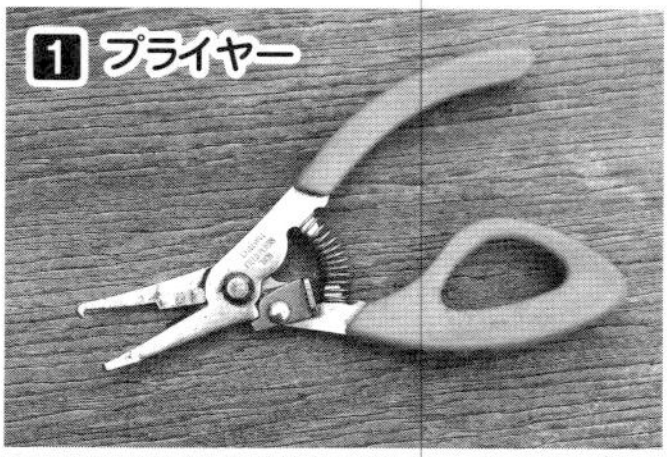

1 プライヤー

2 ラインカッター

3 トング

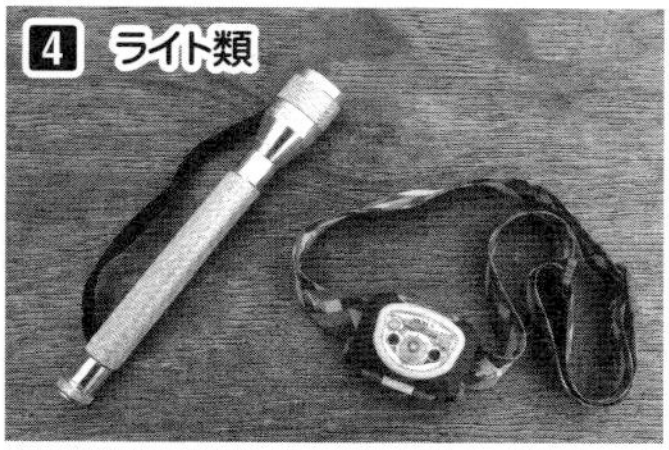

4 ライト類

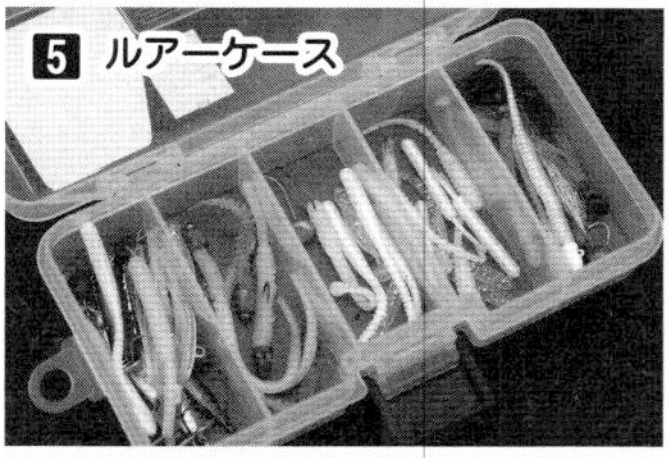

5 ルアーケース

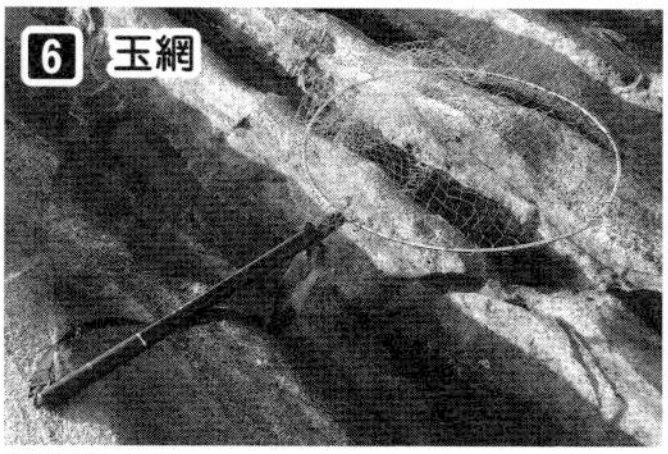

6 玉網

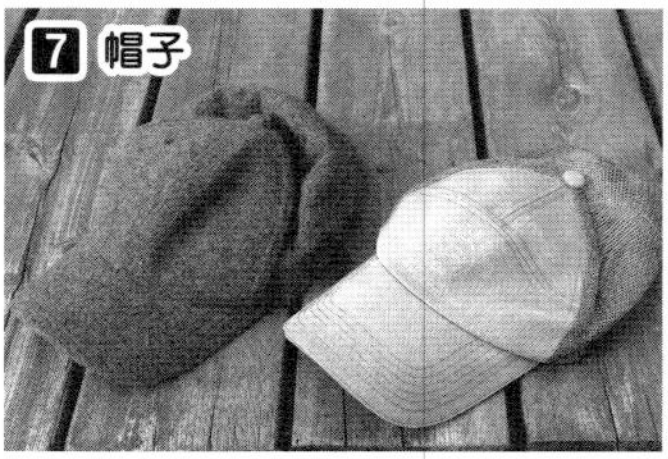

7 帽子

8 偏光グラス

1魚の口からフックを外したり、ラインのカットなどに。2ラインのカットに特化した小型タイプが、ピンオンリールなどで胸に付けられて便利。PEラインもカットできるものがお勧め。3暴れる魚を簡単につかめる軽いプラスチック製のトング（魚つかみ）があると手返しが早くなる。4ナイトゲームの必需品。小型のヘッドランプのほか、胸に付けるタイプ、マグライトなどがある。5ワームを使ったルアーゲームでは、ポケットやバッグに収納できる小型ケースが使いやすい。6ライトルアー五目では大物がヒットすることがあるので、玉網でランディングすると安心。網の直径は45㎝、柄の長さは4.5mもあればOKだ。7日射しから頭を守り、万一ルアーがぶつかったときのクッションにもなる。ツバが太陽光のまぶしさを軽減してくれる。8水中の様子を観察するための必需品で、釣果を大きく左右することもある。ケガの防止のためにも役立つ（160ページ）。このほか、ライフジャケットや滑りにくい靴、季節に応じた服装、レインウエア、バッグ類なども用意しよう

ワンポイントADVICE

「タックルバランス」について

　ルアーフィッシングに限らないが、使用するタックルや仕掛け（ルアー）が繊細になればなるほど、それら全体の「バランス」が重要になる。ロッドに対してラインが強すぎたり、仕掛けが重すぎたり（その逆も）すると、釣りがつまらなくなるし、タックルを破損する恐れもある。その点、本書で紹介しているタックルバランスなら、誰でも快適に釣りを楽しむことができるはずだ。

バランスのとれたタックルを使うことで釣りは楽しくなる

用語解説　ピンオンリール▶ラインカッターなどを胸に下げておくためのコードを内蔵したリール式のアクセサリー。

ライトルアー五目の釣り場とポイントを知る

魚が好む「ベイト」の豊富な場所が、最高の狙い目になる

昔、私が勤務していた出版社は社員のほとんどが釣り好きで、社員旅行もアラスカの釣りだった。そのときは3日間、ゴムボートで川下りしながらの釣りで、夜は河畔でテントを張ってキャンプ。当然、食料は魚を釣って調達するのだが、現地ガイドのいきなりのアドバイスは、「最初のうちに釣れるだけ釣っておけ！」だった。実際、アラスカの川ならどこでも爆釣だと思っていたのはとんでもなく、ボートで下れば下るほど釣れなくなってしまったのだ。やっぱり、「釣りは場所選び」を痛感した旅だった……。

魚が釣れるポイントには理由がある

長年釣りをしていると、「ここ、なんか釣れそうだなぁ」と感じることが多々ある。単なる直感と片づけてしまうのは簡単だが、シンプルに魚の気持ちになってみると、釣れる場所の推測は誰でも徐々にできるようになる。

まず、一番わかりやすいのは、魚が好むエサがたくさんいる（と思われる）場所を探すこと。ルアーの対象魚の多くは肉食なので、具体的には狙った魚が好む小魚やエビなどの「エサ＝ベイト」がたくさん群れている場所だ。そして、これらのエサ生物たちが集まる共通点は、「地形や水の流れに何らかの変化がある」ところになる。

堤防なら、その先端周辺や堤防の継ぎ目、消波ブロックや捨て石のきわ、船揚場のスロープ付近、船道のカケアガリ、隠れ根の周辺などがポイントになることが多い。ゴロタ場でも、波打ちぎわの水流が複雑に絡んでいる場所にはカニやフナムシなどがたくさんいて、根魚たちの格好のエサ場になっている。こうした場所で、さらに魚が自分の身を隠せて、かつベイトを捕食しやすい地形という条件がそろえば、絶対に狙ってみる価値があるわけだ。

ベイトの存在以外にも、魚の習性として居心地のいい水温や流れに身を置きたいだろうし、冬は温かいところ、夏は涼しいところを探し回ることだろう。ルアーの釣り場選びに限らないが、魚の気持ちを考えることで、よく釣れるポイントもわかるようになるはずだ。

なお、海釣り施設ではルアー禁止のところもあるので、あらかじめ確認しておきたい。ワームをアンダースローでチョイ投げして竿下を探る程度なら、問題ない場合も多い。

用語解説　ベイト▶魚が捕食している小魚や甲殻類などの「エサ生物」の総称。

釣れるポイント 「ベイト＝エサ生物」が集まる場所を探してみたい

【地形と流れの変化を狙う】
地形や流れに変化がある場所はプランクトンが発生しやすく、それをエサとする小魚やエビ、カニ、フナムシといったベイトも集まりやすい。ルアーの対象となるフィッシュイーター（魚食魚）たちにとっては、手軽にエサを捕食できるレストランのようなものだ。堤防や岸壁、ゴロタ場などでは、そうした「変化」を意識することで、釣れるポイントを探し出せるようになるはずだ

【「先端」や「カド」が狙い目】
堤防先端や岸壁のカドといった地形の変化では、潮の流れにも変化が起きてエサ生物が集まりやすい。また、堤防のヘチにもベイトが溜まる。ベイトにとっては隠れ家的な場所というわけだが、逆にフィッシュイーターにとっては、エサを追い詰めやすい場所ともいえるのだ

【障害物の周囲もていねいに探る】
消波ブロックのきわ、足元の捨て石まわり、港内のスロープの段差、ゴロタ石といった目に見える障害物（ストラクチャー）はもちろん、沈み石やツブ根、海藻などの見えない障害物の周辺もベイトたちの宝庫だ。ある意味、自然の魚礁的な存在ともいえる

【魚の活性を左右する「潮汐」について】
ルアーの対象魚に限らないが、一般に潮の動く時間帯に魚の活性（食欲）が高まる傾向がある。とくに、満潮まわりの潮止まり前後はチャンスだ。あらかじめタイドグラフをチェックして、心の準備をしておくといいだろう

ワンポイントADVICE

「ホームグランド」を持つ

釣り場の状況をよく把握するためには、気に入ったポイントに何度も通うことが大切。同じ場所で違う状況での釣りを重ねることで、どんどん経験値が上がっていくのだ。

ひとつの釣り場に通うことで、釣りやすい時間帯や潮位などもわかる

用語解説 ストラクチャー▶魚が潜むブロックや、根やブロック、捨て石などの障害物のこと。

Lure fishing

ルアーのキャスティングとターゲット別攻略法

基本はルアーを投げて巻くだけ。難しく考えずに楽しもう！

ルアー釣りは、狙ったポイントにルアーをキャストして水中を引いてくるだけのシンプルな釣りだ。とはいえ、むしろそれだけにキャストの精度や飛距離が釣果を左右することも少なくない。ここでその基本を見ていこう。

キャストの方法としては、チョイ投げでも紹介したリストワーク（66ページ）の考え方が基本になるが、ここでは後方へ振りかぶったときの反動を利用してロッドを十分に曲げることで、軽いルアー（ジグヘッド）でも飛距離と精度をアップできる「オーバースロー」をマスターしてみたい。

投げ方は「テイクバック」と「フォワードキャスト」のふたつの動作に分けて考えるとわかりやすい。リストワークでは、ロッドを後方で静止させた状態から反動を付けずにキャストしたが、ロッドを振りかぶったときの反動をフルに利用するための動作がテイクバックだ。これによって、ロッドにパワーを蓄え、流れるような動きでフォワードキャストに移行。スイング速度が最大限になった瞬間にラインをリリースすることで、軽量なジグヘッドでもうまく飛んでくれる。

キャストのコツは、肩の力を抜いて70％ほどの力で投げること。腕力だけでロッドを大振りすると、かえってロッドが曲がらずに反発力を活かせなくなる。最初は、やや重めの3gのジグヘッドで練習すると要領をつかみやすいだろう。

リトリーブはノーアクションの「タダ巻き」で！

ルアーの投入後は狙いのタナ（泳層）まで沈め、そこからリトリーブを開始する。方法はいろいろあるが、基本はリールを一定の速度で巻いてくるストレート・リトリーブ。いわゆる「タダ巻き」で、ワームはこれだけで微妙な波動を出して魚を誘ってくれる。リールを巻く速度は、一秒でリールのハンドル一回転が基準。ただし、魚種や状況次第で、もっとゆっくり巻いたり、早く巻くほうがいい場合もあるので、138ページ以降の魚種別攻略も参考にしてみたい。

ワームを使っているときのアタリは千差万別で、いきなり「ガツン！」とロッドを持って行かれるような明確なものから、コツコツとした小さなアタリ、竿先が何となく重くなるだけの微妙なアタリもある。いずれにしても、何らかのアタリがあったらロッドを上か横方向に引き起こし、魚の口に確実にフックを掛けにいこう！

用語解説　**オーバースロー**▶ロッドを縦に振ってキャストする方法。横方向に振るのは「サイドスロー」だ。

ルアーの投入　基本の「オーバースロー」をマスターする

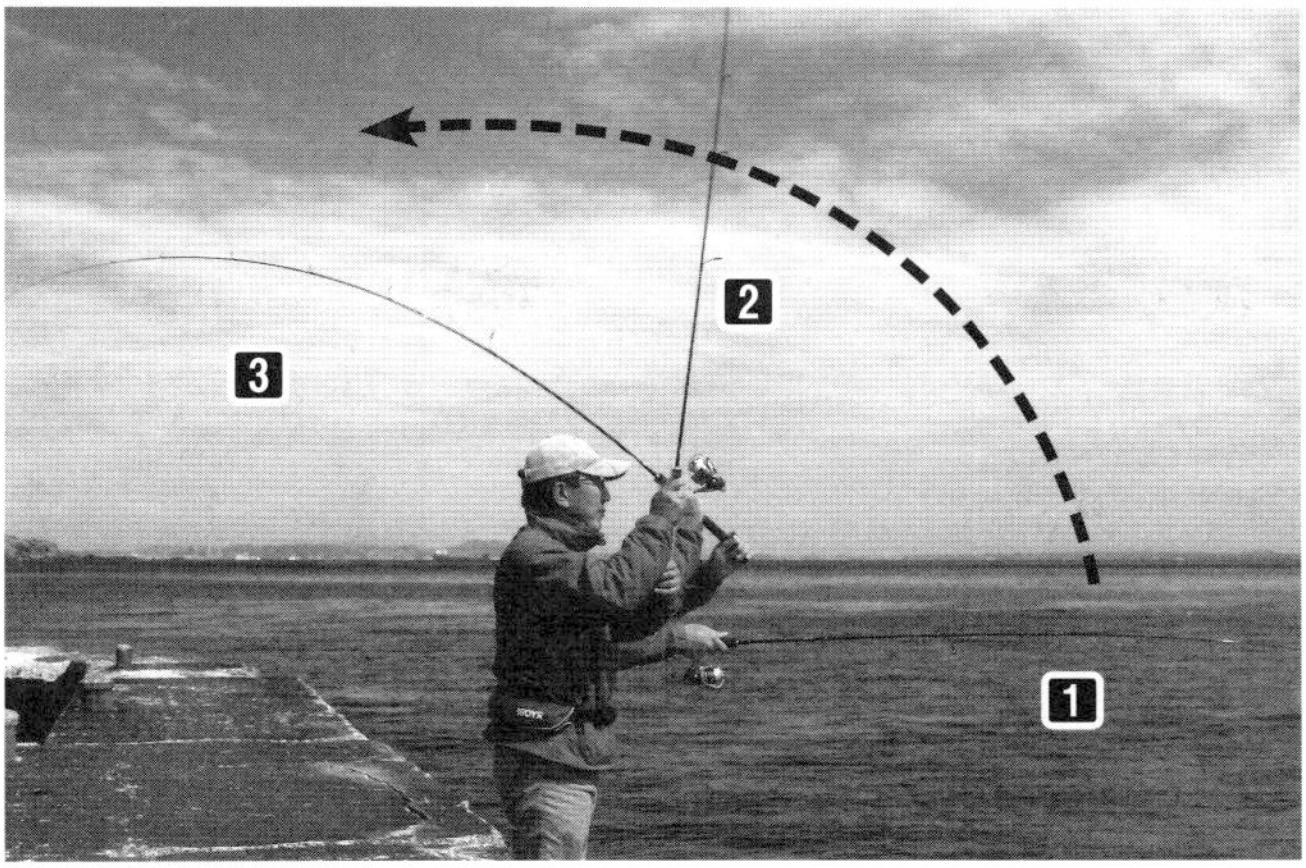

【テイクバック】

❶まず、キャストする方向に対して正対し、両手で持ったロッドを正面に構える。ジグヘッドが軽量なので、タラシの長さは20～30㎝と短めが目安。❷リールのラインを指でピックアップしてベイルを起こし（57ページ）、ロッドを後方に振り上げる。このとき、ジグヘッドの重みで遠心力をつけるように軽やかに振り上げるのがコツ。❸テイクバックしたロッドを10時の角度で急停止。すると、その反動でルアーが後方に引っ張られ、ロッドが曲がることでパワーが蓄えられる

【フォワードキャスト】

❹ロッドに十分な重みを感じたら、同じ軌道で前方に振り出す。このとき、左手を引きつけ、右手は前方に押し込むようにするとテコの原理が最大限に活かされる。❺ロッドを12時の角度で急停止する意識で振ると、実際には1時ぐらいの角度までパワーが乗るはず。その瞬間、ラインをリリース。❻ルアーが飛ぶ方向と角度（1～2時ぐらいが目安）にロッドを保持し、ラインの放出をスムーズにしてやる。フェザーリングでラインをコントロールしながらフィニッシュだ

【風のあるときは「メンディング」で対処】

ルアーをキャストした後、ロッドを下向きにしてラインが風に流されないようにするのが「メンディング」。とくに軽いルアーを使う場合、フェザーリングと併用することでイトふけを少なくすることが大切だ

【「フェザーリング」が重要だ】

66ページでも解説しているが、とくに横風がある場合はラインがふけやすいので、キャスト直後にロッドを持つ手の人差し指か、反対の手で余分なラインが出ないようにフェザーリングして制御することが大切だ

用語解説　**フック**▶ルアーに装着されているハリやジグヘッドのハリを指す。

基本テクニック　リトリーブからアワセ、ファイトの流れ

【タダ巻きが基本】
すべてのリトリーブの基本にして鉄則は「タダ巻き」。リールのハンドルを一定速度で巻くだけで、何の誘いも入れない単純な方法だ。タダ巻きの速度は、1秒でハンドル1回転が目安。ただし、魚種や状況によっては、もっとゆっくり巻いたり、動体視力に優れたサバやカマス狙いでは高速で巻くほうがアタリが出やすいこともある。いろいろ試してみよう！

【アタリとアワセのタイミング】
通常のルアー釣りでは、向こうアワセでヒットすることも多い。しかし、ゆっくりとリトリーブすることが多いワームの釣りでは、竿先が何となく重くなったりするなど微妙なアタリも少なくない。このため、リトリーブ中に何か変だなと思ったら、確実にロッドを立ててアワセを入れることが大切だ。サバ狙いなどで高速引きしているときは、「ガッツーン！」と向こうアワセでハリ掛かりするので、そのままロッドを立ててファイトすればOKだ

【やりとりと取り込み】
うまくアワセが決まって魚がフッキングしたら、魚に対してつねにロッドを立ててやりとりすることが大切。これでロッドがバネのような役割を果たし、魚にとってはつねにゴムひもを引っ張っているようなプレッシャーがかかるわけだ。魚を足元まで寄せてきたら、足場の高さを考慮しつつ、ロッドとラインの長さを同じ程度にしてタイミングよく抜き上げよう。それが無理なような大物なら、玉網で取り込むのが確実だ

用語解説　**ファイト▶**魚がハリ掛かりした後、ロッドやリールを操作しながら魚とやりとりすること。

ワームは偽物のエサではあるが、限りなくエサに近いルアーでもある。釣れると信じてキャストを繰り返せば、初心者でもすぐに「最初の一尾」と出会えるはずだ!

用語解説　**フッキング**▶魚の口にフックが確実に刺さること。

攻略❶アジ　タダ巻きが基本だが、上下の誘いも効果的！

【使用するワーム】
ワームは、アジ用でもメバル用でもどちらでもOKだが、形状は細身のストレートタイプが基本。また、表面にデコボコした「リブ」の付いたタイプは、初心者でも引き抵抗がわかりやすい。いずれも、サイズは1.5～2インチ（約3～5㎝）前後。カラーは、透明や白があればOKだ。ジグヘッドもメバル用でよいが、アジ専用のハリ先がやや開いているタイプは、微妙なアタリに対して積極的に掛けていく釣りに適している。重さは1～3gを水深や流れの強さで使い分ける

【スローなタダ巻きとリフト&フォールで攻めよう】

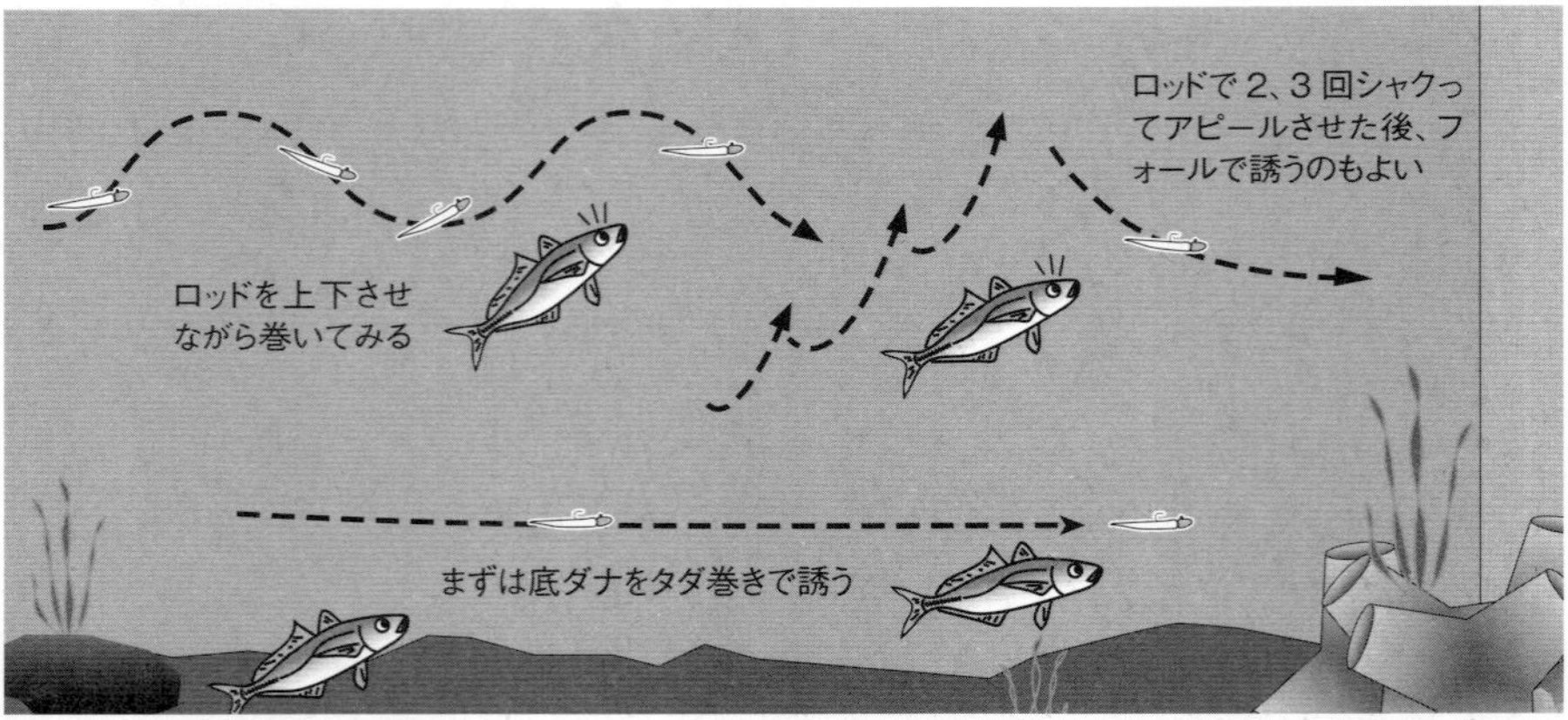

アジは底層でエサを捕食することが多いので、まずは底ダナを狙うのが基本だ。リトリーブ速度は、リールのハンドルを1～2秒で1回転させる程度のスローでよい。これでアタリがないとき、あるいはアタリがあっても食いが悪いときは、軽くロッドをシャクって上下の誘い＝リフト&フォールを入れてみる。多くの場合、アタリはフォール中に出るので集中してみたい。また、とくに朝夕のまづめどきや常夜灯まわりでは、アジが回遊しやすい中～表層も狙い目だ

【微妙なアタリはどんどんアワセよう】
アジの活性が高ければアタリは明確なので即アワセを入れればよい。また、微妙なアタリでも竿先に何らかの違和感があったときには、すでにワームはアジの口の中に入っている。間髪を入れずにアワセを入れよう！

【ロッドで誘いを入れてみる】
タダ巻きに慣れてきたら試してみたいのが、ロッドをチョンチョンとシャクってワームを誘い上げ、ラインを張り気味にしてフォールさせる方法。アジは上から落ちてくるエサに反応しやすいので、この誘いがとても効くのだ

用語解説　**フォール**▶ルアーを沈めること。ラインを緩めて落とすフリーフォール、張り気味に落とすテンションフォールがある。

攻略❷メバル　メバルが潜む「泳層=レンジ」をいち早く探してみたい

【タックルとワーム】

タックルは、「乗り」を重視したメバル専用ロッドもあるが、本書で紹介しているアジングロッドでも問題なく使える。ラインはナイロンの４ポンドが基本。感度重視なら、フロロカーボンの３ポンドを使うのもよい。ワームは、メバル用の1.5～２インチを使用。形状はストレート系が使いやすい。カラーはパールやグローなどが定番だ。ジグヘッドは２～３gが使いやすいが、慣れてきたら１g前後の軽いものを使うと、アタリが出やすくなることが少なくない

【タダ巻きで段階的にタナを探っていくのが基本】

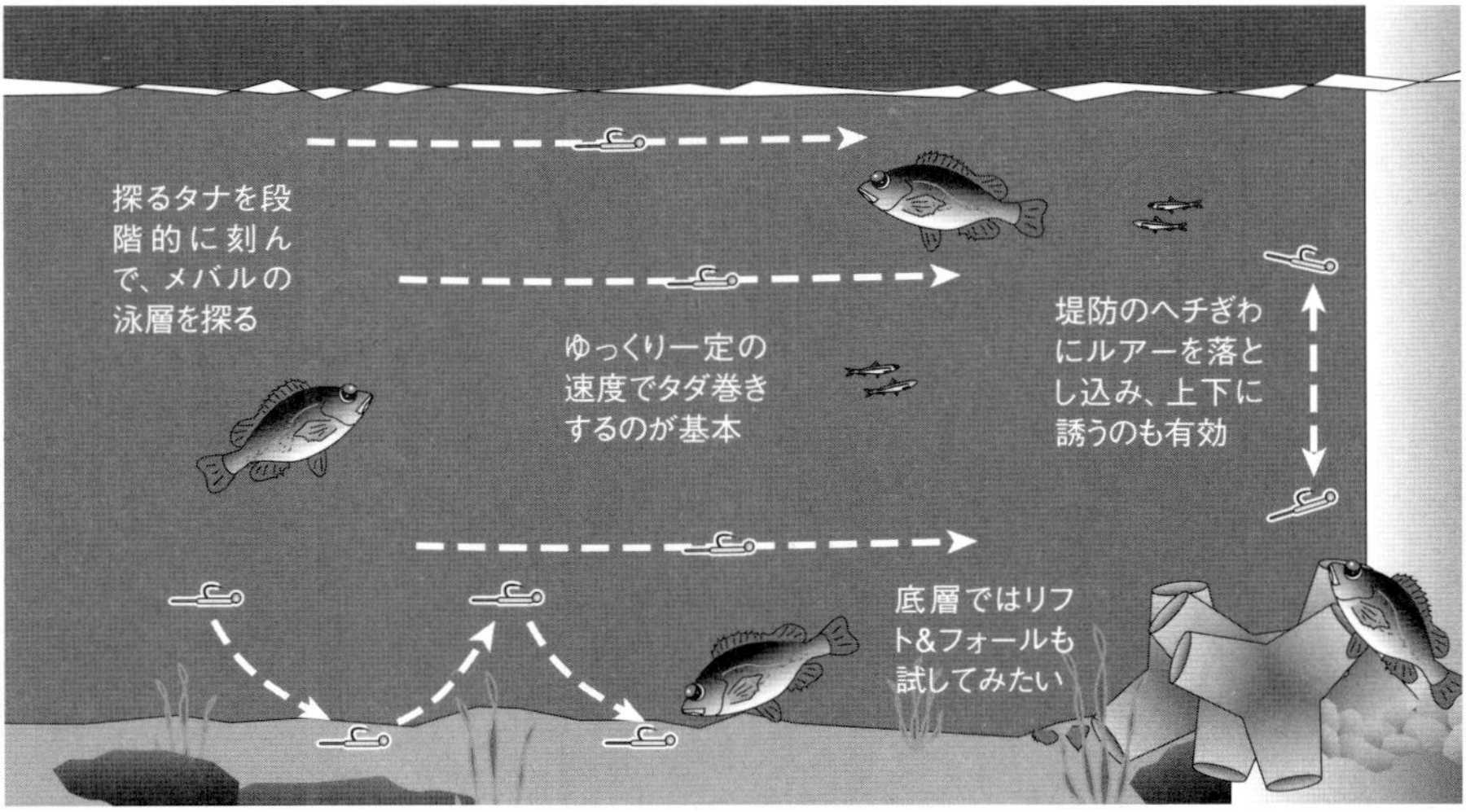

根魚に分類されるメバルだが、活性が高くなると中層～表層にも浮いてくる。したがって、水深が浅ければ表層と底層をチェックし、深い場所では「表層、水面下 50㎝、底付近」を探るのが効率的だ。釣り方はスローのタダ巻きが基本。ただし、状況次第では、速度に緩急をつけることで食ってくることもある。また、リフト&フォールなどの縦の誘いも有効。さらに、岸壁のヘチぎわにルアーを落とし込み、竿先で上下に誘ってみるのもおもしろい

【アタリとアワセのタイミング】

高活性のメバルのアタリは明確なので、軽くロッドを立ててアワせればよい。ハリ先の鋭いメバル用ジグヘッドなら、これだけでメバルのアゴを貫通してくれる。一方、竿先がなんとなく重くなるような微妙なアタリの場合は、いきなり早アワセをするとスッポ抜けることがあるので、リールを巻きつつ竿先に十分に重みが乗ってからアワせることが重要。いわゆる「巻きアワセ」という方法だ。うまくフッキングできたら、竿の弾力を十分に利用して魚を浮かせてこよう!

用語解説　レンジ▶水中の一定の層のこと。また、魚が泳ぐ特定の層のこと。「タナ」と同義語。

攻略❸根魚　水深の浅い「ゴロタ場」がメインステージ

【タックルとワーム】

足元を攻めることが多いので、ロッドは長さ6フィート前後の短めのものが最適。アジングロッドでも使えるが、汎用タイプのバスロッドも強引なやりとりができてお勧めだ。その場合、ラインは太めのナイロン6～8ポンドを巻いておこう。ルアーはメバル用ワームの2インチでOK。カラーはいろいろと試してみたが、どれも釣れ具合は大差はない。私は水中での見やすさを優先して白色系を多用している。ジグヘッドは1.5～2gで、水流の強い場所では2.5gも使う

【水深50cm以内を攻める】

この釣りの舞台は、チョイ釣りでも紹介した「ゴロタ場」。そして、水深50cm以内の浅場を攻めることが大切だ。深場は軽いジグヘッドでは攻略しにくいし、それ以前に高活性の魚はビックリするぐらいの浅場に潜んでいるのだ。水さえあれば魚がいると思って浅場を攻めよう！

【ムラソイとカサゴの「アタックゾーン」の違い】

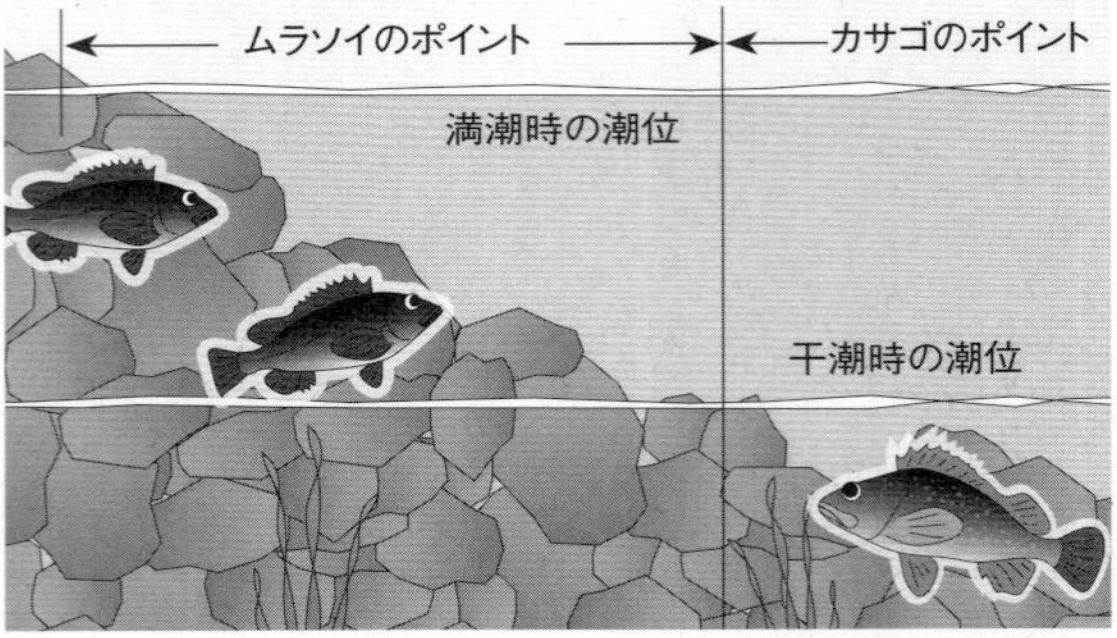

ムラソイは干潮時には干上がってしまう場所でも、潮が満ちてくるとどんどん接岸してくる。カサゴの場合は、最低潮位より上がってくることはないが、そのギリギリのラインを探ってみると活性の高いカサゴがヒットしてくる。また、カサゴはルアーを発見するとかなりの距離を追ってくるので、リトリーブで広範囲を攻略するのが有効。ムラソイは同じルアーに何度も反応するが、自分の巣穴から出て追いかけることは少ないので、よりタイトにポイントを攻めることが大切だ

【まずは、波打ちぎわを「線」で攻める】

ゴロタ場では、まず波打ちぎわをショートキャストしながらタダ巻きしてみたい。食い気のある魚が相手なので、リトリーブは1秒間にリールのハンドルを2回ほど巻く速めの速度でOKだ。高活性時には、もっと速く巻いてもガンガン食ってくる

【石のすき間を「点」で探る】

写真のような石のすき間は、竿先から50cm～1mほどタラシを出した状態でワームを落とし、軽く上下させる攻略が効果的だ。魚がいれば一発で食ってくるので、即アワセしよう！

用語解説　**タイト▶**ストラクチャーぎりぎりにルアーを近づけて泳がせてくること。

攻略④サバ　高速リトリーブとフォーリングで攻めてみたい

【タックルとワーム】

ここで想定しているサバのサイズは、写真のような体長30㎝ほどの食い頃の大きさなので、アジングタックルで十分に楽しめる。ただし、小型でも引きは強烈なので、あらかじめリールのドラグ（58ページ）はしっかり調整しておこう。ワームは、メバル用の２インチを使用。カラーはホワイト系がアピールしやすい。高速引きやフォーリングが釣り方の基本なので、ジグヘッドは重めの２～３gがお勧めだ。なお、サバは身が傷みやすいので、持ち帰る場合はクーラーボックスに多めの氷を入れておきたい

まずは、表層を高速で引いてみる
深場ではフォーリングも有効

【ノーアクションの高速引きが基本】

サバは動体視力に優れているので、ワームをキャストしたら１秒でハンドル２～３回転の高速巻きで表層を引いてくるのが基本。アクションは無用だ。また、海釣り施設などで足元の水深が深い場合は、ワームを海底までフォーリングしてみるのもおもしろい。途中でリールから出ていたラインが止まったらサバがワームを食った証拠。すかさずリールのベイルを返してアワセを入れよう。何事もなく着底したら、速めのリトリーブで巻き上げてくると、「ガツーン!」とアタってくることも多い

攻略⑤メッキ　バレット型のジグヘッドを使った左右の誘いがおもしろい

高速リトリーブに反応しなくなったら、竿先でチョンチョンと誘いを入れながら引くと効果的

【高速リトリーブ+竿先での誘いが効果的】

メッキも動体視力に優れているので、基本は高速リトリーブ。ただし、同じ動きに対してはすぐに反応しなくなる傾向があるので、ときおり竿先をチョンチョンとあおってダートさせてみると効果的だ。また、ワームのサイズや形状、カラーをマメに交換していくことによって、メッキにワームを飽きさせることなく釣り続けることができる

【ジグヘッドの選び方】

ワームもジグヘッドもメバル用でいいが、ジグヘッドは竿先で誘いを入れたときに左右にスライドするようにダートするバレットタイプ（129ページ）を使うとおもしろい。重さは１～2.5 gを用意すればよい

用語解説　ダート▶ワームなどが左右に不規則にスライドして泳ぐ動きのこと。

攻略❻カマス　反応次第で、トゥイッチングや上下の動きも試してみたい

【太めのリーダーで傷対策を】

初心者がルアーで比較的イージーに釣れるターゲットのひとつが「カマス」。しかも、大型になると30～35㎝ほどのカマスがライトロッドを引き絞ってくれるので、初心者にとっては最高に楽しめる。使用タックルはアジ用でよいが、メインラインがナイロンでもフロロカーボンでも、その先端に30㎝ほど2号程度のフロロカーボンを結んでおくとカマスの歯で切られにくい。ワームは、メバル用の2インチ。ジグヘッドは浅場では1～1.5g、深場では2～3gを使い分ける

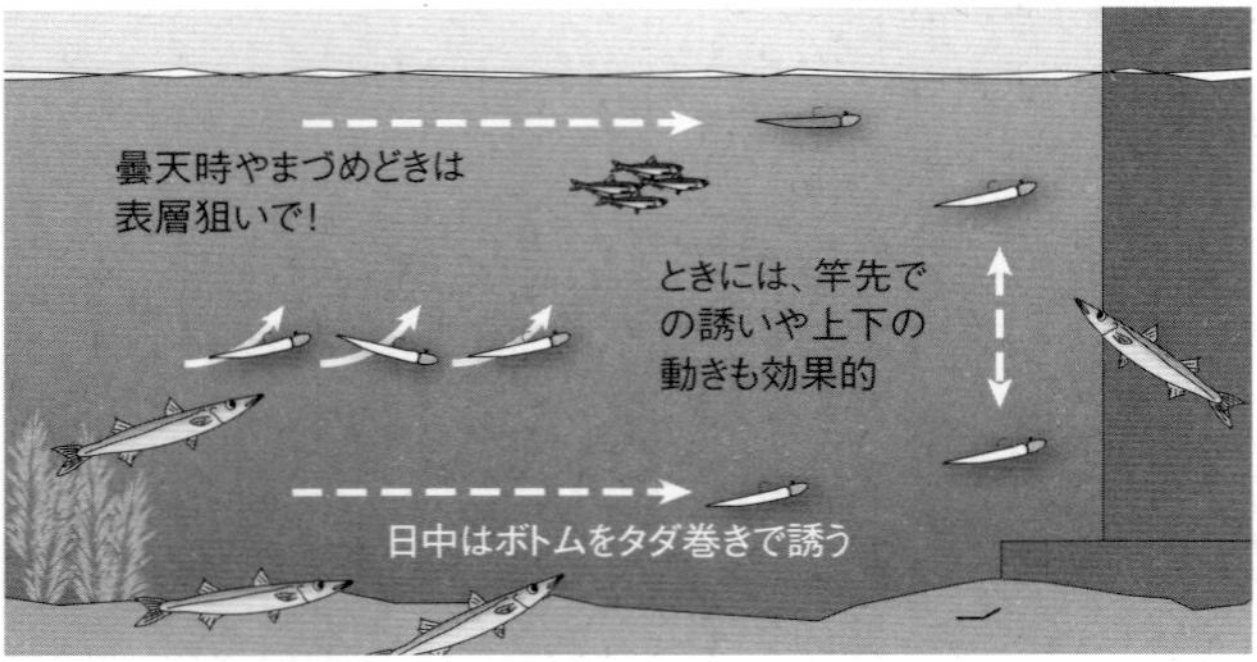

【アタリダナを見つけよう】

日中の基本はボトム狙いで、ルアーを底層までフォールさせてから、比較的速めのリトリーブで誘ってくる。また、まづめどきにはベイトも浮く傾向にある。そんなときには、水面下でもヒットしてくるので段階的にタナを上げてみたい。リトリーブはタダ巻きでOKだが、ときおり竿先をチョンチョンと動かす「トゥイッチング」でイレギュラーな動きを演出したり、堤防ぎわを上下させるだけの誘いも効果的だ

攻略❼イシモチ　「スプリットショット・リグ」で狙ってみよう!

【チョイ投げ仕掛け+ワームで狙う】

イシモチは海底のエサを捕食しているので、ワームも底で誘いやすいように60ページのチョイ投げ仕掛けをそのまま流用すればよい。付けエサの代わりに、メバル用のワーム2インチをハリにチョン掛けにするだけの、ブラックバス釣りでいう「スプリットショット・リグ」だ。ハリは袖の8号でOK。タックルはアジング用でいいが、微妙なアタリを即アワセしたい釣りなので、ラインはチョイ投げでお勧めしたPEラインが断然有利

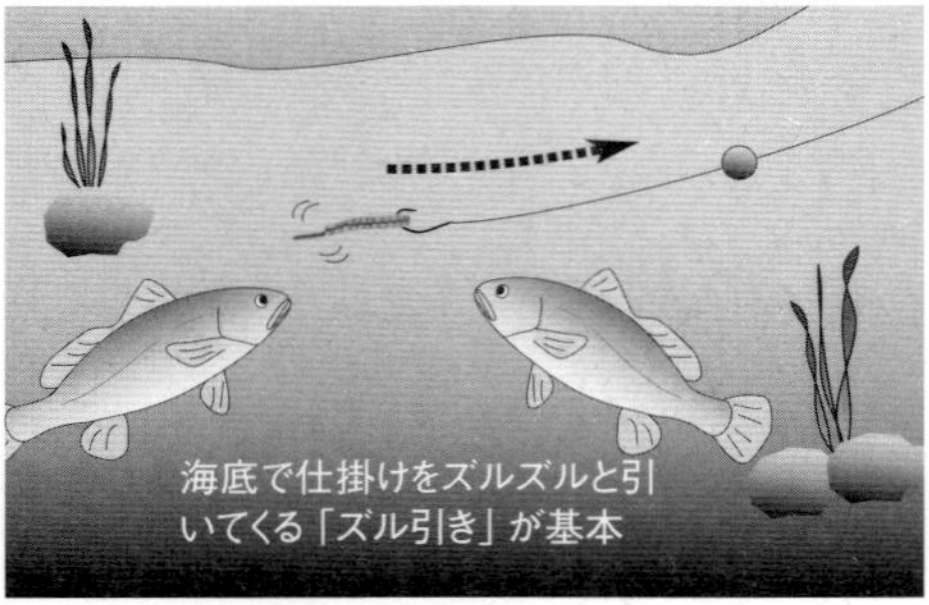

【アタリを感じたら「即アワセ」が重要】

釣り場は、河口がらみの堤防や海岸。底が砂地で「潮が濁っている」ことが大切だ。ウネリの影響などで濁りが入ると、イシモチは海岸の波打ちぎわや堤防の足元まで寄ってくるので、軽量のルアー仕掛けでも狙いやすくなる。また、朝夕のまづめどきがもっともイシモチの活性が高くなる時間帯で、爆釣も期待できる。釣り方の基本は「海底でのズル引き」。海底の変化を感じたら、そこで数秒止めるのも効果的だ。そして、この釣りの最大のキモがアワセ。イシモチはルアーに違和感があるとすぐに吐き出してしまうので、ココン! とアタリを感じたら、即アワセを入れたい

用語解説　**トゥイッチング**▶ロッドの先をチョンチョンと小刻みに動かすことで、ルアーに誘いを入れるテクニック。

Cooking Recipe ～釣った魚をおいしく食べよう～

【メバルの塩焼き】

シンプルな塩焼きは、魚の持ち味を一番ストレートに味わえる料理方法。メバルの場合も、煮付けをはじめとしていろいろな料理方法があるが、塩焼きが不動の人気メニューだ。ウロコ、エラ、腹ワタを除き、身の厚みのある部分に切れ目を入れ、表裏に軽く塩を振ってしばらく置く。焼く前に染み出た水気を拭き取り、もう一度塩を振る。このとき、ヒレや尾にしっかりと塩をまぶしつけると、焼いたときに焦げにくく、仕上がりも美しい。塩はウマミのある天然塩がお勧め

【アジのたたき】

三枚におろしたアジの身を、ネギやショウガ、大葉、ミョウガなどと包丁で叩いて刻んだもの。房総地方の郷土料理「なめろう」は、味噌を入れてたたきにしたもので、なめろうを丸めて焼いた「さんが焼き」もおいしい

【サバの味噌煮】

味噌、ミリン、酒、水、ショウガを使ってサバの切り身を煮付けた味噌煮は、甘辛味がご飯によく合うお惣菜の定番。味噌の種類によって甘さや辛さが変わるので、好みのものを使ってみよう

【カマスの干物】

カマスは水分が多くて柔らかいので、干物にすると身が締まってウマミが増す。ウロコを落としてから、エラの後ろから背開きにして、腹ワタを取る。海水程度の塩水に１時間ほど漬けた後、半日ほど天日干しにする

【イシモチのかまぼこ】

イシモチは三枚におろして皮を引き、背骨についている身もスプーンなどでかき出す。フードプロセッサーなどですり身にし、さらに塩、卵白、片栗粉などを入れて練ったものを巻き簀にくるんで蒸せばできあがり

《おいしい海遊び入門❻》

超美味！「モクズガニ」を釣る

昭和の時代の子供たちの代表的な遊びに「ザリガニ釣り」があった。ご存知の方も多いと思うが、長さ１ｍほどの竹の切れっ端を竿にして、竿先から垂らしたタコ糸の先端に煮干しを結びつける。これをザリガニが潜んでいる水辺に落とし込んで釣り上げるという、釣りの原点のような遊びだ。そして、このザリガニ釣りを応用して楽しめるのが、「モクズガニ釣り」である。

モクズガニは全国に分布している大型のカニで、毛の生えたハサミ腕を広げると30㎝近くになる個体もいる。主に河川の中流域に棲息していて、秋になると成長した雌雄が繁殖のために海に下ってくる。このカニ、上海ガニの仲間だけあって食味は極上だ。ただし、モクズガニを河川内で釣る場合は遊漁証が必要な場合があるので、最寄りの漁協で確認したい。

さて、モクズガニの釣り方だが、基本的にはザリガニ釣りと同じ要領。竿は長さ１ｍぐらいの竹の棒で、その先に同じ長さのタコ糸を結び、末端にエサとなる煮干しや魚のアラを結ぶ。釣り場となるのは、河口の護岸や捨て石まわり。季節的には、モクズガニが河口付近に集まる秋が釣りやすい。秋のモクズは、カニ味噌もタップリで最高に美味だ。日中、モクズガニは物陰に隠れているので、その近くにエサを投入して誘き出す。仕掛けにはハリがないので、カニがエサに抱きついて重みを感じたら、じっくりと食べさせるのがコツ。大きめのエサを使っていると２～３匹のカニがエサを奪い合ったりするが、あわてずゆっくりと竿を上げてカニをバケツの中に落とせばOKだ。

モクズカニ料理では、ゆでガニが手軽でおいしいが、お勧めは「カニ汁」。まず、生かして持ち帰ったカニをブツ切りにし、水と一緒にミキサーにかけてザルか布でこす。このドロドロの液体を鍋に入れて火を通し、醤油か味噌を入れるとカニのエキスがふんわりと固まってくる。これで極上のカニ汁が完成だが、我が家ではさらにウドンを投入して煮込んだものが大人気だ。

モクズガニはハサミ腕にモジャモジャの毛が生えているのが特徴。上海ガニの仲間だけあって味は極上だ

STEP 8

超ライトエギングに挑戦！

「チョイ投げタックル」で、おいしいイカやタコを釣ろう！

チョイ投げ竿で
アオリイカ
釣ったぞ～！

釣りの入門にはいろいろな選択肢があるが、ぜひ、一度は釣ってみたい（食べてみたい？）のがイカ類だ。ここでは、エギングの常識をくつがえすべく、“チョイ投げタックル”による「超ライトエギング」を紹介していこう！

自分で釣って
おいしく食べよう！

Light-egin

チョイ投げタックルと小型のエギで楽しもう！

初心者でも手軽にチャレンジできる理由とは？

海釣りに入門した初心者にとって、ぜひ一度は釣ってみたいのが食味のおいしいイカだろう。「でも、本格的なイカ釣りって難しそうだし、専用のロッドも必要なんでしょ？」。

そんな理由で迷っているビギナーのみなさんに提案するのが、すでに紹介してきた「チョイ投げ」のタックルを使ったスタイル。これなら誰でも十分にイカ釣りを楽しめるし、釣果だってベテランに負けないのだ。

大人気の「エギング」をもっと簡単に楽しもう！

現在、エギと呼ばれる擬餌バリでイカを釣る「エギング」が大流行だ（下写真）。釣り方やタックルはシンプルだし、食べておいしいアオリイカやコウイカなどが、日中、しかも身近な釣り場で狙えるのだからたまらない。しかし、ベテランだってなかなか釣れないこともあるイカが、初心者でもちゃんと釣れるのかなあ……。

とまあ、不安材料はいろいろあるかもしれないが、エギという和製のルアーは、単純に海底を引いてくるだけでもイカが興味を示す不思議な威力を秘めている。したがって、よっぽどへんな釣り方をしない限りは、ビギナーだって、子供にだって十分にイカが釣れる可能性はあるのだ。

その釣れる確率をさらにアップさせてくれるのが、ここで紹介する「超ライトエギング」。具体的には、使用するエギのサイズを3号以下の小型に限定し、それに伴って竿もチョイ投げやライトルアー釣りなどで紹介した短くて軽いロッドを流用するスタイルだ。

現在では、エギング専用ロッドを駆使したビシバシ系の多段シャクリとかハイパージャークとかが流行しているが、そもそもそんなテクニックを使わなければ釣れないスレたイカは、ベテランたちに任せておけばいい。海の中にはビギナーでもちゃんと釣れるイカがいっぱい泳いでいるのだ。子供でも扱いやすいチョイ投げタックルで、ぜひ、超簡単エギングを試してみよう！

用語解説　スレる▶魚が仕掛けやルアーなどを見破って、なかなか食いつかないこと。

対象魚と季節　エギングの対象になるイカやタコは、どれも食味抜群！

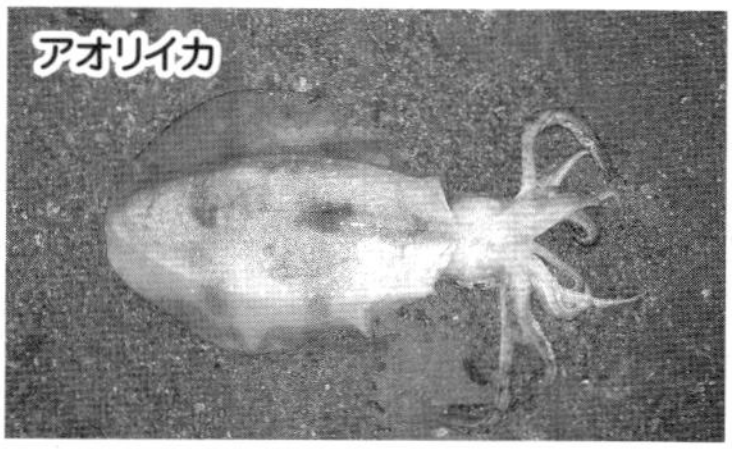

アオリイカは全国に棲息し、エギングでも人気だ。コウイカ類には写真のカミナリイカ（モンゴウイカ）、シリヤケイカ、コウイカ（スミイカ）などの仲間がいる。アオリイカが潮通しのいい岩礁帯などを好むのに対し、コウイカ類は内湾の砂泥底のエリアを好む。ヒイカは最大でも胴長 12㎝ほどの小さなイカで、都会の海での釣りが人気だ。イイダコは小型のタコで、干潟に多く棲息する

魚 種	ハイシーズン	概 要
アオリイカ	春、秋	とても美味なイカで、エギングでは0.5～1kg前後がよく釣れる。シーズンは大型が釣れる春が人気だが、超ライトエギングでのお勧めは小型の数釣りができる秋で、ときに大物が混じることもある
コウイカ カミナリイカ シリヤケイカ	秋～初夏	コウイカ類は関東以南に棲息する。コウイカやシリヤケイカの胴長は 20㎝ほどで、カミナリイカは 30㎝を超える。シーズンは、新子が成長する秋～冬、親イカが接岸する春～初夏
ヒイカ	秋～冬	正式名称は「ジンドウイカ」で、東北から関東、北陸に棲息。シーズンは秋～冬がメイン。サイズは小さいが、食味は最高
イイダコ	秋～冬	北海道南部以南の全国に棲息。シーズンは秋～冬。漁業権が設定されている地域があるので、事前に必ず確認しておこう！

釣り場　超ライトエギングは、足場の安全な場所で楽しみたい

【堤防、岸壁】

アオリイカのエギングを手軽に楽しむなら、アクセスが容易で足場のいい堤防や岸壁がお勧めだ。最初は、実績のある釣り場をウエブや釣り雑誌などでチェックして、積極的に歩いて釣り場を探してみよう！

【湾奥の岸壁】

コウイカやイイダコは、内湾の穏やかな干潟エリアの堤防や大規模港の岸壁が狙い目。また、水深のある海釣り施設でも釣ることができる。ヒイカは、写真のような都会のど真ん中の岸壁もホットステージになっている

用語解説　**ジャーク**▶ロッドを横方向、または縦方向にスライドさせて、ルアーやエギの泳ぎに変化をつけるテクニック。

専用タックルにも負けないライトエギングのシステム

感度と扱いやすさを優先したタックルを使いたい

このチョイ投げタックルと軽量エギを使うスタイルにハマりはじめたのは、ウチの息子が145ページの巨大アオリイカを釣ったのがきっかけだった。当時、小学生だった息子は、通常のエギングロッドだと重くて扱えなかったので、短くて軽量なバスロッドを使わせていたのだ。結果、専用タックルを使っていた私は全然釣れないのに、息子は入れ掛かり状態。「父ちゃん、また釣れたみたいだよ～」と繰り返す息子の声をいまだに思い出す……。

バスロッドやアジングロッドを活用しよう！

いまから思えば、アオリイカの群れが港内まで入り込んでくる秋のシーズンだったこと、そして、イカに警戒心を与えにくい小さめのエギを使っていたのが幸いだったようだ。そもそも、私が20年ほど前にはじめてアオリイカを釣ったときに使っていたのも、バスタックルと小型エギだった。

その後は、私自身もエギング専用タックルと併用して軽量なバスタックルを長年使ってきて、超ライトエギングが十分に成立することを確信した。というか、秋のアオリイカやコウイカ、ヒイカ、イイダコなどは、むしろバスタックルのほうが釣りやすいぐらいだ。超ライトエギングは手抜きのスタイルではなく、イカをより釣りやすくするための画期的なシステムだったのである。現在では、より感度に優れるバスロッドやアジングロッドも充実しているので、これらを使えばとても軽快でよく釣れるエギングを楽しめるはずだ。

エギについては、バスロッドでも無理なくキャストできる軽量な3号（約15g）が万能に使えてお勧め。小型アオリイカ狙いでは2.5号（約10g）も活躍してくれる。もちろん、エギが小さいからといって釣れるイカも小さいとは限らず、前述のように巨大なイカもヒットしてくるのだ。

さらに、ヒイカ狙いでは、1.8号程度の極小エギを使用する。重さにすると6g前後しかないので、この場合は軽量なルアーを扱いやすいアジングロッドとの相性がいい。

エギのカラーについてはいろいろな意見があるが、とりあえずは視認性のいいピンクかオレンジを用意しておけば、あらゆる場面で通用してくれる。

なお、コウイカ狙いなどで確実にエギを着底させたいケースでは、エギの鼻先にオモリをセットするのが裏ワザだ。

用語解説　**入れ掛かり**▶魚やイカが入れ食いになること。エギングの場合は、「入れ掛かり」と表現することが多い。

タックル　チョイ投げ用のタックルが大活躍なのだ

【多少硬めのルアーロッドが使いやすい】
ロッドは、チョイ投げでも紹介した長さ2m前後のバスロッドでOK。これなら、チョイ投げやブラクリ釣りにも流用可能だ。また、主にヒイカ狙いで1.8号前後の極小エギを使う場合は、ティップの感度に優れたアジングロッドを選ぶといいだろう。いずれのロッドも、リールは小型スピニングリールをセット。なお、大型のイカがヒットしたときに備えて、玉網（131ページ）を用意しておくとよい

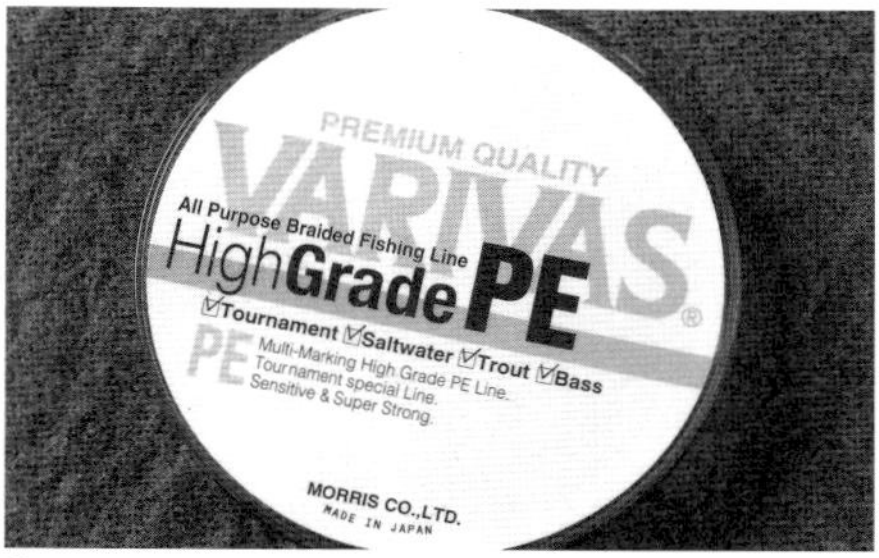

【ラインもチョイ投げ用のPEで】
メインラインは、ナイロンを使ってトラブルを防ぐといった考え方もあるが、短いロッドだからこそ小さなシャクリでエギをアピールできる伸びの少ないPEラインがお勧めだ。0.6号程度なら、風や潮流の影響も受けにくい

【リーダーでライントラブルを防ぐ】
メインラインにPEを使う場合は、先端にリーダーを結節しておくとライントラブルが起きにくくなる。リーダーはフロロカーボンの1.5～2号を使用すればよい。結節方法は、9ページのサージャンノットでOKだ

エギの選び方　3号のエギがメイン。ヒイカ狙いなら1.8号をチョイス

エギは、釣具店でメインに陳列されているものならどれを選んでも釣れ方に大差はない。サイズ（重さ）は3号のほかに、秋のアオリイカ用に2.5号も用意。ヒイカやイイダコを狙う場合は、1.8号前後を使用する。いずれも、カラーについては迷い出すときりがないので、最初は視認性に優れたオレンジかピンクだけ用意すればOKだ。なお、イイダコ狙いの場合は、「スッテ」と呼ばれるオモリの付いていないエギ風の擬餌バリも使いやすい

用語解説　ティップ▶ロッドの先端部、竿先（穂先）のこと。

仕掛けの構成　感度に優れたタックルと小型エギの組み合わせで勝負！

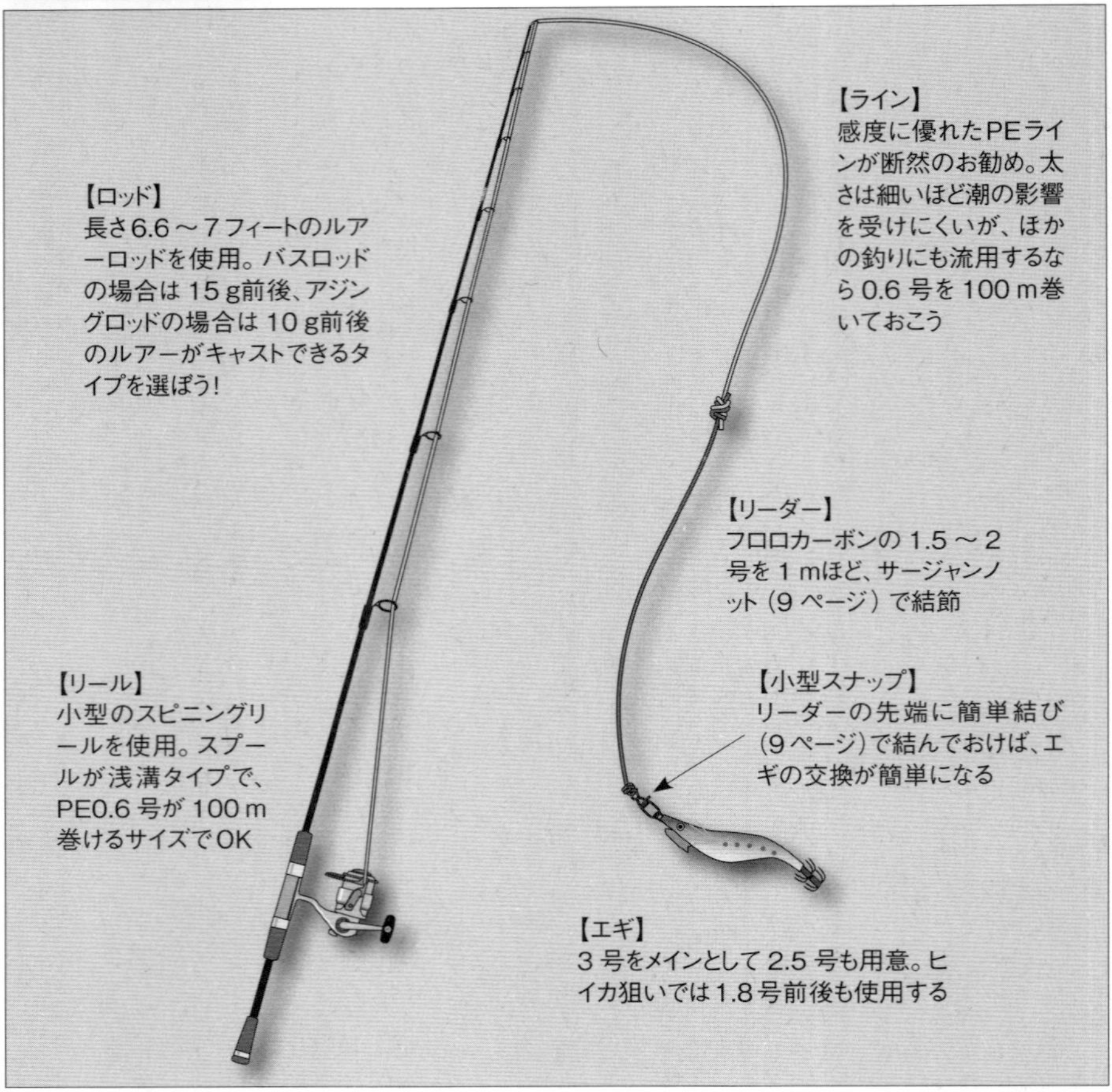
【ロッド】
長さ6.6～7フィートのルアーロッドを使用。バスロッドの場合は15g前後、アジングロッドの場合は10g前後のルアーがキャストできるタイプを選ぼう！
【リール】
小型のスピニングリールを使用。スプールが浅溝タイプで、PE0.6号が100m巻けるサイズでOK
【ライン】
感度に優れたPEラインが断然のお勧め。太さは細いほど潮の影響を受けにくいが、ほかの釣りにも流用するなら0.6号を100m巻いておこう
【リーダー】
フロロカーボンの1.5～2号を1mほど、サージャンノット（9ページ）で結節
【小型スナップ】
リーダーの先端に簡単結び（9ページ）で結んでおけば、エギの交換が簡単になる
【エギ】
3号をメインとして2.5号も用意。ヒイカ狙いでは1.8号前後も使用する

エギのチューンも楽しいぞ！
エギ用
シェル
カッティング
シート

【エギのチューニング】

エギはノーマルのままでも十分に釣れるが、チューニングして使うのも楽しい。よく知られるのは、アワビシートを背中に貼る方法。また、イカが好む匂いや味がする集魚スプレーをエギに噴霧する方法もある

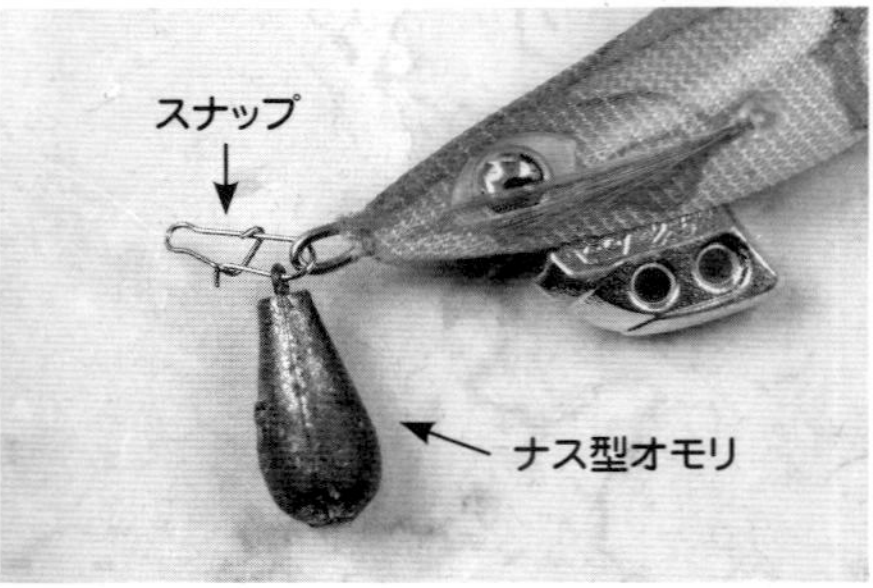
スナップ
ナス型オモリ

【鼻オモリのシステム】

水深のあるポイントや潮が速いときには、エギをセットしたスナップにナス型オモリをセットすると底を取りやすい。オモリの重さは2号として、エギは2.5号を使用すればバランス的にもちょうどいい

用語解説　アワビシート▶アワビの貝殻を非常に薄く加工してシート状にしたもの。独特のきらめきが魚やイカを誘う。

超ライトエギングで美味なイカを爆釣する方法

中～表層でもイカは釣れるが、まずは「着底」を確認したい

エギングでは、キャストしたエギを着底させてから誘いを開始することが基本とされている。春の大型イカをはじめとして、どんな状況でもボトム（海底）はヒット率の高いタナになるからだ。一方、秋の小型イカなどは中～表層に浮いていることも多いので、いちいち着底させなくても釣れる。また、春の大型アオリも状況次第で中層まで浮くことが少なくない。とはいえ、釣り場の水深を把握できないと、どこが中層かもわからない。少なくとも最初の1投目は、その釣り場の水深を知る意味でもエギの着底を心がけたい。

着底を知るには、水中に引き込まれるラインの動きを注視し、その動きが止まった瞬間をとらえることが大切だ。最初はときおりイトふけを取り直して、ラインに多少のテンションをかけた状態でエギを落とし込んでいくとわかりやすい。着底までの秒数を数えておけば、2投目からはとくに着底を確認することなくカウントダウンで着底を把握するほうが簡単だし、根掛かりも少なくなる。

誘いはシャクリとタダ巻きを併用してみよう！

アオリイカ狙いの場合は、エギを着底させたらロッドをシャクってエギを跳ね上げることでアピールさせるのが基本だ。シャクり方はいろいろあるが、ラインにテンションをかけてから「1、2回のシャクリ＋5秒のフォール」で誘っていくのが簡単。伸びのないPEラインを使っていれば、シャクリの幅もそれほど大げさでなくて大丈夫だ。また、意外と効果的なのが単なる「タダ巻き」。シャクリが全盛のエギングだが、むしろシャクリにスレたイカに対してはスローなタダ巻きが効く場面が多いのだ。このタダ巻きに、ときどきシャクリを入れるのも効果的。いずれの方法も基本は底層での誘いだが、前述したようにイカの活性によっては中層や表層でも釣れるので、いろいろと試してみるといいだろう。

コウイカやイイダコ狙いでは、海底での「ズル引き」がセオリーになる。確実に底をトレースするために、鼻オモリを利用するのもお勧めだ。また、ときおり、シャクリを入れてエギの存在をアピールするのもよい。

ヒイカの場合は、エギを投げてタナまで沈め、軽く数回のシャクリを入れてからポーズ（静止）でアタリを待つのが基本。また、岸壁ぎわでエギを上下させる誘いも有効だ。

用語解説　**カウントダウン**▶ルアーやエギなどを沈下させるときの秒数を数え、狙いのタナまで到達させること。

釣れるポイント　地形や流れの「変化」を狙ってみよう！

1 堤防の先端

2 岩礁、捨て石

3 港内

4 内湾の砂地底

1堤防先端は潮通しがよく、アオリイカの好ポイントになる。先行者がいなければ、まず最初にチェックしてみたい。2とくに海藻の繁茂したエリアなら、水深１～２ｍの浅場でもアオリイカは回遊してくる。3秋は港内で見えアオリが群れていることも多い。また、冬はヒイカ狙いが楽しい。4砂地底のエリアは、コウイカやイイダコの好ポイント。甲殻類や小魚といったベイトが多い場所が有望だ。また、内湾にある海釣り施設も狙い目

基本テクニック　派手なシャクリは無用。スローのタダ巻きでも釣れるぞ！

現在のエギングではビシバシの多段シャクリが人気だが、よほどの激戦区でなければそんなに大げさにエギを動かさなくてもイカは釣れる。基本は「1、２回のシャクリ➡イトふけを巻き取って5秒のフォール」。フォールの時間に変化をつければ、より効果的だ。シャクリのコツは、自分の体の前でロッドをシャープにさばくイメージで、２～４時の間で小さくシャクること。これによって切れのいい動きがエギに伝わる。逆に、ロッドの振り幅が大きくなるとエギの移動距離だけ長くなって、キビキビした動きが損なわれてしまう。また、イカが中層に浮いている状況では、スローのタダ巻きに単発のシャクリを入れるだけでも釣れてくる

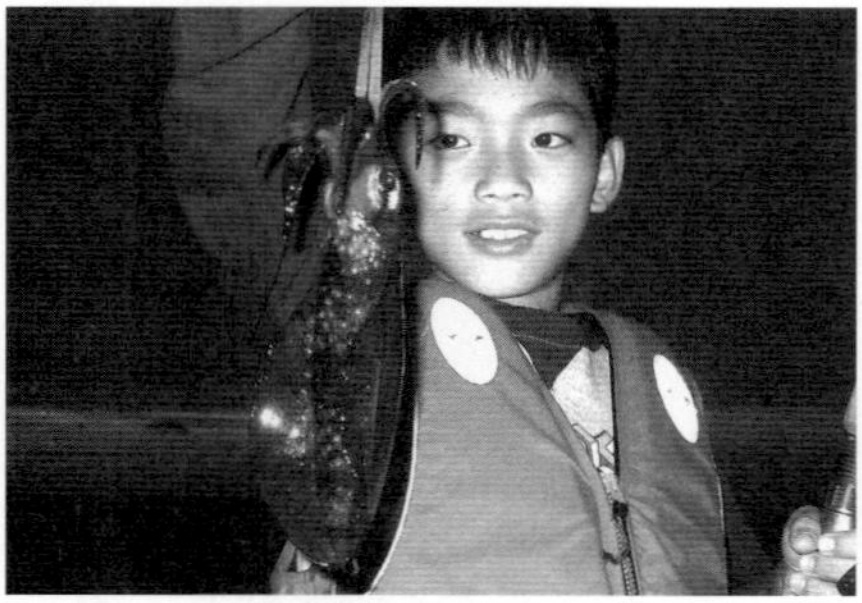

【アタリ～取り込みの方法】

イカがエギに抱きついたときのアタリは最初はよくわからないので、次のシャクリでアワセを入れるイメージでOKだ。アワセが決まると「ギュンギュン」と竿先が引き込まれるので、一定の速度でリールを巻いて小型はそのまま抜き上げる。大物は玉網で取り込むのが確実

【エギの着底を知る方法】

エギが沈んでいる途中、それまで出ていたラインが止まったら着底の合図。使用しているエギが１秒間で沈む深さを知っておけば、着底までの秒数を数えることで（カウントダウン）、だいたいの水深を知ることができる。どうしても着底がわからないときは鼻オモリを試してみよう

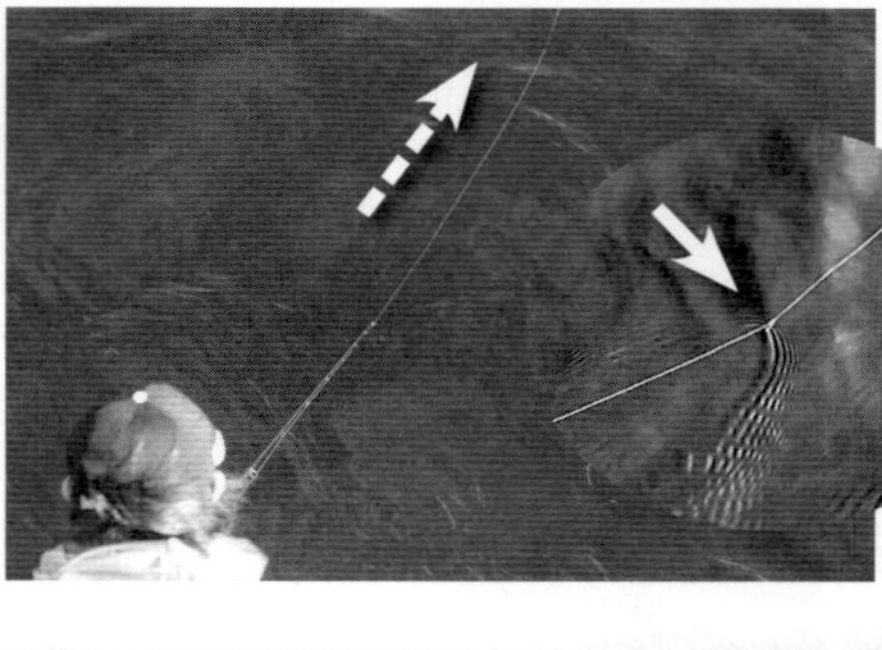

用語解説　**見えアオリ**▶海面下で視認できるアオリイカのこと。偏光グラスを利用することで発見しやすくなる。

攻略①アオリイカ　底層～中層まで幅広く探ってみたい。見釣りも楽しいぞ！

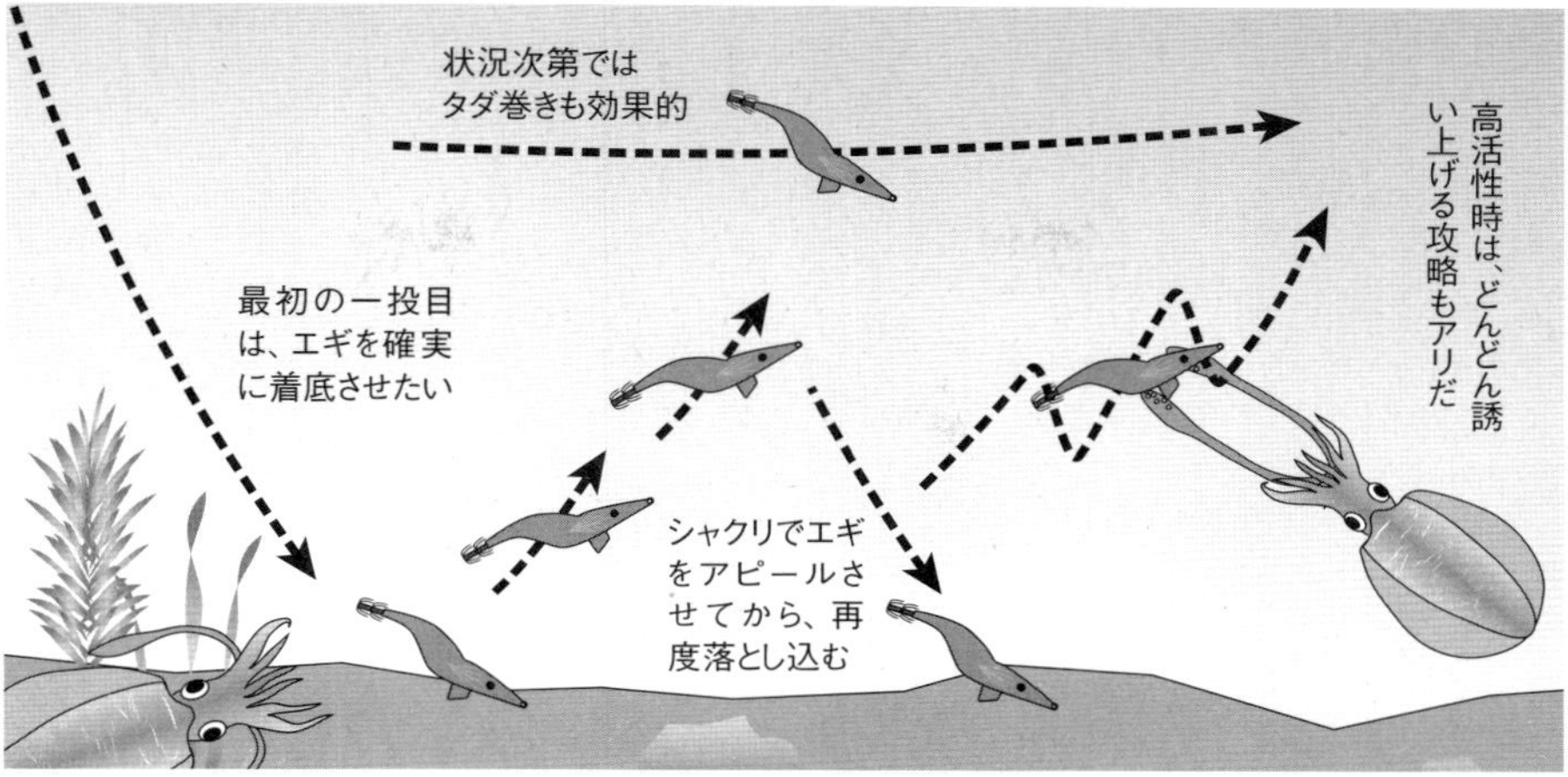

アオリイカ狙いでは、エギの着底後に１～２回のシャクリを入れてアピールさせる。このあと適度にラインを張りながらエギを沈め、再度跳ね上げる。これを繰り返していると、フォール時にアオリイカがエギに抱きついてくる、高活性のイカは浮いていることも多いので、シャクリ後に毎回着底させずに、どんどん誘い上げてくる方法も有効だ

【秋は港内の「見釣り」に挑戦】

エギを追ってきたイカ、あるいは秋の港内で浮いているイカが見えるときは、水面直下でエギを小刻みに誘ってやるのが効果的。このとき、エギの頭が水面から飛び出てしまうとイカが警戒するので、小さな動きで誘うのがコツだ。この攻略では、水中を観察するために偏光グラス（131 ページ）があると便利。なお、ライトエギングでは小型のイカがたくさん釣れることもあるが、乱獲する人が増えた釣り場ではエギングが禁止になったケースも少なくない。食べない分は、やさしくリリースしてあげたい

攻略②コウイカ　砂泥底エリアでの「ズル引き」で誘う

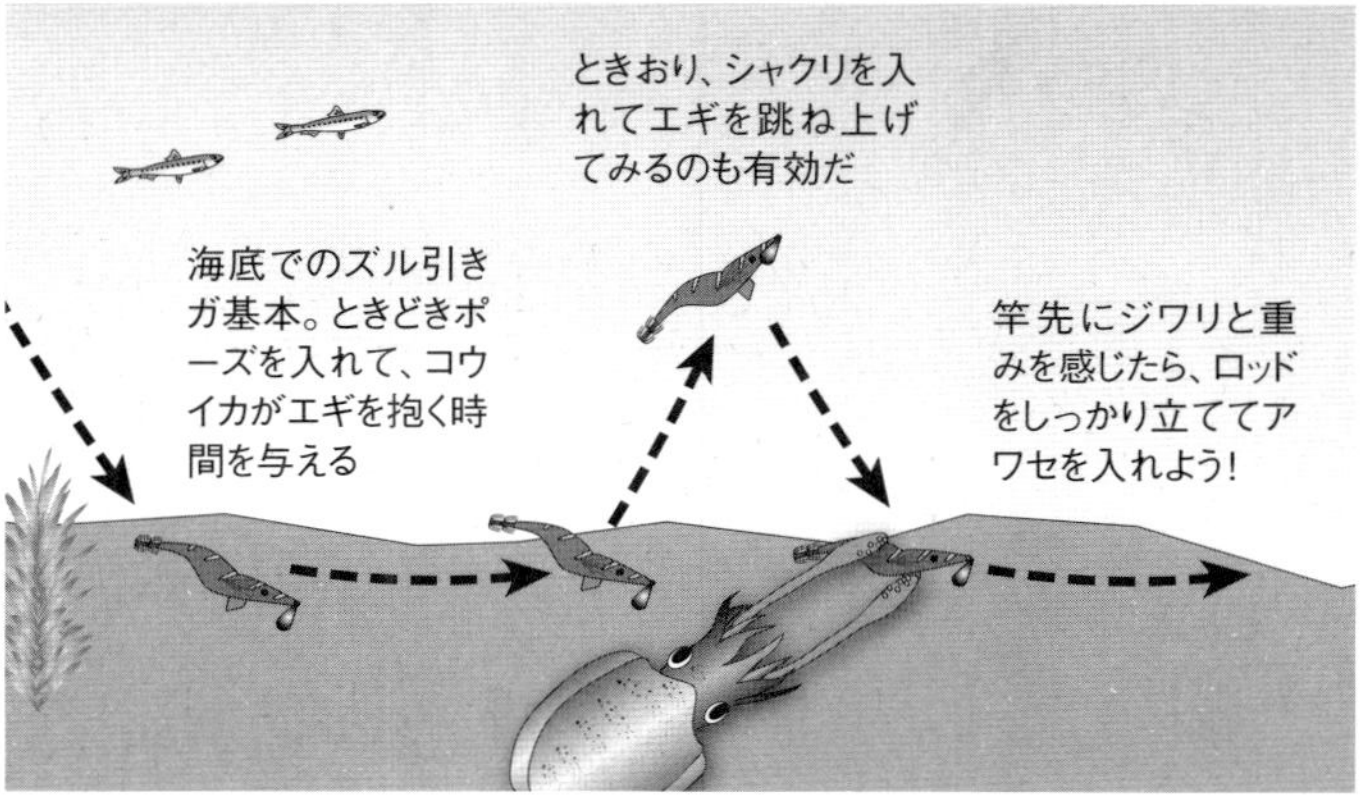

コウイカは砂泥底に潜むシャコやカニ、エビなどを捕食しているので、海底でのスローなズル引きで誘うのが基本だ。この場合、鼻オモリを使うと底を取りやすい。また、ときどき強めのシャクリを入れることで周囲のコウイカに対してアピールできると同時に、アワセの動作にもなる。いずれにしても、コウイカはエギの動きが止まったときに抱きついてくるので、ときおりポーズ（静止）を忘れずに！

用語解説　ズル引き▶オモリやエギなどを海底でズルズルと引きながら誘うこと。

攻略❸ヒイカ　表層からタナを刻んで探ると効率的

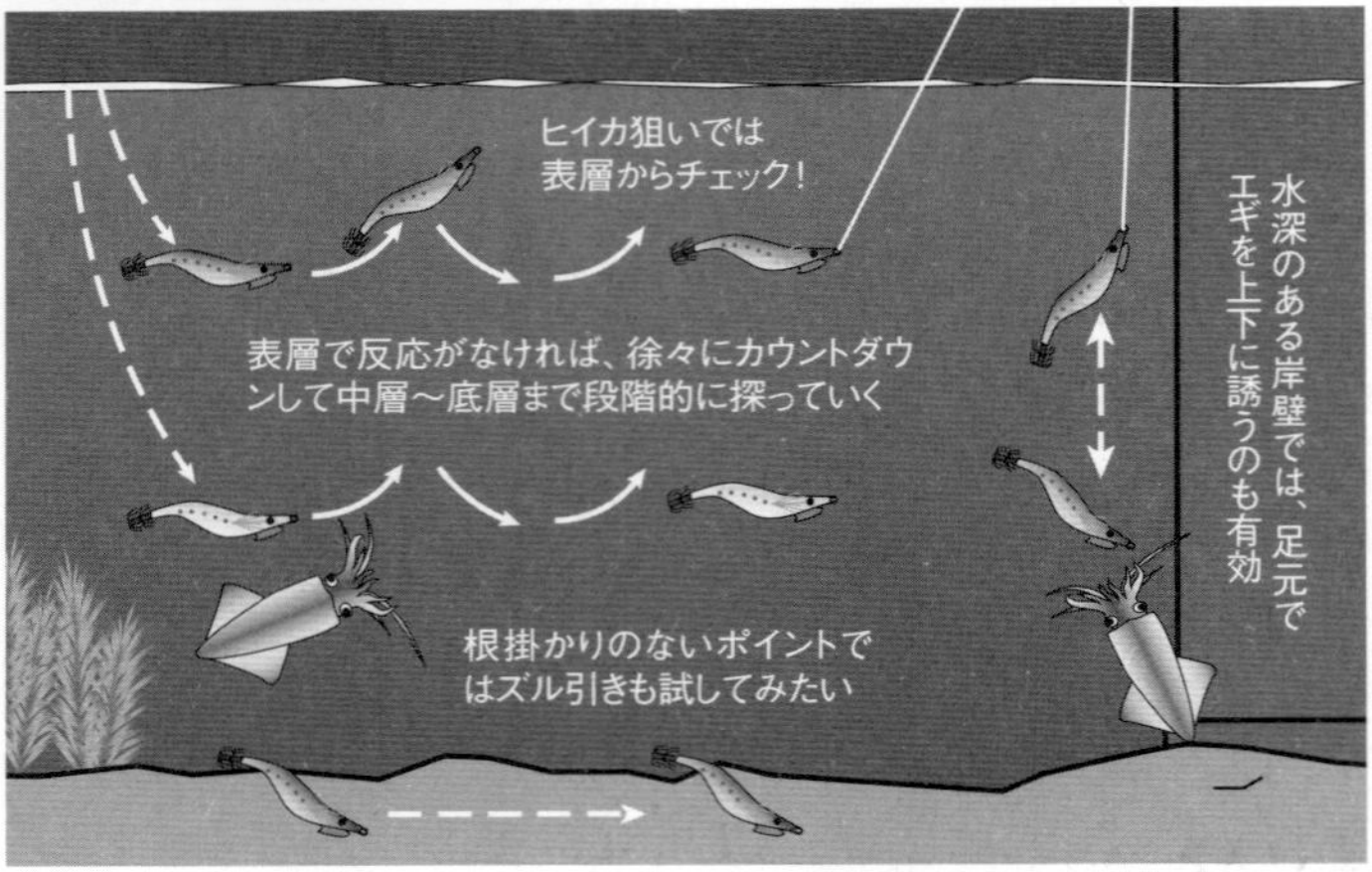

ヒイカはその日の状況によって底層～表層までタナを変える。したがって、水深にもよるが、表層から少しずつタナを下げながら探っていくのが効率的だ。アタリがあったら、そのタナを集中的に狙ってみたい。表層や中層でアタリが出ないときは、海底でのズル引きも有効。また、ヒイカは岸壁のヘチに着いていることも多いので、ヘチぎわにエギを落として、竿先でゆっくり上下動させる誘いも試してみよう

【シャクリは小さくが基本】

ヒイカ狙いで派手なシャクリは無用で、竿先を20㎝ほど２～３回小刻みに動かすだけ十分。激しいシャクリは、かえってヒイカを警戒させてしまう。また、状況次第では単なる「タダ巻き」が有効になることも多い。この場合は、エギをカウントダウンした後、竿を水平よりやや下に構えた状態で、２秒に１回転ほどの速度でゆっくりリールを巻いてくればよい。「ジワーッ」と竿先が重くなったら、軽くアワセを入れよう!

攻略❹イイダコ　微妙なアタリを見逃さずに、即アワセするのが重要

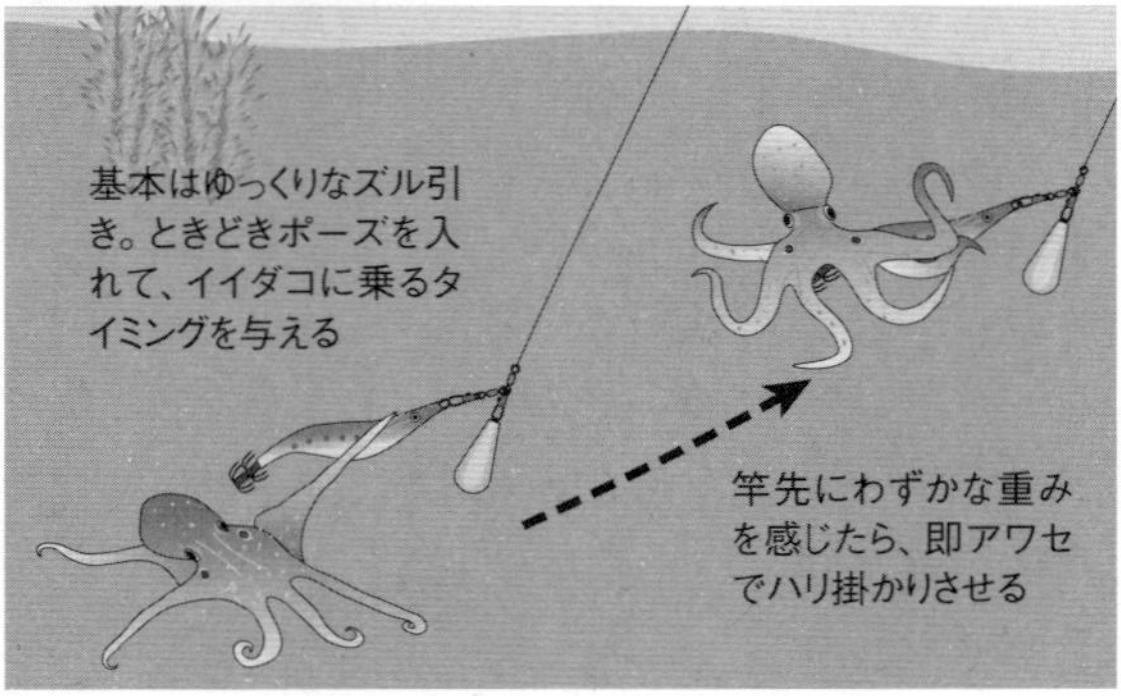

【ゆっくりとした「ズル引き」で誘うのが基本】

イイダコ釣りの基本は、スローなズル引き。仕掛けを着底させた後、リールのハンドルを数秒かけて１回転させる程度のスローペースで巻いてくる。このとき、ときおり巻くのを止めて、イイダコに仕掛けを抱かせるタイミングを与えるのがコツだ。竿先に「ジワー」と微妙な重みを感じたら、イイダコが違和感で仕掛けを離してしまう前にアワセを入れよう!

【スッテ+オモリも有効】

イイダコは小型のエギでも釣れるが、写真の「スッテ」にスナップでナス型オモリをセットしたものでも狙える。スッテのサイズは５～６㎝、オモリの重さは２～３号が使いやすい

用語解説　**ポーズ▶**ルアーやエギを誘いの途中で静止させること。

Cooking Recipe 〜釣った魚をおいしく食べよう〜

イカの身の甘みと
ワタの極上の食感を
味わおう!

【アオリイカのルイベ】
もともと漁師が、船上で釣れたイカを生きたままタレに漬け込んで作ったという沖漬け。タレは醤油やミリン、日本酒を混ぜたもので、ダシ汁や小口切りの唐辛子、柚子の皮などを入れる場合もある。沖漬けを冷凍庫で凍らせて、食べる前にワタごと切っていただくのが「ルイベ」。冷凍しているうちにじっくりと漬けダレが身に浸み、冷たくシャリッとした食感が最高の味わいだ。ワタの臭みが苦手だという人でも、トロリとしたおいしさに、きっと虜になってしまうはず

【イカ墨パスタ】
ニンニク、トマトソース、白ワインを炒めたところにイカの墨袋をそっと取り出し、中身を絞り出す。塩コショウで味を整え、パスタと和える。イカの種類によって墨袋の大小はあるが、基本的にどんなイカでも作れる

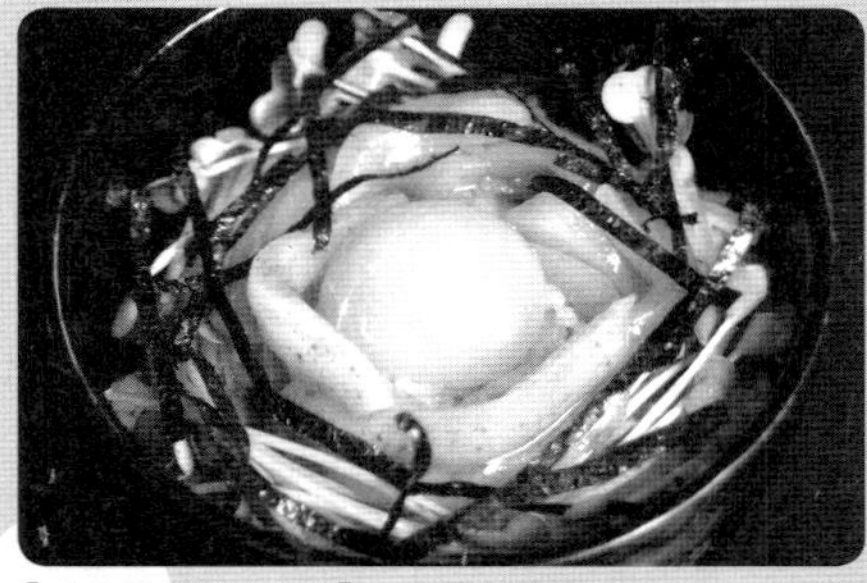

【イカのキムチ丼】
キムチの素で和えたイカと卵黄、カイワレ大根、刻み海苔の丼物は、刺身が物足りないと感じたとき、ご飯もガッツリ食べたいというときのアレンジレシピにお勧め。好みでゴマ油、すりゴマなどを足してもよい

【イイダコ飯】
内臓を除いたイイダコと、刻んだ具（ニンジン、ゴボウ、油揚げなど）を研いだ米に散らし、醤油、酒、塩を入れて普通に炊く。タコから出たいいダシがご飯に浸み渡り、釜の底にできたオコゲも香ばしくて絶品

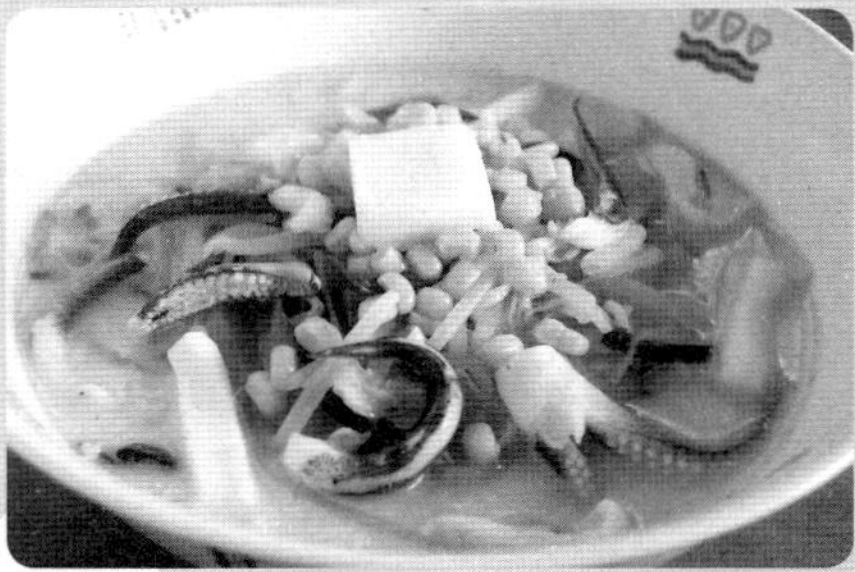

【イカちゃんぽん風ラーメン】
インスタントラーメンの塩味かトンコツ味に牛乳を少々入れると、ちゃんぽん風になる。いつもの野菜の具にプラスしてイカのゲソやエンペラを入れ、仕上げにバターを落とすだけで、いつものラーメンがグレードアップ!

《おいしい海遊び入門❼》

「アウトドア・クッキング」のススメ

家族や仲間同士の釣りでは、プラスアルファの楽しみを盛り込むと一段と充実した日を過ごせる。観光地巡りや温泉も悪くないが、どうせならみんなで釣った魚やイカを利用した野外料理を楽しむのはいかがだろう？ コンビニのお弁当を食べるよりも、ずっと思い出に残ること間違いなしだ。料理が不得意な人でも、流木拾いや火起こし、料理の具材を刻んだり混ぜたり、できる作業はみんなでシェアして楽しいひとときを過ごしてみよう。いっぱい動いて、おいしい空気を吸った後は、どんな料理も最高のご馳走になる。

浜辺の焚き火では、まず乾燥した流木を拾うことからスタート。焚き火の基本は、風通しをよく考えること。薪を傘状に組み上げて焚き火をする方法がよく知られているが、むしろ、風向きと平行に薪を並べたほうが安定した火を得ることができる。最初は細めの木に着火し、燃えてきたら少しずつ太い流木を足していく。なお、海岸では焚き火が禁じられている場所もあるので、あらかじめ自治体などで確認しておこう。

焚き火の炎が落ち着いてきたら、釣れた魚やイカと相談して食べたい料理を作ろう。手っ取り早くておいしいのは29ページのが鍋物だが、もっとワイルドに楽しむなら「丸焼き」が簡単だ。内臓とエラだけナイフで取り出し、ウロコはそのままでOK。イカなら下ごしらえ無用だ。いずれも長めの串に刺して塩を振りかけ、焚き火のまわりに立てて焼くだけ。こんなに簡単な料理なのに、魚からジワジワと脂がしたたり、周囲にいい匂いが漂ってくれば、だれもが笑顔になる。身まで火が通ったら、丸ごとかぶりついてみよう。

子供がいたら、やっぱり「カレーライス」を作るしかない。アウトドア料理の定番だが、浜辺でもこれが最高においしくて、香りをかぐと間違いなくオトナも食べたくなる。カレーの具には釣れた魚やイカなどのほか、浜辺で採取できる小さな磯エビやツルナなどを入れてもメチャクチャ美味だ。

野外料理で小難しいレシピは一切無用。ワイルドな丸焼きでも、最高にごきげんな味を楽しめるのだ

タックルは
大切に
使いたいね！

STEP 9

もっと釣りが楽しく上達するために……

知って楽しい！役立ち雑学集

本書では、実際の釣りを紹介しながら、基本的な知識やテクニックを解説してきた。締めくくりとして、知っておくとさらに楽しくなるノウハウをページが許される限り紹介していく。これを知っているだけでも、釣りの上達に大きく役立ってくるだろう。

これを知っておけば、
釣りは
もっと楽しくなる！
basic-knowle

「五目釣りタックル」はこれでOK!

【ノベ竿、リール竿】
渓流竿は、長さ4.5mと5.3mがあればOK。ルアーロッドはアジング用と汎用のバスロッド。リールは小型のスピニングリールで、PEラインの0.6号とフロロカーボンの3ポンドをそれぞれ巻いている

【寄せエサ3点セット】
サビキ釣りやウキ釣りで寄せエサを使うときは、コマセバケツ、水くみバケツ、ヒシャクの3点セットがあればOK。コマセカゴに寄せエサを詰めるときは、割り箸か素手で行っている。手ふき用のタオルも2～3枚常備

【クーラーボックス、バッカン、エサ箱】
クーラーボックスは16リットルと10リットルを併用。エサ箱は二重タイプの首から提げられるものを愛用している。仕掛け類やタオル、レインウエアなどはバッカンに収納。バッカンは、ロッドホルダー付きが便利だ

【プライヤー、ハサミ、トング】
プライヤーはラインのカットやハリ外し、ガン玉の脱着などに便利。小型ハサミ（クリッパー）は、ピンオンリールでバッグやライフジャケットのベルトなどに装着。トングは暴れたりヌルヌルの魚、危険な魚などをつかむための必需品

本書では、手軽に楽しめるさまざまな海釣りのジャンルを紹介してきた。私自身、釣り場に到着してから、その日の状況や気分次第で釣り方を決めるので、車のトランクにはそれに対応できるタックルを積んでいる。とりあえず、「何かが釣れればOK」という五目釣り的なスタイルで楽しみたい初心者の方々にも参考になると思うので、それらのタックルを上に挙げてみよう。

竿に関しては、長さの違う渓流竿2本、そして短めのルアーロッドが2本あれば本書で紹介しているすべての釣りを楽しめる。ほかに、バケツ類とクーラーボックス、エサ箱、プライヤーなどがあればOKだ。仕掛けは種類ごとにケースに入れてバッカンに収納。安全対策として、ライフジャケットや偏光グラス、滑りにくい靴なども常備している。

用語解説　五目釣り ▶ 特定の魚種を絞らずに、何でも狙っていく釣り方。

知っておきたいタックル活用術①

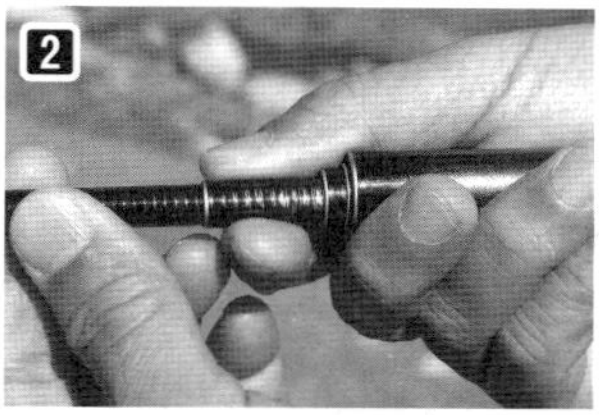

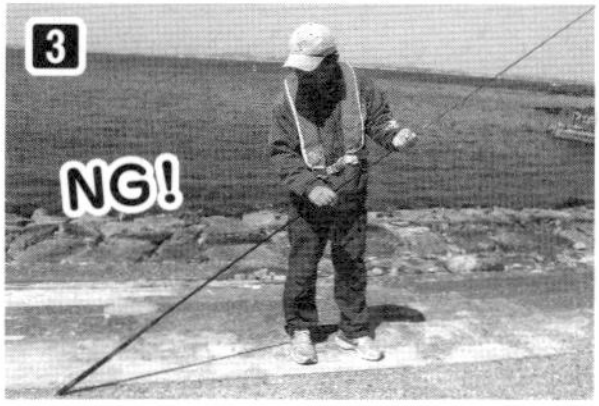

【ノベ竿の扱い方】

ノベ竿は雑な扱いをすると破損することがあるので十分に注意したい。❶まず、ノベ竿を伸ばすときは、元竿を脇に挟んだ状態で穂先（竿先）側から繰り出していく。❷このとき、継ぎ目の部分を指で軽くつまむようにして、少しずつていねいに伸ばしていくのが正解。伸ばし終わりは少し力を入れて、使用中に緩まないようにしたい。❸このように元竿を持たずに継ぎ目から離れた場所をわしづかみにして伸ばすと、破損することがある。❹畳むときは手元側からていねいに。タオルなどで汚れや水滴を拭きながらしまえばベター

【クーラーボックスの工夫】

❶１ヶ所で釣りをするサビキ釣りやウキ釣りなどで重宝するのが「竿受け」。クーラーの取っ手に付けられるようにすれば、本体に穴を開ける必要もない。❷こちらは投げ釣りのベテランの工夫。竿立てやエサ箱、ドリンクホルダーなど、チョイ投げでも参考になりそうだ。❸庫内を冷やすには、繰り返し使える「保冷剤」が経済的。また、夏はペットボトルに水を凍らせて入れておけば、少しずつ溶けて冷たい飲料水にもなる。❹私の場合、暑い時期は16リットルと10リットルのクーラーを二重にして使っているが、その保冷効果は抜群だ

【玉網の使い方】

細いハリスを使っている場合などで、抜き上げが困難な大物がハリ掛かりしたら、最後は玉網で取り込むのが確実。❶魚を十分に疲れさせてから、水面まで徐々に誘導する。❷網の重みで柄をスルスルと伸ばす。❸網枠を海面に半分ほど入れて、魚を網に誘導するように取り込む。網で魚を追いかけてしまうと反転されやすいので注意。❹無事にネットインしたら竿を股に挟み、空いた両手で玉網の柄を畳みながら網を寄せてくる。柄を畳まずにそのまま持ち上げようとすると、魚の重みで柄が折れることがあるので注意したい

用語解説　**バッカン**▶もともとは磯釣りで使用する防水製のバッグだが、ほかの釣りでも便利に使える。

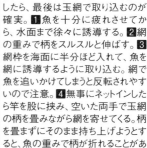

知っておきたいタックル活用術②

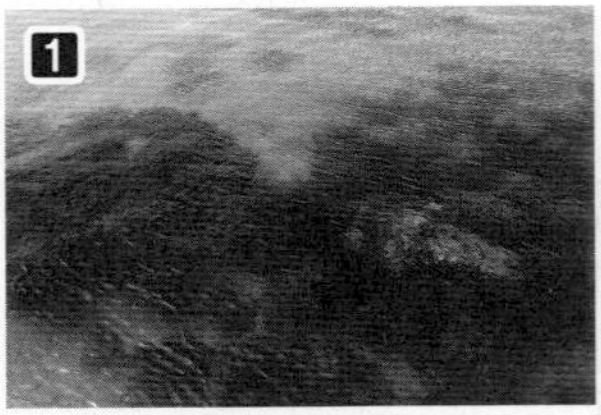
1

2

3

4
NG!

【偏光グラスの活用法】

❶偏光グラスは水面のギラつきを遮断することで、水中をクリアに見ることができる。❷プラスチック製が軽量で安価だが、精度ではガラス製が勝る。偏光度 90%以上、可視光線透過率 30%台のものが理想。度付きのものや眼鏡の上からかけられるタイプもある。❸つば付きの帽子と併用することで太陽光が遮られ、より水中が見やすくなる。❹偏光グラスを炎天下に放置するのは最悪。偏光膜の剥離など深刻なダメージになることもある。使い終わったら湿気やホコリを拭き取り、専用ケースに入れて室内で保管するのがベストだ

【ライフジャケットの使い方】

❶ライフジャケットには、浮力素材を使用した固定式、炭酸ガスで気室を自動や手動で膨らませる膨張式がある。❷着用時には必ずジッパーやベルト類を締めること。これをしないと落水時に脱落する可能性がある。❸膨張式の場合、自動タイプであっても手動レバーがすぐに手に触れられるかどうかを確認しておく。❹万一落水したら、手動式の場合は直ちにレバーを引いて気室を膨張させる。同時に、ホイッスルを吹いて緊急を知らせることも大切。浮力が足りない場合は、空気注入バルブから空気を吹き込むことも覚えておきたい

1

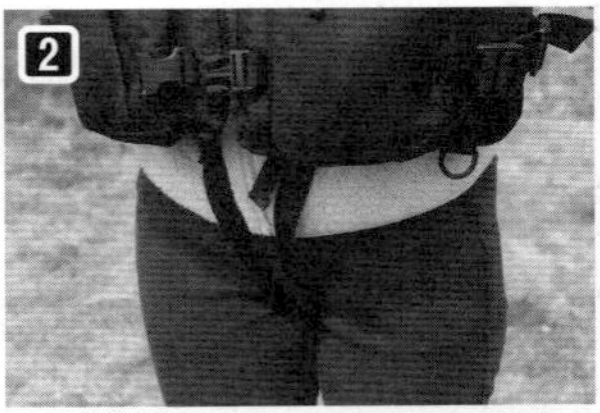
2

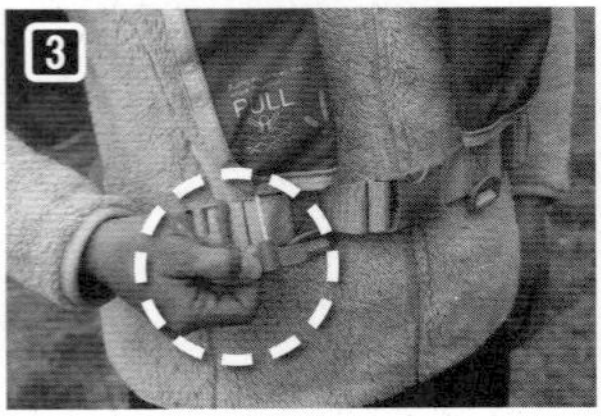
3

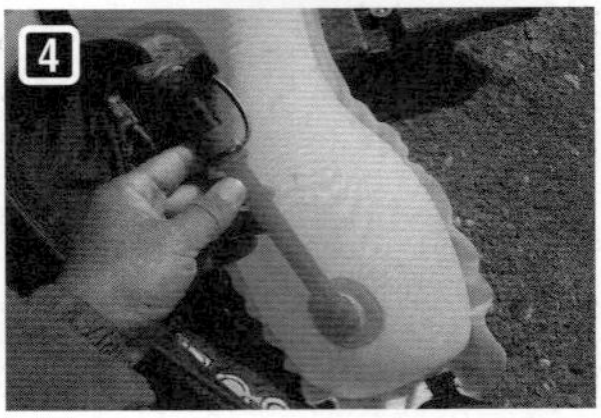
4

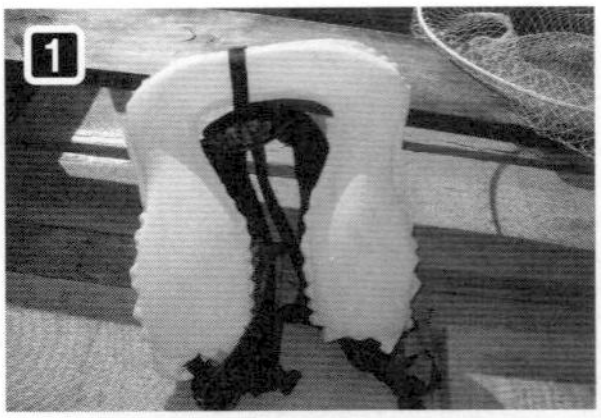
1

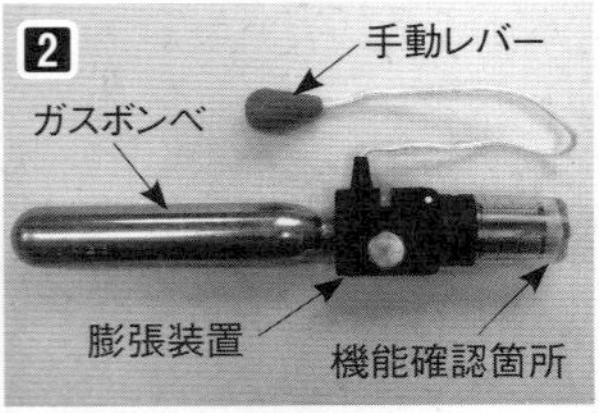
2
手動レバー
ガスボンベ
膨張装置
機能確認箇所

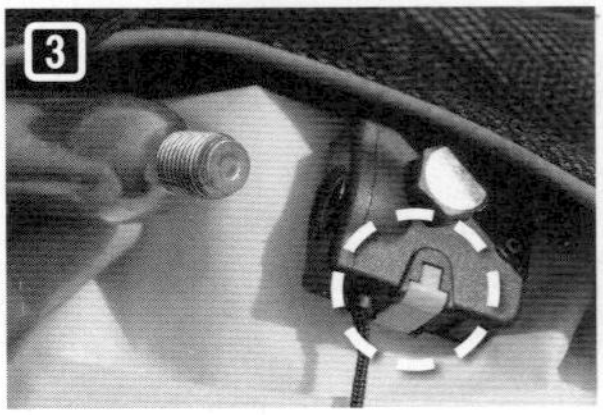
3

4

【ライフジャケットのメンテ術】

❶膨張式の場合、ガスボンベとスプール（膨張装置内のパーツ）を外し、バルブから息を吹き込んで気室を膨らませて空気漏れをチェック。ボンベやスプールは2～3年ごとに交換する。❷膨張装置はタイプによって確認方法が異なるので、メーカーのウエブサイトなどでチェックしてみたい。❸自分でボンベを交換する場合は、手動レバーや留めピン（円内）の外れなども確認。❹気室を本体に再収納するときは、シワやたるみのないように装着すること。自分でメンテするのが不安なら、メーカーの定期点検を受けるのがお勧めだ

用語解説　**偏光度**▶偏った光の反射を防ぐ割合を示すもの。偏光度 90%以上であれば問題なく使える。

釣りを快適にするための超基本

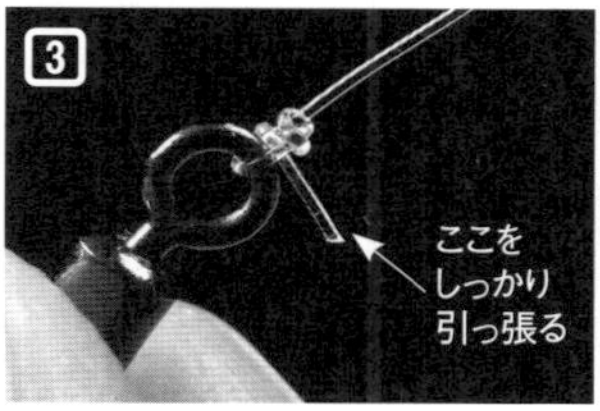

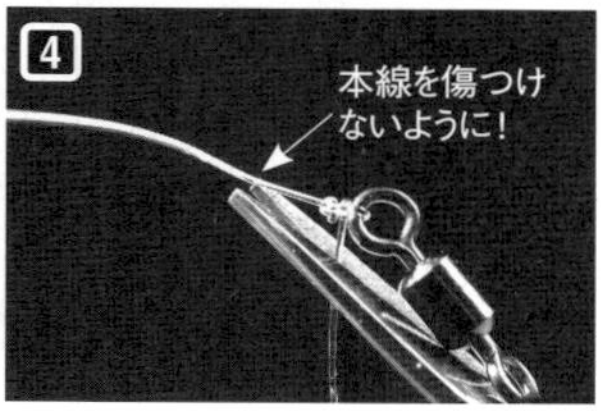

【ライン結びの 4 つのコツ】

❶素材を問わず、ラインは熱に弱い。結び目を完全に締め込む前に唾液などで水分を与えて摩擦熱を抑えることが大切だ。❷結び目が雑になるとラインの交差部がつぶれて強度が落ちる。巻き付けはていねいに行いたい。❸スッポ抜けを防ぐためには、結びの最後で端イトをキッチリと締めておくことも大切。これで強度も 10%程度アップする。❹とくに細いラインを使っている場合、ほんのわずかな傷があると簡単に切れてしまう。ラインカッターなどで結び目を傷つけないようにしよう!

【ハリの外し方】

❶魚の口からハリを外すときは、ハリスを引っ張ってハリの位置を確認する。飲み込まれている場合も、強くハリスを引くとハリが口元に出てくることが多い。トング（魚バサミ）でしっかり魚をつかんでおくと作業しやすい。❷ハリが口先まで出てきたら、❸ハリの軸を指先でつまんで、ハリのカエシと反対の向きに弧を描くようにして外す。❹硬くて外れにくい場合は、プライヤーを使うとよい。なお、ハリを飲み込まれたときは「ハリ外し」を使うのも方法だが意外と使いにくい。ハリスを長めに切って、家で料理するときに外すのも手だ

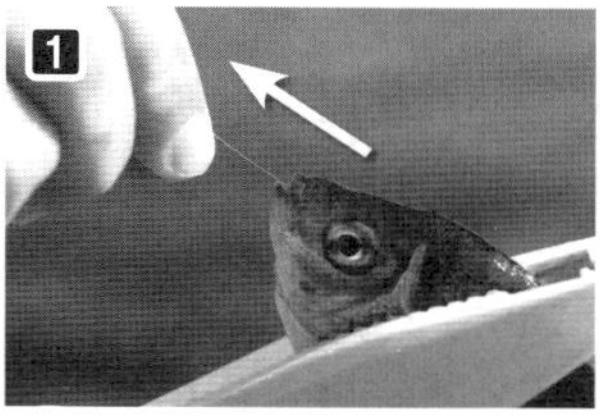

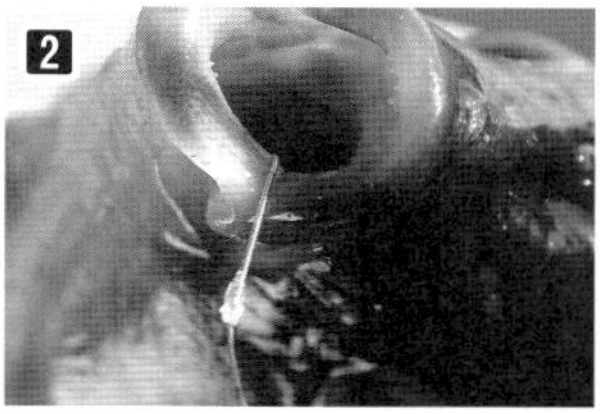

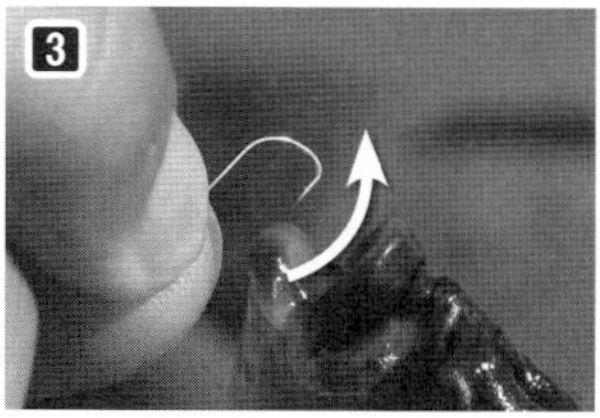

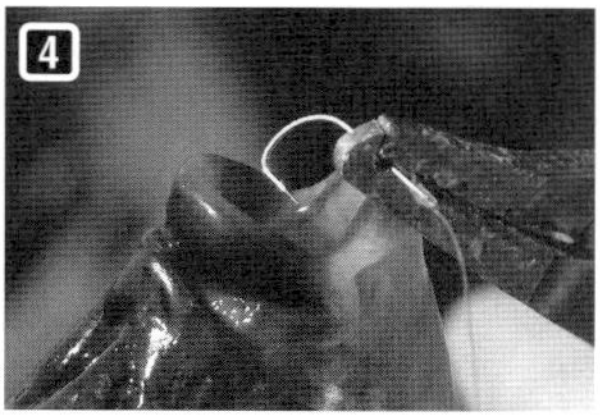

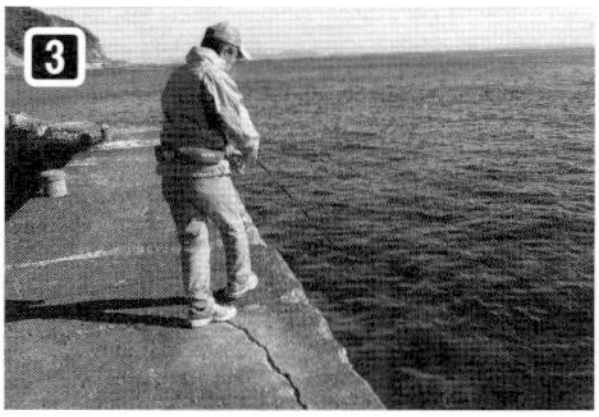

【根掛かりの外し方】

❶ウキ釣りで根掛かりしたときは、潮上側に軽く竿先をあおるようにすると簡単に外れることが多い。これで外れなければ、竿を畳みながらラインをゆっくり引っ張るとハリスだけ切れて仕掛けは回収できる。❷リール竿の場合は、まず軽く竿をあおってラインを張ったり緩めてみる。❸根掛かりした地点から移動して、②を試してみると外れることがある。❹どうしても外れない場合は、ラインを張った状態でリールのスプールをしっかりと押さえ、ゆっくり強くラインを引っ張ってみる。太めのラインを使っていれば、ハリが伸びて外れることも多い

用語解説 **ハリ外し**▶先端がカギ状になった棒形の道具。カギにハリを引っ掛けて魚の口から外す仕組み。

釣りエサについての知恵

【余ったイソメの保存方法】

北海道の釣具店でイソメを買うと、ほとんどが塩漬けになっているが、これが保存できて食いも悪くないのだ。1まず、粗塩をタップリ入れた飽和食塩水にイワイソメや太めのアオイソメ（細いジャリメは不向き）を投入して活き締めにする。2塩水を捨ててタップリの塩をまぶす。ここでエビ粉や食紅を混ぜてもよい。3 2～3日冷蔵保存して水分が出たら、塩を交換して今度は冷凍庫へ。これで半年以上の保存が可能だ。4使うときはそのままハリ掛けしてやれば、海水の中で塩が溶けてイソメが水を吸い、ある程度復元してくれる

【身エサの作り方】

サンマの身エサは、カサゴやムラソイといった根魚の特効エサだ。1サンマは新鮮なものを大名おろしにする（167 ページ）。2おろした身を長さ4cm前後、幅 1 ～ 1.5cmほどの短冊状になるようにカットしていく。3新聞紙の上に塩を敷き、その上にカットした身を並べて、さらに塩を振ってサンドイッチにする。4その状態で新聞紙を畳んでビニール袋に入れ、冷蔵庫で保存。ひと晩すると身から水分が出て新聞紙に浸透するので、もう一度新たに3を繰り返す。身を塩で締めることでエサ持ちがよくなり、保存も利くようになるのだ

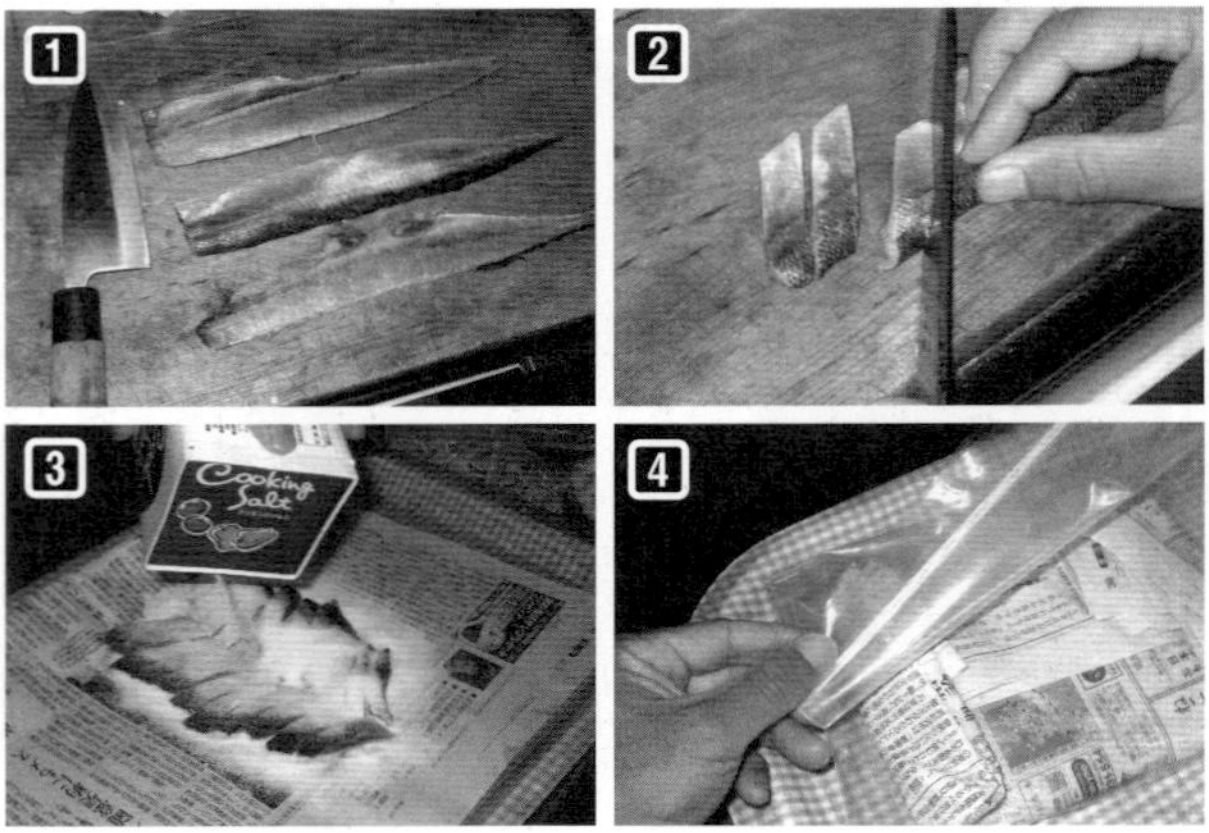

【人工エサの活用方法】

1イソメに触れない人にとって、イソメの味や匂いを模した人工エサはとても便利。2密封容器に移し替えれば、液漏れせずに長期保存もできる。3爪先で簡単にカットできるので、使い方は本物のイソメなどと同様でOK。4匂いや味でアピールするエサなので、どちらかというと潮が濁っている状況のほうが食いはいいようだ。また、知り合いのルアー名人によれば、ワームの代用として人工エサをジグヘッドに付けて投げるのが、ワームで釣れないときの裏ワザとか。実際、私も試したが、メバルやアジがとてもよく釣れた

用語解説　**短冊**▶サンマやイワシ、イカなどの身を長方形にカットした付けエサの総称。

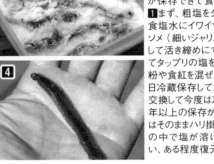

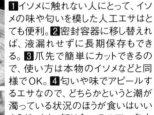

竿やリールのメンテナンス

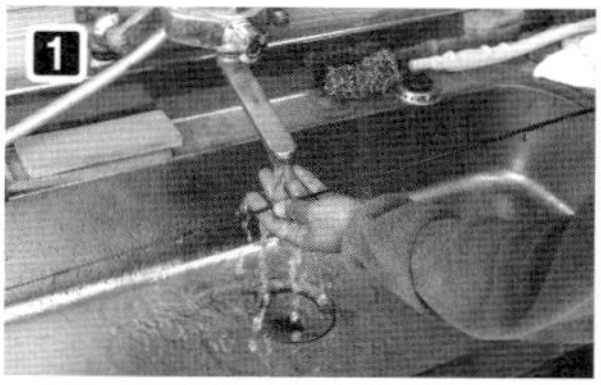

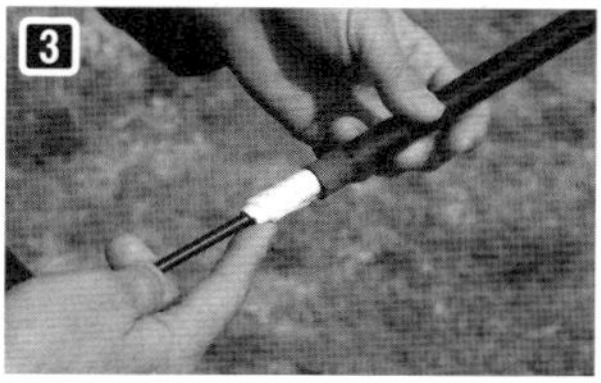

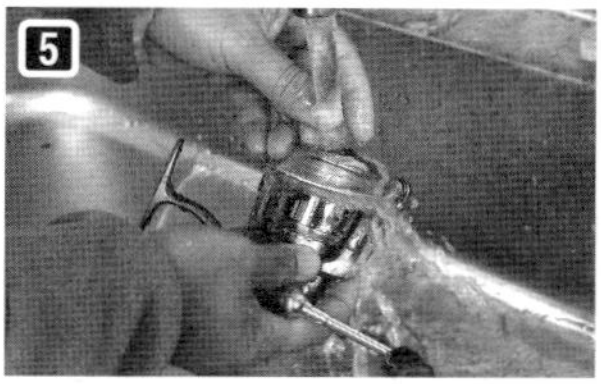

❶竿は、ぬるま湯で汚れや塩分を洗い流す。ジョイント内に水が入らないように注意。リール竿ではグリップやリールシート、ガイドなどもよく洗おう。❷水洗い後はタオルで拭いて、風通しのいい場所で陰干しする。ノベ竿の場合は尻栓を外して、節をバラした状態にするのがベター。❸節の中の汚れはそれほどではないので、棒に巻いたメガネ拭きなどで継ぎ目付近を軽く拭き取るだけでよい。❹継ぎ目が固着して抜けない場合は、元側の節をガイドにして、その下に置いた木の板などに垂直にストンストンと落としながら抜くとよい。❺リールは、ドラグを締めた状態で水で洗うのが基本。お湯の使用はオイルやグリスを溶かしてしまうのでNGだ。❻ベイルやラインローラーなどに注油する場合は、リールごとに注意点があるので説明書を参考にしたい。保管時はドラグを緩めておこう

【ラインの交換の目安】

ナイロンラインは劣化してくると表面が白濁し、強度も低下してしまう。とくにキャストを繰り返すルアー釣りでは、２～３日フルに使ったら交換するのが理想。交換がもったいなければ、消耗しやすい先端10ｍほどを切り捨てるのも経済的だ。PEラインは寿命が長く、私も1～２シーズンは使っている。ただし、表面のケバ立ちが目立ってきたら、いつ切れてもおかしくない。また、ラインの色が新品時の半分ほどに抜けてきたら交換のサインだ

竿やリールなどは、マメにメンテナンスすることでつねにベストな状態で使うことができる。

竿は、ぬるま湯（40℃程度）で汚れや塩分をきれいに洗い流すのが基本。リール竿ではガイドやリールシートもしっかり洗いたい。ノベ竿の場合は、節ごとに分けると洗いやすい。固着して抜けない場合は、落下の衝撃で抜く方法がある。

リールはメンテナンスフリー化が進んでいるので、自分でできることは釣行後の「水洗い」ぐらいになっている。オイルやグリスなどの注油もメーカーでは推奨していないが、普及価格帯のリールでは説明書にベイルやラインローラーへの注油箇所が記載されているので参考にしてみたい。なお、機械部を分解してのメンテナンスは、1～2年に一度メーカーに依頼することをお勧めする。

用語解説 節▶振り出し式のノベ竿の１本１本のパーツのこと。

海釣りで釣れる「危険な魚」たち

【ゴンズイ】
夜によく釣れる毒魚。体長 15 ～ 20㎝。背ビレと胸ビレに毒棘を持ち、刺されると激痛に襲われる。人によってはアナフィラキシーショックの危険があるので早急に病院に行くこと。味自体は天ぷらや汁物などでおいしい

【ハオコゼ】
10㎝にも満たない小魚だが、そのヒレの毒棘の破壊力は凄まじく、ウチの嫁も刺されて 3 日間痛みが続いたことがある。釣れたらハリスごとカットして海に逃がしてあげるのが無難だ（ハリは海中で自然に外れる）

【アイゴ】
もともと南方系の魚だが、いまでは関東エリアでもよく釣れる。体長 20 ～ 40㎝。背ビレ、胸ビレ、尻ビレに毒棘を持ち、刺されると数日から10日前後痛みが続く。毒棘さえ取り去ってしまえば、味はとても美味

【クサフグ】
体長 10 ～ 20㎝でチョイ投げなどでよく釣れる。内臓や皮に毒を持つので、素人料理では絶対に食べないように。ふぐ調理師が処理したものは美味とされるが、身にも微毒があるので、やっぱり食べないのが無難だ

海では、ヒレなどに毒を持つ魚が釣れることがある。それを知らずにうっかり触ってしまうと非常に危険だ。上に、海で釣れる危ない魚の代表を挙げてみた。

クサフグ以外は、ヒレが鋭いか毒バリを忍ばせている魚である。もしも釣れたら、トングで魚をしっかりつかみ、プライヤーなどでハリを外してやろう。ちなみに、ゴンズイやアイゴはキッチンバサミなどで毒ヒレを切り取ればおいしく食べられる。ただし、フグのような内臓や皮に毒を持つ魚は、素人料理では絶対に食べないように。

なお、ゴンズイなどの毒は死んでも消えないので、堤防上に放置するのは厳禁。鋭いヒレは、薄いゴム底の靴などを簡単に貫通してしまう。万一、刺されたら傷口をよく洗ってから医者に診てもらおう。

用語解説　アナフィラキシーショック▶重度のアレルギー反応のことで、ときには生命の危険もある。

楽しい1日のための安全対策とマナー

【安全対策に関する配慮】

天候の急変や高波などへの配慮を怠らないこと。どんな状況においても、ライフジャケットは必着だ。また、無理なウエーディングや消波ブロックの上での釣りは厳禁。キャスト時には必ず後方や周囲の確認をすることも大切だ。夜釣りをする場合は、必ず明るい時間帯に下見をして、できれば2人以上で行動したい。暗闇で自分の存在を知らせるために、ライフジャケットの背中に点滅ライトを装着する人も少なくない。釣行時の車の運転も安全第一で!

【釣り場のマナーについて】

ゴミは必ず持ち帰る、迷惑駐車をしない、先行者にあいさつする、無理な割り込みをしないといったマナーについては、良識を持って行動すれば何の問題もないはず。釣果だけに囚われている人には難しいことのようだが、個々の心がけが釣りを楽しくしてくれるのだ

【最低限のルールを遵守する】

立ち入り禁止の堤防や岸壁などで釣りをしない、漁業従事者のじゃまをしない、海釣り施設では規則を守るといった基本ルールは遵守したい。とくに、大型船舶が停泊する大規模港の場合は、ソーラス条約によって全面的に立ち入り禁止になっているケースが多いので注意

釣りは、自然の中で楽しむ遊びなので、つねに安全への配慮を怠らないようにしたい。たとえば、波やウネリ、離岸流などの自然の危険、転倒や落水といった不注意による危険、あるいは、毒魚や毒虫に刺されるなどの知識不足による危険、そして、キャスト時に振り回した仕掛けでケガをするといった釣りならではの危険に対する配慮が大切だ。

その対策として、どんな釣り方やフィールドでもライフジャケットを着用するのが基本。足場の悪い場所では、滑りにくい靴も必着だ。過度の日焼けや冷えを防ぐ上着や帽子、突然の降雨に備えて雨具も準備しておきたい。渚釣りなどで海に立ち込む場合も、無理は絶対にしないこと。

そして当然のこととして、一般的なルールやマナーを遵守して楽しい1日を過ごしたい。

用語解説 **離岸流**▶岸から沖に向かって流れ出す潮のこと。離岸流に足を取られると非常に危険だ。

魚をおいしく持ち帰る方法

【中〜大型魚の活き締め】
活き締めで一般的なのは、脊髄を神経や血管ごと断ち切ってしまう方法。エラブタの後端上部からナイフを入れて、そのまま脊髄まで一気にナイフを立てて切ればOKだ。さらに尻尾側の脊髄も切ると確実

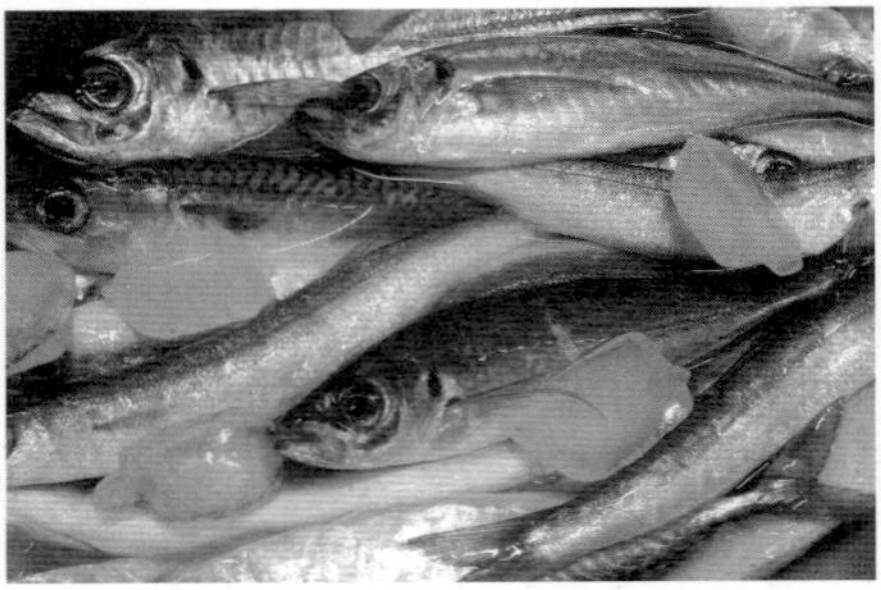

【アジやイワシの氷締め】
アジやイワシ、シロギス、カマス、ハゼ、根魚などの小型魚はとくに血抜きの必要はないので、水氷に投入して瞬時に締めるのが簡単。帰宅時は水を抜いて魚をビニール袋に入れ、下のイラストのように持ち帰ればよい

サバはサバ折りにするのがベスト!

【サバの活き締め】
サバなどは俗に「サバ折り」といわれるように、釣ったら活きているうちにノド（エラの下）を断ち切って頭を背のほうに折り曲げると簡単に活き締めできる。バケツの海水に頭を下にして浸けておけば、血抜きも簡単だ

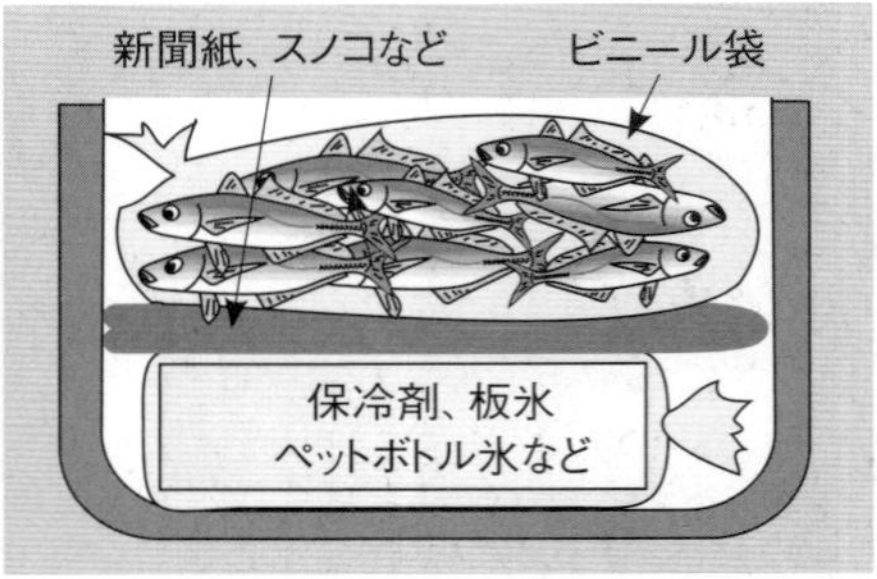
新聞紙、スノコなど
ビニール袋
保冷剤、板氷
ペットボトル氷など

【持ち帰りの工夫】
活き締めした魚は、冷えたクーラーボックスで持ち帰るのが鉄則。板氷や保冷剤（ペットボトル氷も便利）で冷やして魚を入れるのが基本で、イラストのように魚が氷に直接触れないようにすれば、さらにベストだ

釣った魚をそのまま放置しておくと、魚の体内には乳酸などの疲労物質が溜まり、鮮度がどんどん悪くなる。また、ウマミ成分であるイノシン酸も急速に減少し、全身に回った血液は時間の経過とともに生臭さの元凶にもなる。こうした魚の味や鮮度の悪化を防ぐために、魚が暴れて苦しまないうちにすみやかに絶命させ、同時に血抜きも行なうのが「活き締め」だ。

活き締めの方法としては、魚のエラの付け根にナイフを入れて脊髄《せきずい》や血管を断ち切ってしまうのが確実。また、サバの場合は「サバ折り」にすると血抜きも簡単だ。アジなどの小型魚やムラソイなどの根魚では単純に氷締めする方法もお勧めだ。

活き締めした魚は腐敗菌が繁殖しないように、氷や保冷剤で冷やしたクーラーボックスで持ち帰ろう。

用語解説　**イノシン酸**▶ウマミ成分のひとつ。イノシン酸のナトリウム塩は、カツオ節のウマミとしても知られる。

魚のさばき方❶超基本編

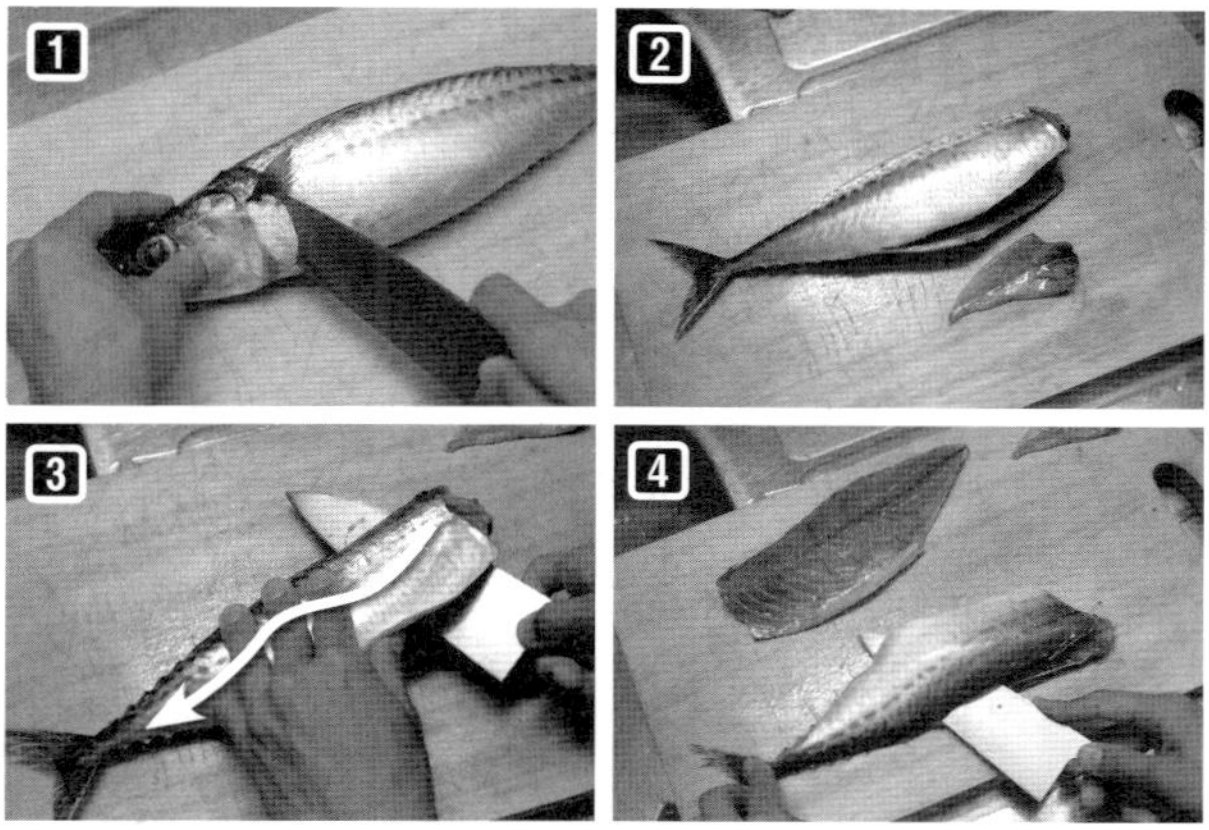

【大名おろし】

サバをはじめとする青魚や、身質が軟らかい魚はスピーディにさばくのがコツ。❶まず、胸ビレの後ろから斜めに包丁を入れ、反対側からも同様にして背骨を断ち切り頭を落とす。❷腹ビレの部分も斜めに落とし、腹ワタを出してよく洗った後、水気を拭き取っておく。❸頭側から背骨の上に包丁を入れ、片手で腹をめくるように押さえながら腹骨を断ち切り、尾の方向に軽く刃を前後させながら滑らせていく。そして、尾の付け根で片身を切り離す。❹魚を裏返して、反対側も同様にさばく。残った背骨は、潮汁などに活用しよう

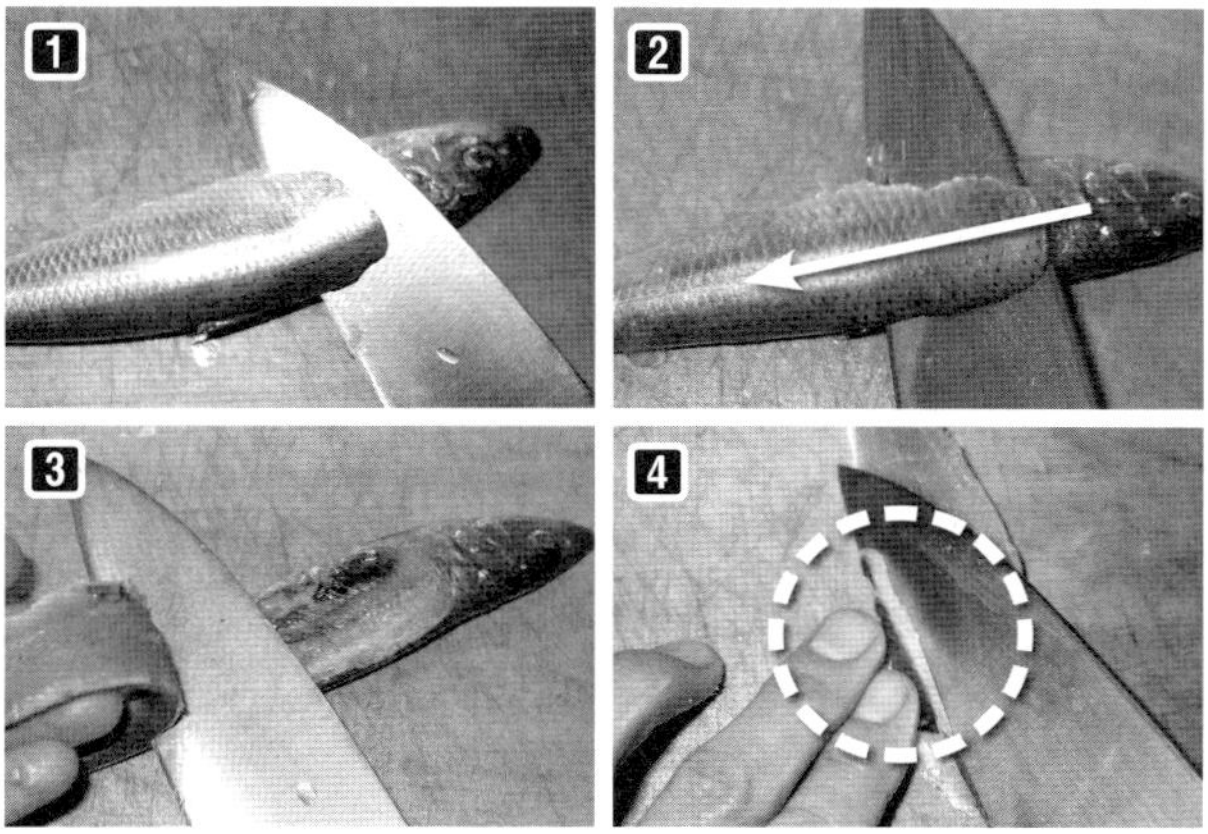

【イワシの速攻おろし】

青魚のなかでも、とくに傷みが早いイワシ類は、温かい手で触るだけでも、鮮度が落ちやすい。大名おろし以上にスピーディで、なるべく手を触れずに済むこの方法がお勧めだ。❶胸ビレの後ろから斜めにやや浅く、包丁の刃を入れる。腹ワタまで刃が到達しないようにするのがコツ。❷そのまま身だけをすくうつもりで、刃を背骨と平行に滑らせていく。❸刃に内臓や血が付着せず、このようにさばけていればOK。そのまま刃を滑らせ、尾の付け根で片身を切り離す。裏側も同様の手順でさばく。❹必要に応じて、腹骨をすき取る

釣った魚を鮮度を保って持ち帰ったら、次のステップは実際の料理。青魚をはじめ、鮮度が落ちやすい魚も多いので、すぐに食べない場合でも、内臓やエラ、ウロコなどは、なるべく早めに取り除いておこう。

丸のまま煮付けたり揚げたりする場合はそれだけで良いが、切り身や刺身にする場合は、さらにさばく作業が必要になる。アジやサバ、身が軟らかいカマスなどは、「大名おろし」で手早くさばこう。イワシなどはさらに鮮度が落ちやすく、身が軟らかいので「速攻おろし」がお勧めだ。しかし、身質がしっかりとしていて、骨が硬いメジナやカイズなどは「三枚おろし」でさばくほうが、身の無駄が少なく、仕上がりも美しい。体型が特殊な魚は、独自のさばき方が必要になるものの、覚えてしまえばさほど難しくはない。

 用語解説 潮汁（うしおじる）▶魚のダシと塩だけで味付けをした汁物の総称。

魚のさばき方②ステップアップ編

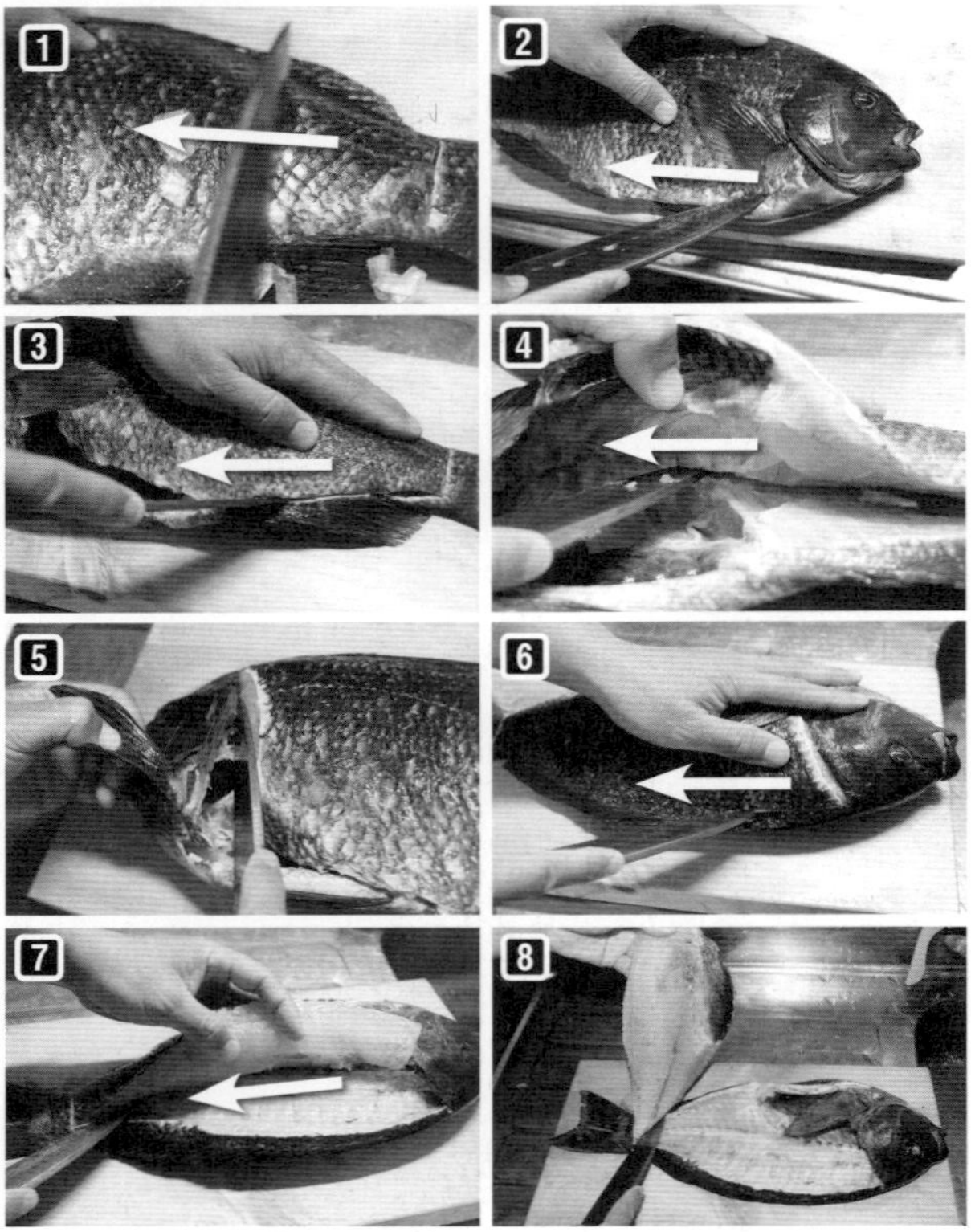

【三枚おろし】

1包丁やウロコ落としなどを使って、尾側から頭側へウロコを起こすようにして落とす。ヒレのきわもていねいに。2腹に切り込みを入れて内臓を取り去り、エラを除いてから外側とエラと腹の内側を水洗いし、水気を拭き取っておく。3魚をまな板の上に置き、尾の付け根、続いて尻ビレのきわに浅く切り込みを入れていく。包丁の先端を使って、小刻みに動かすようにするとよい。4片手で身をめくるようにしながら、少しずつ刃先を入れて背骨まで開いていく。腹骨の部分は、骨 1 本ごとに軽く刃を引くようにして、ゴツッと骨が切れる感触を確認しながら切り進む。5胸ビレの後ろから頭に向かって、背骨まで斜めに切り込みを入れる。6魚を180度ひっくり返してから、背ビレのきわに浅く切り込みを入れていく。7腹側と同じように少しずつ切り開き、背骨の上で身を切り離す。8さらに、尾の付け根で片身を完全に切り離す。反対側も同様の手順でおろそう。なお、本格的に魚をさばくなら、出刃包丁や刺身包丁があると便利だが、家庭用の「文化包丁」などでもよく研いで切れ味をよくしておけば十分に使える

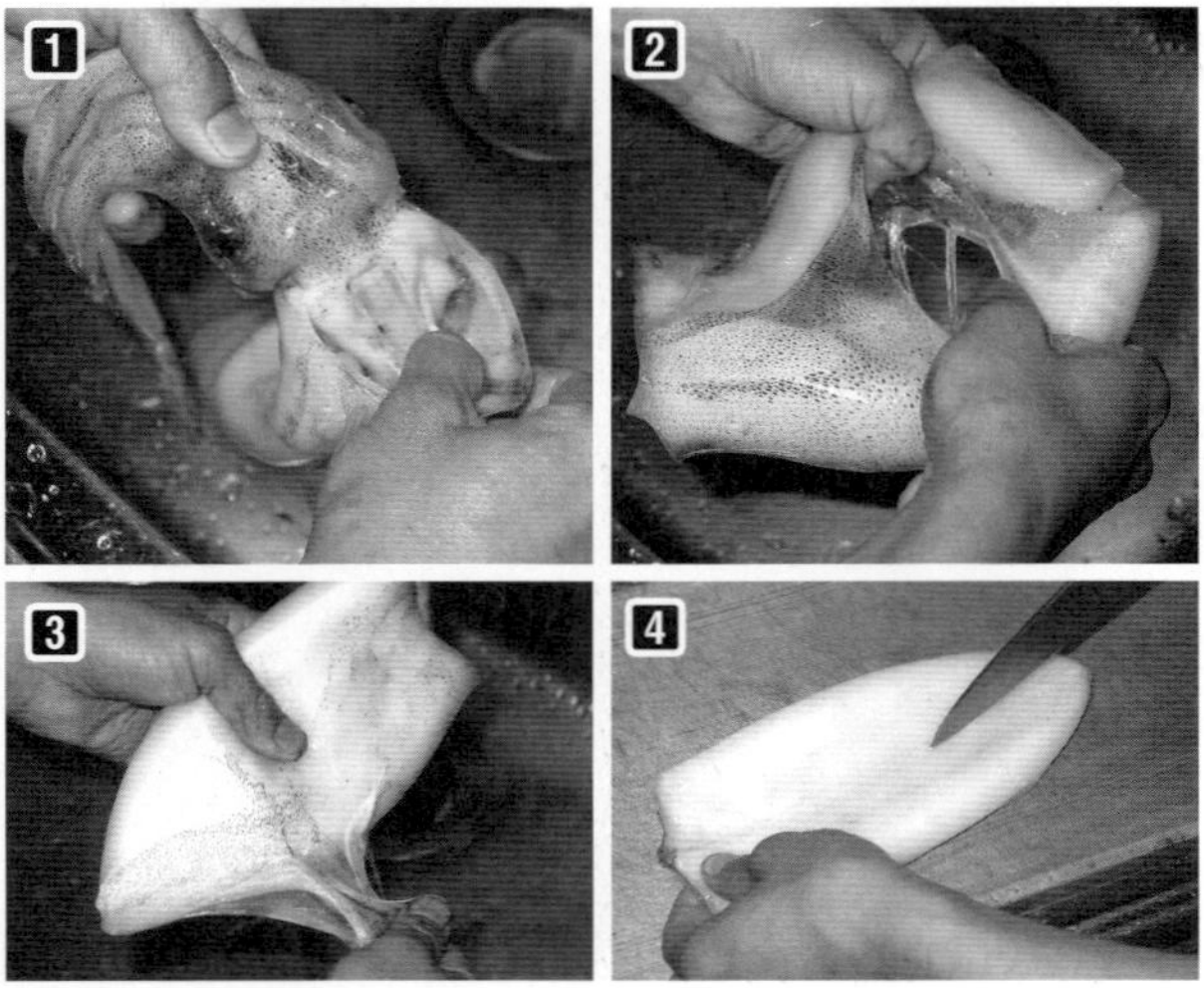

【イカのさばき方】

写真はアオリイカ。ツツイカ系のイカは、どれもさばき方はほぼ共通。1胴の端と目と目の間を持ち、そっと引っ張り、ワタを抜く。胴の内部を水洗いし、軟骨を取り除いておく。2両側のエンペラをまとめてつかんで引っ張ると、エンペラとエンペラの間の皮が取れる。3残った皮も剥く。唐揚げなどの場合は、皮は剥かなくてもいい。4刺身や天ぷらにする場合は、軟骨のあった部分に刃を入れ、胴を開く。内部にワタの残りなどがあったら、取り除く。コウイカ類の場合は、1のあとに、胴の端から甲羅を押し出して取り除く手順が必要

用語解説　**ウロコ落とし**▶魚のウロコを落とすための専用道具。ウロコが飛び散りにくいタイプが便利。

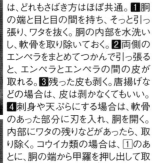

魚のさばき方❸特殊な魚編

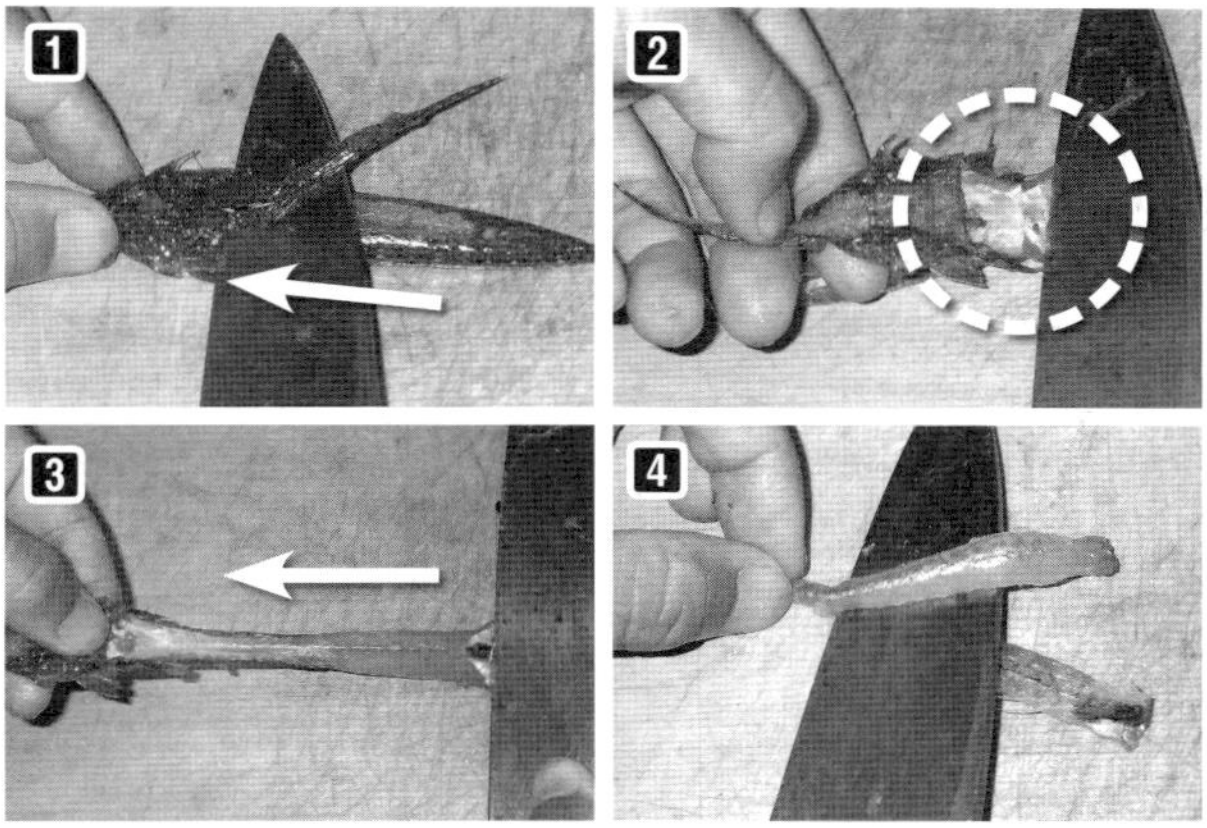

【メゴチのさばき方】

シロギス釣りのゲストとしてよく釣れるメゴチ。さばき方を覚えておいしくいただこう。1体表のヌルヌルは、塩を振って揉んだ後、洗い流しておく。尾側から背ビレの下に包丁を入れ、頭の付け根まで背ビレを切り離し、そのまま背骨を断ち、腹側の皮一枚残して止める。2背ビレと頭を片手で持ち、腹側を上にひっくり返し、背骨の端を包丁で押さえる。3そのまま頭を尾の方向に引っ張ると、皮が剥ける。4背骨のきわに包丁を入れ、身をおろす。天ぷらなどに使う「松葉おろし」の場合は、尾の付け根はつなげたまま、背骨のみを切り離す

【ギンポのさばき方】

ニョロニョロとしたギンポは、さばき方にちょっとしたコツがいる。1まな板に頭が右、背を手前にして、目打ちやクギなどで頭を刺して固定する。胸ビレの後ろに切り込みを入れた後、背ビレに沿って浅く切り込みを入れていく。2何度か刃を入れ、背開きにしていく。3胸ビレの後ろで背骨を切り、その下側に包丁の刃を寝かせて入れ、そのまま尾の方向へ刃を滑らせ、背骨を切り離す。4尾側から背ビレのきわに包丁を入れ、背ビレを切り取る。最後に頭を落とせば完成。料理に応じて、適当なサイズに切り分けよう

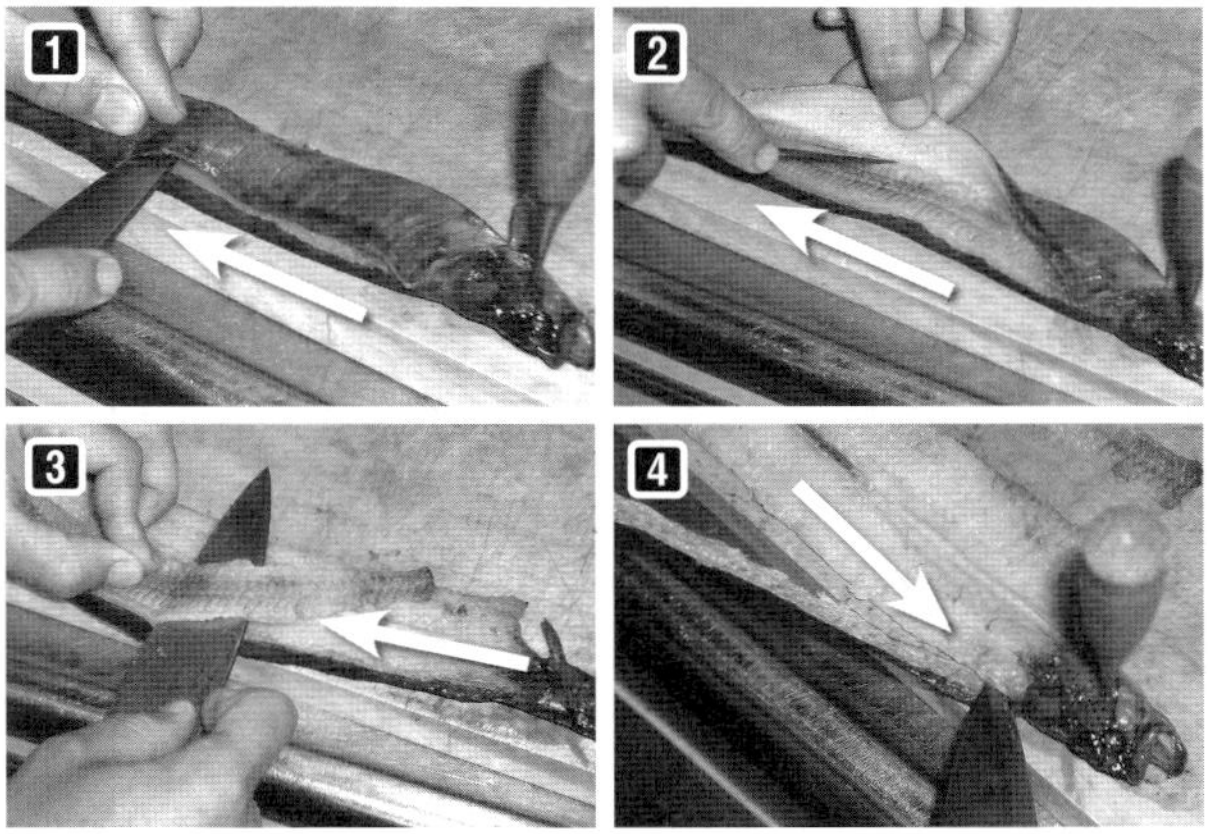

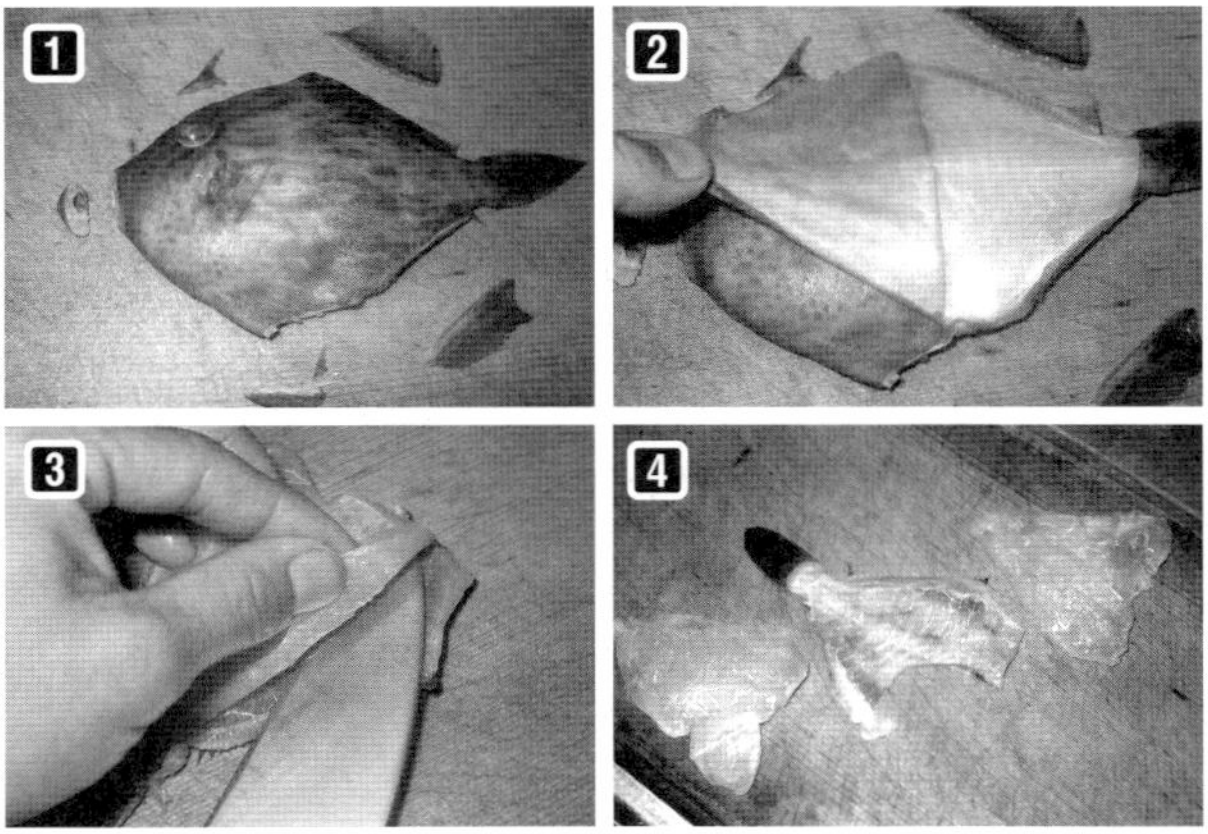

【カワハギのさばき方】

その名の通り、皮を剥ぐ手順が最大のポイント。1口先、各ヒレ、ツノをキッチンバサミや包丁で切り落とす。2尾の付け根や口先などの皮の端をつかみ、引き剥がす。裏側も同様に皮を剥いておく。3三枚におろす場合は、頭を落とし、腹ワタを除いて水洗いした後、背側と腹側から背骨に沿って切り開く。背骨の上で片身全体をはがし、尾の付け根で完全に切り離す。4三枚におろした状態。刺身にする場合は、さらに腹骨を取り除き、さく取りする。背骨の部分は、潮汁、塩焼き、唐揚げなどにしていただこう

用語解説 **目打ち**▶細長い魚をさばくときに、頭を固定するためのキリ状の道具。クギで代用できる。

釣魚料理の超基本

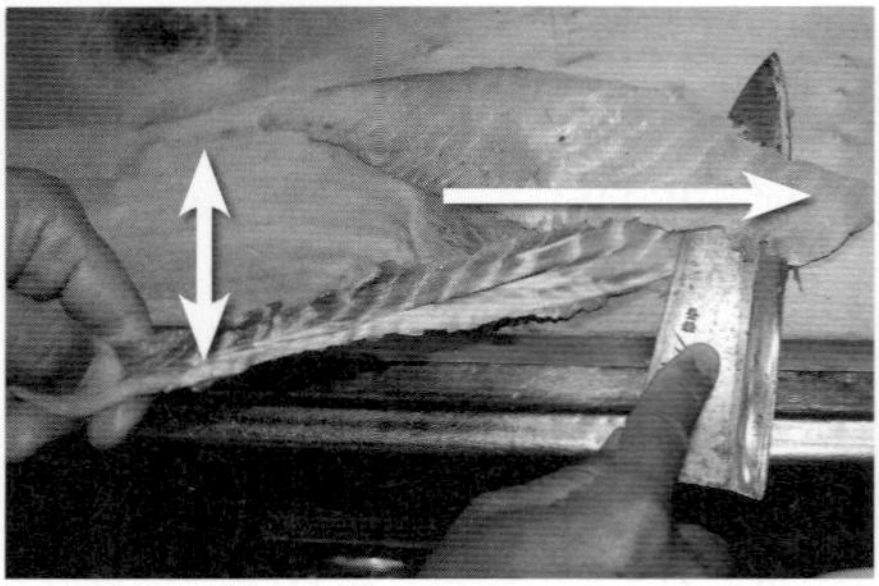

【刺身】
魚の身そのものが刺身の味を左右するので、ていねいにさばくことが大事。きれいに皮を引くのは意外と難しいが、包丁をぴったりと寝かし、包丁ではなく皮を持った手のほうを小刻みに振りながら引っ張るのがコツだ

【焼き物】
サッパリとした塩焼き、パリッとした皮がおいしいムニエルなどいろいろな種類の焼き物がある。あらかじめ塩を振っておくことで、下味が付き、余分な水分が除かれる。また、盛りつけたときに表になる側から焼くのが鉄則

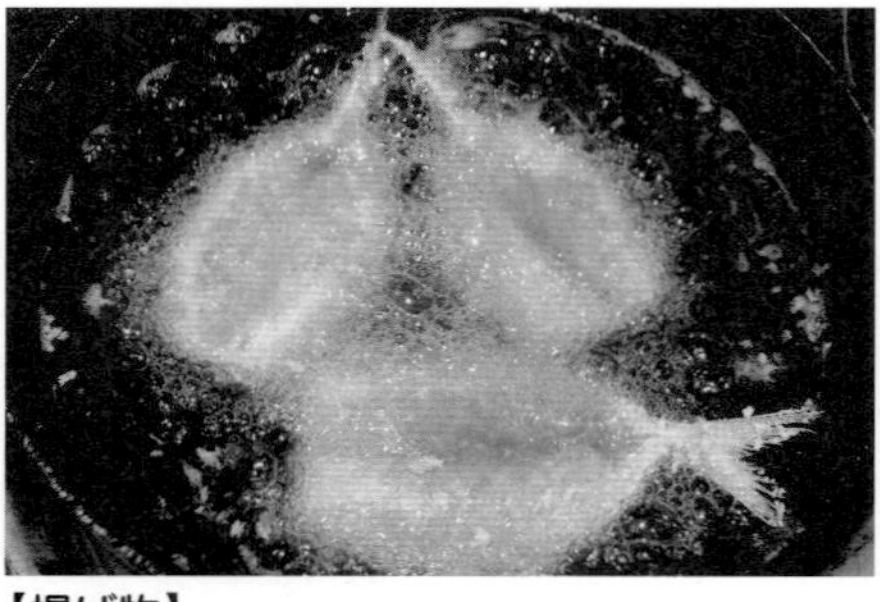

【揚げ物】
天ぷら、フライ、唐揚げなどいろいろな種類があるが、共通しているのは、素材の余分な水分は拭き取ってから衣を付けること、一度にたくさん油に入れないこと、最後はやや高めの温度で、カラリと仕上げることが大切

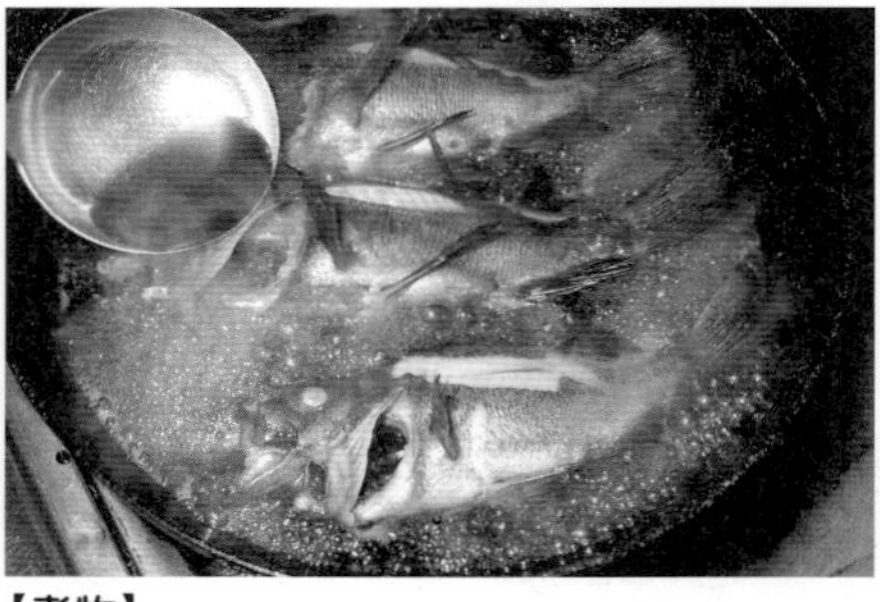

【煮物】
「煮付け」は、醤油・ミリン・酒で魚を煮るお惣菜の定番。煮汁の量は魚が泳がず、ひたひた程度になるように調節したい。魚は決してひっくり返さず、落としブタをしたり、お玉で汁をかけたりしながら、照りよく煮上げよう

釣った魚を料理して、おいしくいただくことは、釣りの楽しみのひとつ。というか、最大の楽しみだったりする。さらに自分だけでなく、家族や友人に釣魚料理をふるまい、「おいしいね！」という声を聞くのは、文句なしにうれしい。

それには、「刺身」「焼き物」「煮物」「揚げ物」といった、基本の料理方法のちょっとしたコツを押さえておくことが大切。釣れたての魚がおいしいのはもちろんのことだが、美しい照りの出た煮付け、サクッ、パリッとした揚げ物、ツヤツヤとして美しい身色の刺身……など、気遣いひとつでおいしさは倍増する。

そして、基本が解っていれば、新しい食べ方を考えるのもたやすくなる。鍋物や汁物、蒸し物、保存食など、上記の料理方法以外にもいろいろな魚料理を楽しんでみよう！

用語解説　**皮を引く**▶包丁で魚の皮をはぎとること。

「やさしい海釣り」の用語集

あ

【アオイソメ】 濃緑色をしたイソメの一種。ハリに付けたあともよく動き、あらゆる海水魚のエサとして使える万能、かつ基本的なエサ。

【アオマムシ】 ひとつのハリに、アオイソメとイワイソメを付ける裏ワザ。カレイやアイナメなどの付けエサとして効果絶大だ。

【青物】 背中が青い回遊系の海水魚の総称。青魚。サバ、イナダ（ワカシ）、イワシ類、アジなどがいる。

【アゴ】 ハリのカエシの別名。

【アタリ】 魚がエサに食いついたときに、竿先やウキ、ラインなどに表れる変化。魚信《ぎょしん》ともいう。

【穴釣り】 消波ブロックやゴロタ石などのすき間に仕掛けを落とし込んで、根魚などを釣る方法。

【アミエビ】 オキアミ科の小生物で、釣りエサとして多用される。魚が好むアミノ酸をオキアミよりも多く含み、コマセとしても非常に有効。

【アワセ】 アタリの直後、竿を立てたり、リールを巻いて魚をハリ掛かりさせること。

【居食い】 魚の活性が低いときに、ほとんど動かずに付けエサをくわえること。こんな場合はアタリが出ないこともあるので、適宜、聞きアワセをしてみることが重要だ。いぐい。

【石粉】 イソメ類をエサ付けするときに、滑り止めとして使う石の粉。

【磯竿】 主に、海でメジナやクロダイなどを釣るのに使う竿。投げ竿よりも軟らかい調子で、小さいガイドが多数付いているのが特徴。

【一荷釣り】 複数のハリがある仕掛けに、2尾以上の魚がかかること。いっかづり。

【居着き】 回遊せずに、特定の場所に棲みついている魚のこと。

【一束】 百尾のこと。ハゼなどの数がたくさん釣れる魚は、束単位で数えることがある。いっそく。

【イトふけ】 ラインが緩んだ状態。

【入れ食い】 仕掛けを投入するたびに魚が釣れること。

【イワイソメ】 イソメの一種で、アオイソメよりもボリュームがあって軟らかく、魚の食い込みもいい。カレイやアイナメ、カワハギなどの特効エサとして人気。

【ウエーダー】 腰や胴の高さまである長靴のこと。

【ウキ】 ウキの役割は、①アタリを視認しやすくする。②エサを思い通りに流しやすくする。③一定のタナを探れるようにする。④仕掛けを投げやすくする、などがある。円錐ウキ、立ちウキ、玉ウキ、トウガラシウキ、シモリウキ、電気ウキなどの種類がある。

【ウキ下】 ウキから付けエサまでの長さ。とりあえず、魚がいると考えられるタナにウキ下を設定し、アタリがない場合はウキ下を調整しながら、実際に魚がいるタナを発見することが釣果を伸ばすポイントだ。

【エギ】 イカを釣るためのエビや魚を模した擬餌バリ。餌木。

【エギング】 エギを使ってイカを釣ることを指す造語。

【エサ取り】 狙いの魚以外の雑魚。アタリを感じさせることなく、付けエサを奪取するのがうまい。

【エサ持ち】 ハリについているエサの状態。エサ持ちが悪いと、すぐにエサ取りに食われてしまう。

【枝バリ】 枝ハリスにつけるハリ。

【枝ハリス】 幹イトに枝のようにつけるハリスのこと。「枝ス」ともいう。

【エラ洗い】 ハリ掛かりした魚が、ジャンプして首を左右に振りながらハリを外そうとする動作。

【大潮】 干満の差が最大になる潮回り。満月と新月のときに起こる。

【陸っぱり】 岸から釣ること。

【オキアミ】 エビに似た甲殻類の一種。釣りエサに使われるのは「ナンキョクオキアミ」で、体長3～5㎝ほど。集魚効果に優れ、付けエサとしても寄せエサとしても使われる。

【送り込み】 ①アタリがあったらすぐにアワセず、ミチイトを緩めて魚にエサを十分に食い込ませること。②竿の弾力を利用して、下手投げで仕掛けを投入する方法。

【オマツリ】 自分の仕掛けと他人の仕掛けが絡んでしまうこと。自分の仕掛けだけで絡み合ってしまうのは「手前マツリ」だ。

【オモリ負荷】ロッドのパワーを示すもので、使用するべきオモリの適切な重さを指す。

【オモリベタ】オモリが完全に水底に付いている状態。

【泳がせ釣り】生きた小魚をエサにして、魚食魚（フィッシュイーター）を釣ること。

か

【カーボンロッド】炭素繊維であるカーボン素材を主原料にした竿。弾性や感度に優れ、軽量化もしやすいため現在の竿の材料の主流になっている。

【ガイド】リール竿に付けられたラインを通すための環状のパーツ。

【回遊魚】シーズンによって棲息域を変える魚の総称。

【カウントダウン】ルアーやエギなどが沈下する秒数をカウントすることによって、攻略するレンジ（層）を決めること。たとえば、着底するまでに10秒かかるルアーで中層を引いてこようとしたら、着水してから5秒後にリトリーブを開始すればよい。

【カエシ】ハリの先端のハリ先とは逆方向にある尖った部分。これによって、ハリ付けしたエサが外れにくくなり、ハリ掛かりした魚も逃げにくくなる。アゴ、バーブともいう。

【替えスプール】リールの予備スプールのこと。違う太さや種類のイトを巻いておくと、いろんな状況に対応できる。

【隠れ根】水中の障害物。その多くは岩や海藻などで、魚が寄りやすい好ポイントになっている。

【カケアガリ】水底の斜面の変化。釣り場を問わず、あらゆる魚が集まる一番基本的なポイントだ。

【型】魚の大きさのこと。かた。

【空《から》アワセ】アタリが感じられなくてもアワせてみること。状況によっては有効なテクニックだ。

【ガン玉】割りの入った球形の小型オモリ。6B~B、1~8号の順に小さくなる。

【聞く】微妙なアタリを感じたときに、軽くラインを張って様子をみること。アタリがなくてもこの動作をすると、適度な誘いの効果があって魚がエサに食い付くことが多い。そのままアワセの動作に入ることは「聞きアワセ」だ。

【汽水域】河川の河口部などで、淡水と海水が入り交じった水域のこと。ハゼやイシモチ、ウナギなど汽水域で釣れる魚は多い。

【キャスティング】仕掛けやルアーを投入すること。

【キャッチ&リリース】釣った魚を生きたまま逃がしてやること。

【魚影】釣り場にいる魚の数。魚が多いときには「魚影が濃い」という。

【漁業権】一定の水域において、特定の漁業を独占的に営むことのできる権利。たとえば、タコ類に漁業権が設定されているエリアでは、一般人のタコ釣りが禁じられている。

【食い上げ】エサを食った魚が上層に向かって泳ぐこと。このとき、イトふけが出たり、ウキが水面に上昇するのでアタリとわかる。

【食い渋り】魚の活性が低く、あまりエサを追わない状態。

【外道】狙っている魚以外の魚のこと。つまり、シロギスを狙っているときにマダイが釣れたとしても外道になる。

【ケン付きハリ】ハリのフトコロとは反対側に小突起の出ているハリ。これがあると付けエサがズレにくくなるので、投げ釣りなどで使われる。

【小磯】波静かな小さな磯。

【小潮】干満による潮位差が小さい潮。

【小突く】竿をシャクって、着底した仕掛けやルアーなどを上下させて魚を誘うこと。

【ゴボウ抜き】足元まで寄せてきた魚を、玉網などを使わずに水面からタイミングよく抜き上げること。

【コマセ】魚を寄せるためのエサのこと。アミエビ、イワシミンチ、配合エサなどを使う。

【五目釣り】魚種を問わずに何種類もの魚を同時に釣ること。

【ゴロタ場】海岸線に大小不揃いの岩がゴロゴロしているエリア。

さ

【竿下】竿の届く範囲のこと。

【竿尻】竿のグリップ末端部分。

【ささ濁り】水がやや濁っている状態。適度に透明度が下がるので、魚の警戒心が弱まる。

【サビく】①チョイ投げ釣りで、仕掛けを少しずつ手前に引いて魚を誘うこと。②サビキ釣りで、仕掛けをゆっくり上下させて誘うこと。

【サミング】本来は両軸リールのスプールを親指で軽く押さえてスプールの回

転を制御することだが、スピニングリールでスプールのエッジに指や手の平を軽く当て、ミチイトの出具合を調整する場合も指す。

【時合い】潮位や流れ、天候の変化などによって、狙いの魚がポイントに集まってきた状態。あるいは、魚の活性が上がる時間帯。じあい。

【地磯】陸続きの磯のこと。

【潮変わり】上げ潮から下げ潮に変わったり、潮の流れの向きや強さが変化すること。このとき、魚の活性に変化をもたらすことが多い。

【潮通し】潮の流れ具合のこと。潮通しがよければ、水中の酸素濃度が高くなって、魚も活性化する。

【潮止まり】満潮時、または干潮時の前後で、潮の動きが止まってしまうこと。魚によってはこのときに食いが悪くなることが多い。

【潮見表】潮まわりや毎日の干満を記載した小冊子。タイドグラフがついたものが便利。

【時化】天候悪化などによって海が荒れること。しけ。

【シモリ仕掛け】ミチイトに数個のシモリウキ（玉ウキ）を連結した仕掛け。微妙なアタリや食い上げのアタリなどをキャッチできる。

【消波ブロック】堤防の外海側に、あるいは単独で設置される、波を緩衝するための大型コンクリートブロック。テトラポッド。

【ズームロッド】竿の手元を伸縮させることで、長さを変えて使うことのできるロッド。

【スイベル】ミチイトとハリス、オモリ、仕掛けなどを接続するための金属環の総称。サルカン、ヨリモドシなどともいう。

【捨て石】堤防の基部が波などで浸食されるのを防ぐために、周囲に沈められた石。根魚などの好ポイント。

【スナップスイベル】スイベルにスナップの付いたもの。仕掛けやオモリなどを簡単に脱着できる。

【スプール】リールのラインを巻くためのパーツ。

【ズル引き】水底で仕掛けをズルズルと引いてくること。

【スレ】魚の口以外の場所にハリが掛かること。

【スレる】魚が釣り仕掛けを見破って、エサを食わなくなること。

【底釣り】エサを水底に着けた状態で釣ること。

【底取り】仕掛けやルアーの着底を確認すること。

【ソコリ】干潮時で潮がいっぱいに引いた状態のこと。

【ソフトルアー】ワームなどの軟らかい素材でできたルアーの総称。

た

【タイドグラフ】潮汐の動きをグラフ化したもの。干満の状態が一目でわかるので便利。

【タイドプール】磯場にある潮だまりのこと。ときどき、魚が取り残されていることがある。

【高切れ】ミチイトが仕掛けの結節部分からではなく、その上から切れてしまうこと。仕掛けのバランスが悪かったり、キャストミス、ラインのキズなどが原因になる。

【タダ巻き】何のアクションも加えずに、一定のスピードでルアーをリトリーブすること。

【タックル】釣りをするために必要な道具。竿やリール、ビク、玉網、エサ箱、クーラーボックスなどを指す。

【タナ】狙っている魚のいる泳層のこと。条件によって刻々と変化する。

【玉網】魚を取り込むための網。タモ、磯ダモなどともいう。

【タメる】魚の引きが強いときに竿を立てて、引きに耐えること。

【タラシ】①エサをハリ掛けしたとき、ハリのフトコロから下に垂れ下がっている部分。②仕掛けやルアーを投げるときの、竿先から仕掛けまでの距離。

【チチワ】イトの先端に作る小さな輪のこと。ノベ竿のリリアンにミチイトをセットしたり、スイベルにイトを結ぶときなどに使う。

【チモト】ハリのハリスを結びつける部分。ハリスの一番ハリ側の部分を指す場合もある。

【釣果】釣りの結果。ちょうか。

【調子】竿の曲がりや硬さのこと。

【潮汐】潮の干満のこと。ちょうせき。

【直結】ライン同士を接続具を使わずに直接結ぶこと。

【チョン掛け】エサやワームの一部にだけ、ハリを通す方法。

【着き場】魚が潜んでいる場所。

【付けエサ】ハリに付けるエサのこと。刺しエサともいう。

【釣り座】釣りをするための場所。

【手返し】エサ付けから仕掛けの投入、魚とのやりとり、仕掛けの再投入までのローテーション。

【テンション】ラインの張り具合。または、張っている状態。魚が掛かったら、ラインにはつねにテンションをかけておかないとバレやすくなる。

【テンビン】仕掛けを投げるときや水中でのライン絡みを防ぐためにセットする金属製の連結具。

【トゥイッチング】小刻みにロッドを動かしながらリトリーブして、ルアーの動きに変化を与えるテクニック。

【トップガイド】リール竿の一番先端に付いているガイドのこと。

【土用波】はるか沖の海上にある台風や低気圧によって押し寄せられる大きなウネリのこと。土用の頃に発生することが多く、波が静かなときに突然やってくるので注意が必要。

【ドラグ】リールの機能のひとつ。一定以上の負荷でラインが引かれた場合に、スプールが逆転してラインが切れるのを防ぐ。あらかじめ、適正な滑り具合に調整しておくことが大切だ。

【鳥山】フィッシュイーターなどによって小魚が海面に追い上げられ、それを狙った鳥が群がっている状態。

な

【流れ込み】川や排水の流れてくるところ。流れ込みは上流からエサを運んでくるので、周辺に魚が集まっていることが多い。

【凪】風やウネリがほとんどなく、海面が穏やかな状態。なぎ。完全に海面が静かな状態は「ベタ凪」という。

【ナブラ】魚食魚に追われて小魚の群れが水面を逃げ惑う状態。鳥山と同時に見られることが多い。

【縫い刺し】ハリにエサを縫うように刺すこと。

【根】海底にある岩礁や海藻、障害物などの総称。魚が集まりやすい典型的なポイントだ。

【根掛かり】仕掛けが水中の障害物に引っ掛かってしまうこと。

【根魚】カサゴやメバル、アイナメなどの岩礁帯に棲息する魚の総称。「ロックフィッシュ」ともいう。

【根ズレ】ラインが根などに擦れて傷つくこと。ライン切れの大きな原因になる。

【ネムリバリ】ハリ先が内側を向いていて根掛かりしにくいハリ。魚がハリを吸い込んだときに、ノドではなく口元に掛かりやすいのも特徴だ。代表的なのはムツバリ。

【伸《の》される】大物がハリ掛かりしたときに、竿を立てることができない状態のこと。竿の弾力を生かすことができないので、ラインを切られてしまうことが多い。

【乗っ込み】産卵のために特定の魚の群れが浅場に接岸してくること。この時期は大釣りのチャンスとなるが、食べる分だけを適量キープして残りは逃がしてやるのが暗黙のルールだ。

【ノット】結び、結び目の総称。

【ノベ竿】本来は継ぎ目のない竿を意味するが、一般にはガイドのついていない振り出し竿や継ぎ竿を指す。

は

【ハエ根】堤防や磯の直下から、這うように張り出している岩礁帯のこと。

【爆釣】爆発的に狙いの魚が釣れること。入れ食いの俗語。ばくちょう。

【バックラッシュ】キャスト時に、リールのスプールから過剰にラインが出てしまい、絡み合ってしまうこと。無理なキャストをしたり、新品のミチイトを使っているときに起こりやすい。

【波止】西日本での堤防の呼び名。はと。

【早アワセ】魚のアタリがあったら間髪を入れずにアワセること。即アワセ。

【バラす】ハリ掛かりした魚に逃げられてしまうこと。

【ハリス】ハリが結ばれているイトのこと。ミチイトよりも多少細めのイトを使うのが基本。

【ハリ外し】ハリを魚に飲み込まれてしまったときに使うスティック状のツール。うまく使いこなせれば便利。

【万能竿】とくにターゲットや使い方を限定しない、オモリ負荷や弾力性に幅のある竿。

【ビク】釣った魚を一時的にキープしておくための入れ物。網製やプラスチック製などがある。

【ヒジタタキ】体長30㎝級の大型のシロギスのこと。頭を持つと尾ビレがヒジのあたりにくることからいう。

【ヒット】魚がルアーなどに食ってくること。

【ヒロ】両手をいっぱいに広げた長さ。約1.5m。仕掛けの長さを測るときやタナの目安に使われる。

【ピンギス】小型のシロギスのこと。

【フィッシュイーター】魚食魚のこと。ルアー釣りや泳がせ釣りのターゲットになりやすい。

【フェザーリング】スピニングタックルでキャストするとき、ラインの放出を調節するために、人差し指や手の平ををリールのスプールに軽く当てること。サミングとも呼ばれる。

【フォーリング】ルアーを水中に落とし込むこと。落ちる速度に合わせてラインを送り込む「フリーフォール」、ラインを張って手前に軌跡を描きながら落とす「カーブフォール」などがある。

【フカセ】イトが自然な状態で水中を漂っていること。ウキやオモリを使わないとこの状態に近くなるので、フカセ釣りと呼ぶ。

【フサ掛け】何匹ものエサを、ひとつのハリに付ける方法。

【フッキング】アワセを入れて、魚の口にフックを掛けること。

【フトコロ】ハリの曲がった部分の内側のこと。

【ベイト】ルアー釣りの用語で、魚がエサにする生物の総称。主に小魚や甲殻類などを指す。

【ポイント】釣り場全体のこと。あるいは、釣り場のなかでもとくに魚がいそうな場所。

【ボウズ】魚が一尾も釣れないこと。オデコ、アブレともいう。

【穂先】竿の先端部分。ルアーロッドではティップともいう。

【細地】軸が細く、軽量のハリ。

【ボトム】水底のこと。底質には岩盤、砂、泥、砂利などがある。

【ポンピング】掛けた魚を手前に寄せるときに使うテクニックのひとつ。竿をあおって魚を引き寄せ、すぐに竿を前に倒して寄せた分のイトを巻き取る、といった動作の繰り返し。竿の弾力を利用するため、単にリールのハンドルを巻くよりも、イトに加わる負担が少なくて済む。

ま

【巻きアワセ】竿をあおらずに、リールを巻くことでアワせること。簡単なテクニックなので、初心者にもピッタリだ。

【マキエ】コマセの同義語。

【まづめ】朝まづめは空が白んでから太陽が顔を出すまで、夕まづめは日が沈んでから周囲が暗くなるまでの時間を指す。魚の活性が高くなるので、ぜひ、狙いたい時間帯だ。

【まわし振り】ノベ竿で仕掛けを投入するとき、竿を自分の頭上で一回転させて投げる方法。軽い仕掛けでも遠投しやすい。

【幹イト】サビキ仕掛けなどで、枝ハリスを付けるための幹になるイト。モトスともいう。

【ミチイト】ノベ竿の先端からハリスや接続具などを結ぶまでのライン。または、リールのスプールに巻かれたラインのこと。

【ミャク釣り】竿下に仕掛けを垂らした状態で、魚のアタリを竿先の変化や手元の感触でキャッチする釣り方。

【向こうアワセ】アワセの動作をしないでも、魚が勝手にハリ掛かりしてくれること。

【虫エサ】イワイソメやアオイソメなどのイソメ類のこと。

や

【矢引き】片腕をいっぱいに伸ばして、もう片方の手を胸の前に持ってきたときの両手の距離を指す。約80㎝。ラインの長さを測るときの目安として使われる。やびき。

【寄せエサ】魚をポイントに集めるために投入するコマセのこと。

【ヨブ】潮の動きなどで砂地の海底にできる凸凹のこと。シロギスなどの砂地に棲む魚の格好の着き場になる。

【ヨリモドシ】両側に付いた環が自由に回転し、イトのヨリを戻してくれる接続金具。スイベル。

ら

【ラインキャパシティ】リールに巻けるラインの最大量のこと。ラインの種類や太さで変化する。

【ランディング】魚を取り込むこと。魚をキャッチすること。

【リグ】ルアーの仕掛けのこと。主に、ソフトルアーをセットするためのシステムを指す。

【リトリーブ】キャストしたルアーをリールを巻いたり、ロッドを操作することによって引いてくること。

【リリース】釣った魚を活きたまま逃がしてやること。

【レンジ】水中の一定の層のこと。

【六物】竿、イト、ウキ、オモリ、ハリ、エサの6つで、釣りに必要な基本的なものを指す。ろくもつ。

【ロックフィッシュ】根魚のこと。

【ロッド】竿のこと。

わ

【ワーム】ミミズやイソメ、小魚などのシルエットや動きを模した軟質プラスチック製のルアーのこと。

【ワンド】海岸や河口域の小さな入り江のこと。

著書プロフィール

西野 弘章（にしの ひろあき）

1963 年、千葉県生まれ。国内・海外のあらゆるフィールドで、さまざまな釣りの楽しさを追究するフィッシングライター。釣り歴 50 年。アウトドア系の出版社勤務を経て、1996 年にオールラウンドに釣りを紹介する編集のプロとして独立。それを機に、房総半島の漁師町に移住する。自著執筆のほか、数多くの雑誌・書籍の編集に携わり、TVCF のフィッシングアドバイザーなども務める。

その集大成として、2010 ～ 2015 年に刊行された日本初の釣りの分冊百科事典『週刊 日本の魚釣り』（アシェット・コレクションズ・ジャパン）の総監修を務める。

●著書・監修本／『はじめての釣り超入門』『防波堤釣りの極意』『川釣りの極意』『防波堤釣り超入門Q&A200』『釣魚料理の極意』『海遊びの極意』『海釣り仕掛け大全』『川釣り仕掛け大全』『はじめてのルアー釣り超入門』（つり人社）、『ゼロからのつり入門』（小学館）、『海のルアーフィッシング完全攻略』『簡単・定番ノット事典』（地球丸）、『いますぐ使える堤防釣り 図解手引』『いますぐ使える海釣り 図解手引』（大泉書店）、ほか多数

●ウェブサイト／『房総爆釣通信』http://www5e.biglobe.ne.jp/~gokui/

企画編集・DTP・イラスト・写真＝西野編集工房
図鑑イラスト＝小倉隆典
協力＝鈴木拓人、柏木重孝、浅野芳実、若林能人、若林柊人、鈴木大三、鈴木颯晃、牧野春美、大津維斗、茂木香苗、
廣田賢司、TEAMまるも、釣りを愛するすべての人々

世界一《せかいいち》やさしい海釣《うみづ》り入門《にゅうもん》

2017 年 5 月 5 日　初版第 1 刷発行

著者　西野弘章
発行人　川崎深雪
発行所　株式会社　山と溪谷社
〒101-0051
東京都千代田区神田神保町 1 丁目 105 番地
http://www.yamakei.co.jp/
■商品に関するお問合せ先
山と溪谷社カスタマーセンター
TEL.03-6837-5018
■書店・取次様からのお問合せ先
山と溪谷社受注センター
TEL.03-6744-1919
FAX.03-6744-1927
印刷・製本　大日本印刷株式会社

*定価はカバーに表示してあります
*落丁・乱丁本は送料小社負担でお取り替えいたします

Printed in Japan ISBN978-4-635-36077-7